소 방
공무원

소방관계법규

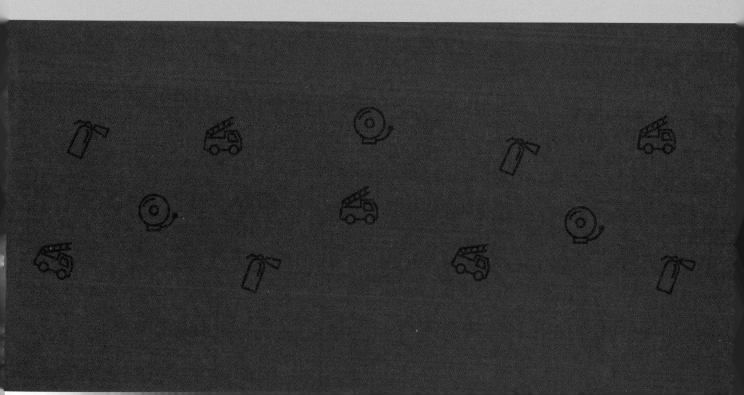

PREFACE

소방공무원은 화재를 예방·진압하고 재난·재해 등의 위급한 상황에서의 구급·구조 활동 등을 통해 국민의 생명과 신체 및 재산을 보호함으로써 공공의 안녕과 질서 유지, 복리증진에 이바지함을 목적으로 한다. 또한 화재예방 및 구조와 구급 업무 이외에 지령실 업무 및 각 시설물들에 대한 소방점검을 비롯해 각종 긴급재난 예방활동도 하며, 해마다 각종 화재사고가 증가하고 있어 소방공무원의 선발인원은 매년 증가하고 있는 추세이다.

소방공무원(경채 등) 필기시험과목

중앙소방(학과특채) 소방관련학과 졸업자

국어 〉 소방학개론 〉 소방관계법규

시험의 출제수준은 소방업무수행에 필요한 기본적인 능력·지식을 검정할 수 있는 정도로 각 과목별로 변경된 출제분야에 대해 유의하여 학습전략을 세워야 한다.

본서는 각 소방관계법규의 핵심 내용을 최신 개정 내용을 반영하여 담았으며, 해당 내용과 관련된 기출문제를 연계하여 효율적인 학습이 이루어지도록 하였다. 또한, 풍성한 출제예상문제를 풀어봄으로써 각 법령에 대해 이해하고 암기하는 것이 수월하도록 하였다. 본서가 수험생 여러분을 합격의 길로 안내하기를 희망한다.

01 중요핵심이론

기출PLUS

section 1 총칙

(1) 목적〈법 제1조〉

「소방기본법」은 ①화재를 예방·경계하거나 진압하고 ②화재, 재난·재○ ○위급한 상황에서의 구조·구급 활동 등을 통하여 ③국민의 생명·신체 및 ○ ○함으로써 ④공공의 안녕 및 질서 유지와 복리증진에 이바지함을 목적으로 ○

※ 소방기본법의 궁극적인 목적은 복리증진이다.

※ 모든 법령은 법률과 시행령, 시행규칙으로 이루어지며, 행정규칙인 고시로 ○규제한다. 소방기본법은 법률이고 그 하위에 대통령령인 시행령, 행정안전 ○규칙 그리고 소방청장 고시로 구성되고, 지방소방본부의 업무인 경우에는 ○

01 핵심이론정리

각 소방관계법규의 핵심 내용을 최신 개정 내용을 반영하여 담았으며, 관련 시행령 및 시행규칙을 POINT로 정리하여 법령 체계를 알기 쉽게 정리하였습니다. 또한 해당 내용과 관련된 기출문제를 연계하여 효율적인 학습이 이루어지도록 하였습니다.

02 출제예상문제

다양한 난도와 유형으로 엄선한 예상문제 풀이를 통해 문제해결능력을 높이고 자신의 학습도를 다시 한 번 점검할 수 있습니다.

Let's check it out **02** 출제예상문제

1 「화재예방, 소방시설 설치·유지 및 안전관리에 관한 법률」의 목적으로 타당한 것은?

① 국민의 소득증대
② 공공의 안전과 복리증진
③ 목표에 대한 정확한 인식
④ 소방활동을 위한 정보의 제공

TIPS!

「화재예방, 소방시설 설치·유지 및 안전관리에 관한 법률」은 화재, 재난·재해, 그 밖의 위급한 상황으로부터 국민의 생명·신체 및 재산을 보호하기 위하여 화재의 예방 및 안전관리에 관한 국가와 지방자치단체의 책무와 소방시설 등의 설치·유지 및 소방대상물의 안전관리에 관하여 필요한 사항을 정함으로써 공공의 안전과 복리증진에 이바지함을 목적으로 한다〈법 제1조〉.

2 「화재예방, 소방시설 설치·유지 및 안전관리에 관한 법률」에 사용되는 용어에 대한 설명으로 옳지 않은 것은?

03 최신기출문제

2021년에 시행된 실제 기출문제를 풀어보면서 최종적으로 마무리하여 합격에 한 걸음 더 가까이 다가갈 수 있습니다.

2021. 4. 3. 소방공무원 채용

1 「소방기본법」상 소방업무의 응원에 대한 내용으로 옳지 않은 것은?

① 소방업무의 응원을 위하여 파견된 소방대원은 응원을 요청한 소방본부장 또는 소방서장의 지휘에 따라야 한다.
② 소방업무의 응원 요청을 받은 소방본부장 또는 소방서장은 정당한 사유 없이 그 요청을 거절하여서는 아니된다.
③ 소방본부장이나 소방서장은 소방활동을 할 때에 긴급한 경우에는 이웃한 소방본부장 또는 소방서장에게 소방업무의 응원(應援)을 요청할 수 있다.
❹ 소방청장은 소방업무의 응원을 요청하는 경우를 대비하여 출동 대상지역 및 규모와 필요한 경비의 부담 등에 관하여 필요한 사항을 행정안전부령으로 정하는 바에 따라 시·도지사와 협의하여 미리 규약(規約)으로 정하여야 한다.

Point

④ 시·도지사는 「소방기본법」 제11조 제1항에 따라 소방업무의 응원을 요청하는 경우를 대비하여 출동 대상지역 및 규모와 필요한 경비의 부담 등에 관하여 필요한 사항을 행정안전부령으로 정하는 바에 따라 이웃하는 시·도지사와 협의하여 미리 규약(規約)으로 정하여야 한다〈소방기본법 제11조(소방업무의 응원) 제4항〉.
① 「소방기본법」 제11조(소방업무의 응원) 제1항
② 「소방기본법」 제11조(소방업무의 응원) 제3항
③ 「소방기본법」 제11조(소방업무의 응원) 제2항

CONTENTS

PART 01 소방기본법

01 중요핵심이론 ·· 8
02 출제예상문제 ·· 57

PART 02 화재예방, 소방시설 설치 · 유지 및 안전관리에 관한 법률

01 중요핵심이론 ·· 88
02 출제예상문제 ·· 164

PART 03 최근기출문제분석

2021. 4. 3. 소방공무원 채용 ······································ 192

PART

01

소방기본법

01 중요핵심이론

02 출제예상문제

중요핵심이론

section 1 총칙

(1) 목적〈법 제1조〉

「소방기본법」은 ①화재를 예방·경계하거나 진압하고 ②화재, 재난·재해, 그 밖의 위급한 상황에서의 구조·구급 활동 등을 통하여 ③국민의 생명·신체 및 재산을 보호함으로써 ④공공의 안녕 및 질서 유지와 복리증진에 이바지함을 목적으로 한다.

※ 소방기본법의 궁극적인 목적은 복리증진이다.

※ 모든 법령은 법률과 시행령, 시행규칙으로 이루어지며, 행정규칙인 고시로 세부 사항을 규제한다. 소방기본법은 법률이고 그 하위에 대통령령인 시행령, 행전안전부령인 시행규칙 그리고 소방청장 고시로 구성되고, 지방소방본부의 업무인 경우에는 시·도의 조례 및 규칙이 추가된다.

(2) 용어의 정의〈법 제2조〉 ✿ 2020 기출 2019 기출 2018 기출

① "소방대상물"이라 함은 건축물, 차량, 선박(「선박법」에 따른 선박으로서 항구에 매어둔 선박만 해당한다), 선박 건조 구조물, 산림, 그 밖의 인공 구조물 또는 물건을 말한다.

② "관계지역"이란 소방대상물이 있는 장소 및 그 이웃 지역으로서 화재의 예방·경계·진압, 구조·구급 등의 활동에 필요한 지역을 말한다.

③ "관계인"이란 소방대상물의 소유자·관리자 또는 점유자를 말한다.

④ "소방본부장"이란 특별시·광역시·특별자치시·도 또는 특별자치도(이하 "시·도"라 한다)에서 화재의 예방·경계·진압·조사 및 구조·구급 등의 업무를 담당하는 부서의 장을 말한다.

⑤ "소방대(消防隊)"란 화재를 진압하고 화재, 재난·재해, 그 밖의 위급한 상황에서 구조·구급 활동 등을 하기 위하여 다음의 사람으로 구성된 조직체를 말한다.
- ⊙ 「소방공무원법」에 따른 소방공무원
- ⊙ 「의무소방대설치법」에 따라 임용된 의무소방원
- ⊙ 「의용소방대 설치 및 운영에 관한 법률」에 따른 의용소방대원

⑥ "소방대장(消防隊長)"이란 소방본부장 또는 소방서장 등 화재, 재난·재해, 그 밖의 위급한 상황이 발생한 현장에서 소방대를 지휘하는 사람을 말한다.

(3) 국가와 지방자치단체의 책무〈법 제2조의2〉

국가와 지방자치단체는 화재, 재난·재해, 그 밖의 위급한 상황으로부터 국민의 생명·신체 및 재산을 보호하기 위하여 필요한 시책을 수립·시행하여야 한다.

① 소방관계법규에 따른 각 업무와 책임

> - 소방청장, 소방본부장 또는 소방서장의 업무 및 책임 : 소방활동 및 소방·교육훈련, 소방특별조사, 소방특별조치명령, 화재조사, 출입조사, 119 종합상황실의 설치와 운영, 방화·실화 피의자조사(단, 직접 체포나 압수권한은 없음)
> - 소방본부장 또는 소방서장의 업무 및 책임 : 화재의 예방조치, 소방용수 및 지리조사, 소방업무의 응원요청, 이상기상의 예보 또는 특보에 따른 화재 경보 발령
> - 소방본부장, 소방서장, 소방대장 : 소방활동 종사명령, 강제처분, 피난명령, 위험시설에 대한 긴급조치
> - 소방대장 : 소방활동 구역의 설정
> - 소방청장 : 소방박물관의 설치 및 운영, 소방력의 동원, 화재경계지구 지정 요청
> - 시·도지사 : 소방 응원협정, 소방체험관의 설치 및 운영, 소방용수설치, 소방업무의 세부계획 및 소방장비의 확충(매년), 소방자동차의 보험가입, 화재경계지구 지정, 소방활동 비용지급, 소방업무에 관하여 소방본부장·소방서장 지휘·감독, 의용소방대 대장 및 부대장의 임명, 소방업체의 등록·변경·폐지, 위험물시설의 설치 및 변경 등 허가
> - 소방청장, 시·도지사 : 손실보상
> - 시·도지사, 소방서장 : 의용소방대의 설치 및 운영
> - 대통령 : 특별재난구역 선포권
> - 행정안전부장관(중앙재난대책본부장) : (지역)재난구역 선포권
> - 국무총리(중안재난대책위원회 위원장) : 재난지역 선포의 심의
> - 행정안전부장관, 시·도지사, 시·군·구청장 : 재난안전상황실 설치·운영자

② 법령에 근거한 규정 분류

– 대통령령(시행령)에 근거한 규정	– 행정안전부령(시행규칙)에 근거한 규정
• 국고보조 대상사업의 범위와 기준보조율 • 위험물 또는 물건의 보관기간 및 보관기간 경과 후 처리 • 소방특별조사 • 특정소방대상물의 관계인에 대한 소방 교육 및 훈련 • 보일러, 난로, 건조설비, 가스·전기시설, 설비 등의 위치·구조 및 관리에 관한 사항 • 특수가연물의 저장 및 취급 기준 • 소방대원에 대한 교육 및 훈련 • 소방안전교육사의 시험에 관한 사항 • 소방안전교육사의 배치 • 손실보상의 기준 및 보상금액 • 손실보상의 지급절차 및 방법 • 손실보상심의위원회의 설치 및 구성	• 119종합상황실의 설치 범위 • 소방박물관의 구성 • 소방력(인력, 장비 등)의 확충 기준 • 비상 소화장치의 설치기준 • 집단 시설의 소방 교육 및 훈련 • 소방안전교육사 시험의 출제범위 • 소방신호에 대한 종류와 방법 • 화재조사전담부서의 설치·운영 • 의용소방대원의 해임절차 등에 필요한 사항 • 의용소방대의 조직 등에 필요한 사항 • 손실보상위원회의 결정내용을 청구인에게 통지(결정일부터 10일 이내) • 소방업무의 상호응원 협정사항 • 소방체험관의 설치 및 운영 • 화재조사 방법

(4) 소방기관의 설치 등〈법 제3조〉 ✿ 2021 기출

① 시·도의 화재 예방·경계·진압 및 조사, 소방안전교육·홍보와 화재, 재난·재해, 그 밖의 위급한 상황에서의 구조·구급 등의 업무(이하 "소방업무"라 한다)를 수행하는 소방기관의 설치에 필요한 사항은 대통령령으로 정한다.

② 소방업무를 수행하는 소방본부장 또는 소방서장은 그 소재지를 관할하는 특별시장·광역시장·특별자치시장·도지사 또는 특별자치도지사(이하 "시·도지사"라 한다)의 지휘와 감독을 받는다.

③ 제2항에도 불구하고 소방청장은 화재 예방 및 대형 재난 등 필요한 경우 시·도 소방본부장 및 소방서장을 지휘·감독할 수 있다.

④ 시·도에서 소방업무를 수행하기 위하여 시·도지사 직속으로 소방본부를 둔다.

> **POINT** 소방공무원의 배치〈법 제3조의2〉… 소방기관 및 소방본부에는 「지방자치단체에 두는 국가공무원의 정원에 관한 법률」에도 불구하고 대통령령으로 정하는 바에 따라 소방 공무원을 둘 수 있다.

> **POINT** 다른 법률과의 관계〈법 제3조의3〉… 제주특별자치도에는 「제주특별자치도 설치 및 국 제자유도시 조성을 위한 특별법」에도 불구하고 이 법 제3조의2를 우선하여 적용한다.

기출 2021. 4. 3. 소방공무원.

「소방기본법」상 소방기관의 설치에 대한 내용으로 옳지 않은 것은?

① 시·도에서 소방업무를 수행하기 위하여 시·도지사 직속으로 소방본부를 둔다.

② 시·도의 소방업무를 수행하는 소방기관의 설치에 필요한 사항은 행정안전부령으로 정한다.

③ 소방업무를 수행하는 소방본부장 또는 소방서장은 그 소재지를 관할하는 시·도지사의 지휘와 감독을 받는다.

④ 소방청장은 화재 예방 및 대형 재난 등 필요한 경우 시·도 소방본부장 및 소방서장을 지휘·감독할 수 있다.

📢**TIP**

② 시·도의 소방업무를 수행하는 소방기관의 설치에 필요한 사항은 대통령령으로 정한다〈「소방기본법」 제3조 제1항〉.

‹정답 ②

(5) 119종합상황실의 설치와 운영〈법 제4조〉

① 소방청장, 소방본부장 및 소방서장은 화재, 재난·재해, 그 밖에 구조·구급이 필요한 상황이 발생하였을 때에 신속한 소방활동(소방업무를 위한 모든 활동을 말한다. 이하 같다)을 위한 정보의 수집·분석과 판단·전파, 상황관리, 현장 지휘 및 조정·통제 등의 업무를 수행하기 위하여 119종합상황실을 설치·운영하여야 한다.

② 119종합상황실의 설치·운영에 필요한 사항은 행정안전부령으로 정한다.

③ 종합상황실 실장의 보고 업무〈시행규칙 제3조 제2항〉··· 다음에 해당하는 상황이 발생하는 때에는 그 사실을 지체 없이 서면·모사전송 또는 컴퓨터통신 등으로 소방서의 종합상황실의 경우는 소방본부의 종합상황실에, 소방본부의 종합상황실의 경우는 소방청의 종합상황실에 각각 보고하여야 한다.

　　㉠ 다음에 해당하는 화재

　　　ⓐ 사망자가 5인 이상 발생하거나 사상자가 10인 이상 발생한 화재

　　　ⓑ 이재민이 100인 이상 발생한 화재

　　　ⓒ 재산피해액이 50억 원 이상 발생한 화재

　　　ⓓ 관공서·학교·정부미도정공장·문화재·지하철 또는 지하구의 화재

　　　ⓔ 관광호텔, 층수(「건축법 시행령」 산정한 층수)가 11층 이상인 건축물, 지하상가, 시장, 백화점, 「위험물안전관리법」에 의한 지정수량의 3천 배 이상의 위험물의 제조소·저장소·취급소, 층수가 5층 이상이거나 객실이 30실 이상인 숙박시설, 층수가 5층 이상이거나 병상이 30개 이상인 종합병원·정신병원·한방병원·요양소, 연면적 1만 5천 제곱미터 이상인 공장 또는 소방기본법 시행령에 따른 화재경계지구에서 발생한 화재

　　　ⓕ 철도차량, 항구에 매어둔 총 톤수가 1천 톤 이상인 선박, 항공기, 발전소 또는 변전소에서 발생한 화재

　　　ⓖ 가스 및 화약류의 폭발에 의한 화재

　　　ⓗ 「다중이용업소의 안전관리에 관한 특별법」에 따른 다중이용업소의 화재

　　㉡ 「긴급구조대응활동 및 현장지휘에 관한 규칙」에 의한 통제단장의 현장지휘가 필요한 재난상황

　　㉢ 언론에 보도된 재난상황

　　㉣ 그 밖에 소방청장이 정하는 재난상황

④ **종합상황실의 근무 방법**··· 종합상황실 근무자의 근무방법 등 종합상황실의 운영에 관하여 필요한 사항은 종합상황실을 설치하는 소방청장, 소방본부장 또는 소방서장이 각각 정한다.

(6) 소방기술민원센터의 설치와 운영〈법 제4조의2〉

① 소방청장 또는 소방본부장은 소방시설, 소방공사 및 위험물 안전관리 등과 관련된 법령해석 등의 민원을 종합적으로 접수하여 처리할 수 있는 기구(이하 이 조에서 "소방기술민원센터"라 한다)를 설치·운영할 수 있다.

② 소방기술민원센터의 설치·운영 등에 필요한 사항은 대통령령으로 정한다.

TIP

종합상황실의 설치·운영〈시행규칙 제2조〉

① 「소방기본법」의 규정에 의한 종합상황실은 소방청과 특별시·광역시·특별자치시·도 또는 특별자치도(이하 "시·도"라 한다)의 소방본부 및 소방서에 각각 설치·운영하여야 한다.

② 소방청장, 소방본부장 또는 소방서장은 신속한 소방활동을 위한 정보를 수집·전파하기 위하여 종합상황실에 「소방력 기준에 관한 규칙」에 의한 전산·통신요원을 배치하고, 소방청장이 정하는 유·무선통신시설을 갖추어야 한다.

③ 종합상황실은 24시간 운영체제를 유지하여야 한다.

기출PLUS

📢 **TIP**

소방박물관의 설립과 운영〈시행규칙 제4조〉

① 소방청장은 소방박물관을 설립·운영하는 경우에는 소방박물관에 소방박물관장 1인과 부관장 1인을 두되, 소방박물관장은 소방공무원 중에서 소방청장이 임명한다.

② 소방박물관은 국내·외의 소방의 역사, 소방공무원의 복장 및 소방장비 등의 변천 및 발전에 관한 자료를 수집·보관 및 전시한다.

③ 소방박물관에는 그 운영에 관한 중요한 사항을 심의하기 위하여 7인 이내의 위원으로 구성된 운영위원회를 둔다.

④ 소방박물관의 관광업무·조직·운영위원회의 구성 등에 관하여 필요한 사항은 소방청장이 정한다.

기출 2019. 4. 6. 소방공무원

「소방기본법」상 소방박물관 등의 설립과 운영에 관한 설명이다. (   ) 안의 내용으로 옳은 것은?

┌─ 보기 ─────────────
│ 소방의 역사와 안전문화를 발전
│ 시키고 국민의 안전의식을 높이
│ 기 위하여 (가)은/는 소방박물
│ 관을, (나)은/는 소방체험관(화
│ 재 현장에서의 피난 등을 체험할
│ 수 있는 체험관을 말한다)을 설
│ 립하여 운영할 수 있다.
└────────────────

① (개) 소방청장, (내) 시·도지사
② (개) 소방청장, (내) 소방본부장
③ (개) 시·도지사, (내) 소방본부장
④ (개) 시·도지사, (내) 소방청장

〈 정답 ①

(7) 소방박물관 등의 설립과 운영〈법 제5조〉

① 소방의 역사와 안전문화를 발전시키고 국민의 안전의식을 높이기 위하여 소방청장은 소방박물관을, 시·도지사는 소방체험관(화재 현장에서의 피난 등을 체험할 수 있는 체험관을 말한다. 이하 이 조에서 같다)을 설립하여 운영할 수 있다. ✿ **2019 기출**

② 소방박물관의 설립과 운영에 필요한 사항은 행정안전부령으로 정하고, 소방체험관의 설립과 운영에 필요한 사항은 행정안전부령으로 정하는 기준에 따라 시·도의 조례로 정한다. ✿ **2021 기출**

(8) 소방업무에 관한 종합계획의 수립·시행 등〈법 제6조〉

① 소방청장은 화재, 재난·재해, 그 밖의 위급한 상황으로부터 국민의 생명·신체 및 재산을 보호하기 위하여 소방업무에 관한 종합계획(이하 이 조에서 "종합계획"이라 한다)을 5년마다 수립·시행하여야 하고, 이에 필요한 재원을 확보하도록 노력하여야 한다.

② 종합계획에는 다음 각 호의 사항이 포함되어야 한다.

　㉠ 소방서비스의 질 향상을 위한 정책의 기본방향

　㉡ 소방업무에 필요한 체계의 구축, 소방기술의 연구·개발 및 보급

　㉢ 소방업무에 필요한 장비의 구비

　㉣ 소방전문인력 양성

　㉤ 소방업무에 필요한 기반 조성

　㉥ 소방업무의 교육 및 홍보(소방자동차의 우선 통행 등에 관한 홍보를 포함한다)

　㉦ 그 밖에 소방업무의 효율적 수행을 위하여 필요한 사항으로서 대통령령으로 정하는 사항

③ 소방청장은 수립한 종합계획을 관계 중앙행정기관의 장, 시·도지사에게 통보하여야 한다.

④ 시·도지사는 관할 지역의 특성을 고려하여 종합계획의 시행에 필요한 세부계획(이하 이 조에서 "세부계획"이라 한다)을 매년 수립하여 소방청장에게 제출하여야 하며, 세부계획에 따른 소방업무를 성실히 수행하여야 한다.

⑤ 소방청장은 소방업무의 체계적 수행을 위하여 필요한 경우 시·도지사가 제출한 세부계획의 보완 또는 수정을 요청할 수 있다.

⑥ 그 밖에 종합계획 및 세부계획의 수립·시행에 필요한 사항은 대통령령으로 정한다.

🅿 POINT 　종합계획 및 세부계획 수립기한〈시행령 제1조의2〉

　　① 소방청장은 「소방기본법」에 따른 소방업무에 관한 종합계획을 관계 중앙행정기관의 장과의 협의를 거쳐 계획 시행 전년도 10월 31일까지 수립하여야 한다.

　　② 특별시장·광역시장·특별자치시장·도지사 또는 특별자치도지사는 「소방기본법」에 따른 종합계획의 시행에 필요한 세부계획을 계획 시행 전년도 12월 31일까지 수립하여 소방청장에게 제출하여야 한다.

(9) 소방의 날 제정과 운영 등〈법 제7조〉

① 국민의 안전의식과 화재에 대한 경각심을 높이고 안전문화를 정착시키기 위하여 매년 11월 9일을 소방의 날로 정하여 기념행사를 한다.

② 소방의 날 행사에 관하여 필요한 사항은 소방청장 또는 시·도지사가 따로 정하여 시행할 수 있다.

③ 소방청장은 다음에 해당하는 사람을 명예직 소방대원으로 위촉할 수 있다.

　　㉠ 「의사상자 등 예우 및 지원에 관한 법률」에 따른 의사상자(義死傷者)로서 천재지변, 수난(水難), 화재, 건물·축대·제방의 붕괴 등으로 위해에 처한 다른 사람의 생명·신체 또는 재산을 구하다가 사망하거나 부상을 입는 구조행위를 한 사람 또는 천재지변, 수난, 화재, 건물·축대·제방의 붕괴 등으로 일어날 수 있는 불특정 다수인의 위해를 방지하기 위하여 긴급한 조치를 하다가 사망하거나 부상을 입는 구조행위를 한 사람

　　㉡ 소방행정 발전에 공로가 있다고 인정되는 사람

section 2 소방장비 및 소방용수시설 등

(1) 소방력의 기준 등〈법 제8조〉

① 소방력의 개념 … 소방활동은 소방대(消防隊)를 기초로 한 조직활동이다. 이 대(隊)를 구성하는 것은 ①대원(인원)과 ②차량(장비)이며 이것에 ③소방용수를 합하여 소방력의 3요소라 한다.

　　※ 소방력의 4요소는 3요소에 소방전용 통신설비가 추가된다.

　　㉠ 대원(소방대원) : 소방력의 3요소로서 인원, 장비, 소방용수를 들지만 이 세 가지가 반드시 같은 정도의 중요성을 갖는 것은 아니며 그 기반이 되는 것은 인원 즉, 소방대원이다.

　　　　ⓐ 지휘자

　　　　ⓑ 대원

　　㉡ 장비(차량 등) : 소방장비란 소방업무를 효과적으로 수행하기 위하여 필요한 기동장비·화재진압장비·구조장비·구급장비·보호장비·정보통신장비·측정장비 및 보조장비를 말한다(「소방장비관리법」 제2조).

　　㉢ 소방용수

　　　　ⓐ 소방용수(消防用水)의 정의 : 소방용수라 함은 소방기본법에 규정하는 소방에 필요한 소방용수시설을 말한다. 다만 그 외에도 소방용의 목적으로 설치되거나 사용하는 소방용수로서 다음과 같은 것이 있다.

　　　　　• 자위소방대, 시민들이 활용하는 초기소화용수

기출PLUS

기출 2019. 4. 6. 소방공무원

「소방기본법」상 소방력의 기준 등에 관한 설명으로 옳은 것은?

① 소방업무를 수행하는 데에 필요한 소방력에 관한 기준은 대통령령으로 정한다.
② 소방청장은 소방력의 기준에 따라 관할구역의 소방력을 확충하기 위하여 필요한 계획을 수립하여 시행하여야 한다.
③ 소방자동차 등 소방장비의 분류·표준화와 그 관리 등에 필요한 사항은 따로 법률에서 정한다.
④ 국가는 소방장비의 구입 등 시·도의 소방업무에 필요한 경비의 일부를 보조하고, 보조 대상사업의 범위와 기준 보조율은 행정안전부령으로 정한다.

TIP

① 소방업무를 수행하는 데에 필요한 소방력에 관한 기준은 행정안전부령으로 정한다.
② 시·도지사는 소방력의 기준에 따라 관할구역의 소방력을 확충하기 위하여 필요한 계획을 수립하여 시행하여야 한다.
④ 국가는 소방장비의 구입 등 시·도의 소방업무에 필요한 경비의 일부를 보조하고, 보조 대상사업의 범위와 기준 보조율은 대통령령으로 정한다.

- 「소방시설 설치·유지 및 안전관리에 관한 법률」에 규정하는 소방의 목적에 쓰이는 설비의 수원 및 소방용수
- 기타 미지정용수

ⓑ 소방용수의 종류 : 소방용수의 구분방법으로 소화전과 소화전 이외의 것으로 구분하는 방법이 있으며 (소화전 이외의 용수를 달리 자연용수라고 하는 경우도 있다) 일반적으로는 인공적인 것과 자연적인 것으로 구분된다.

ⓒ 소방용수시설의 설치기준 : 소방용수는 소방대가 화재 시 소화활동을 하기 위한 충분한 수량과 소방용기계기구를 유효하게 활용할 수 있는 위치, 구조이어야 한다. 〈시행규칙 별표3 참조〉

- 공통기준
  - 「국토의 계획 및 이용에 관한 법률」제36조 제1항 제1호의 규정에 의한 주거지역·상업지역 및 공업지역에 설치하는 경우 : 소방대상물과의 수평거리를 100미터 이하가 되도록 할 것
  - 위에 해당하는 지역 외에 설치하는 경우 : 소방대상물과의 수평거리를 140미터 이하가 되도록 할 것
- 소화전
  - 상수도와 연결하여 지하식 또는 지상식의 구조로 한다.
  - 소방용 호스와 연결하는 소화전의 연결금속구의 구경은 65밀리미터로 한다.
- 급수탑
  - 급수배관의 구경은 100밀리미터 이상으로 한다.
  - 개폐밸브는 지상에서 1.5미터 이상 1.7미터 이하의 위치에 설치한다.
- 저수조
  - 지면으로부터 낙차가 4.5미터 이하로 한다.
  - 흡수부분의 수심은 0.5미터 이상으로 한다.
  - 소방펌프자동차가 쉽게 접근할 수 있도록 한다.
  - 저수조에 물을 공급하는 방법은 상수도에 연결하여 자동으로 급수되는 구조이어야 한다.
  - 흡수관의 투입구가 사각형인 경우에는 한 변의 길이가 60센티미터 이상, 원형인 경우에는 지름이 60센티미터 이상이어야 한다.
  - 흡수에 지장이 없도록 토사 및 쓰레기 등을 제거할 수 있는 설비를 갖추어야 한다.

ⓓ 소방용수 배치기준 : 소방용수 배치기준에 관해서는 소방대의 유효활동 범위와 지역의 건축물 밀집도, 인구 및 기상상황을 고려하여 평상시의 설치기준으로서 소방기본법 시행규칙에 정해져 있다. 평상시의 소방대의 유효활동 범위는 소방활동의 신속, 정확성을 고려하여 연장 수관 10본(150m) 이내일 것으로 하고 있다. 이 수관(호스, hose)연장은 도로를 따라서 연장한 경우 수관의 굴곡을 고려하여 기하학적으로 산출하면 반경 약 100m의 범위 내가 된다.

② 소방력의 계획수립 … 시·도지사는 소방력의 기준에 따라 관할구역의 소방력을 확충하기 위하여 필요한 계획을 수립하여 시행하여야 한다. (매년)

〈정답 ③

③ 소방자동차 등 소방장비의 분류·표준화와 그 관리 등에 필요한 사항은 따로 법률에서 정한다. ✿ 2019 기출

(2) 소방장비 등에 대한 국고보조〈법 제9조〉 ✿ 2021 기출

① 국가는 소방장비의 구입 등 시·도의 소방업무에 필요한 경비의 일부를 보조한다.

② 보조 대상사업의 범위와 기준보조율은 대통령령으로 정한다.

> 📍POINT 국고보조 대상사업의 범위와 기준보조율〈시행령 제2조〉 ✿ 2020 기출
> ㉠ 소방활동 장비와 설비의 구입 및 설치
> ⓐ 소방자동차
> ⓑ 소방헬리콥터 및 소방정
> ⓒ 소방전용 통신설비 및 전산설비
> ⓓ 그 밖에 방화복 등 소방활동에 필요한 소방장비
> ㉡ 소방관서용 청사의 건축(「건축법」에 근거) : 건축물을 신축·증축·개축·재축(再築)하거나 건축물을 이전하는 것을 말한다.
> ㉢ 소방활동장비 및 설비의 종류와 규격은 행정안전부령으로 정한다. [부록 Ⅱ 참조]
> ㉣ 국고보조 대상사업의 기준보조율 : 「보조금 관리에 관한 법률 시행령」에 따라 국고보조산정을 위한 기준가격

(3) 소방용수시설

① 소방용수시설의 설치 및 관리〈법 제10조〉 … 시·도지사는 소방활동에 필요한 소방용수시설[①소화전(消火栓)·②급수탑(給水塔)·③저수조(貯水槽)]를 설치하고 유지·관리하여야 한다. 다만, 「수도법」에 따라 소화전을 설치하는 일반수도업자는 관할 소방서장과 사전협의를 거친 후 소화전을 설치하여야 하며, 설치 사실을 관할 소방서장에게 통지하고, 그 소화전을 유지·관리하여야 한다.

② 소방용수시설 및 지리조사〈시행규칙 제7조 참조〉 … 소방본부장 또는 소방서장은 원활한 소방활동을 위하여 조사를 실시한다.
㉠ 조사 횟수 : 소방본부장 또는 소방서장이 월 1회 이상
㉡ 지리조사 대상 : 도로의 폭, 교통상황, 도로주변 토지의 고저, 건축물의 개황 그 밖의 소방활동에 필요한 지리에 대한 조사

(4) 소방업무의 응원〈법 제11조〉 ✿ 2021 기출

① 소방본부장이나 소방서장은 소방활동을 할 때에 긴급한 경우에는 이웃한 소방본부장 또는 소방서장에게 소방업무의 응원(應援)을 요청할 수 있다.

② 소방업무의 응원 요청을 받은 소방본부장 또는 소방서장은 정당한 사유 없이 그 요청을 거절하여서는 아니 된다.

③ 소방업무의 응원을 위하여 파견된 소방대원은 응원을 요청한 소방본부장 또는 소방서장의 지휘에 따라야 한다.

④ 시·도지사는 소방업무의 응원을 요청하는 경우를 대비하여 출동 대상지역 및 규모와 필요한 경비의 부담 등에 관하여 필요한 사항을 행정안전부령으로 정하는 바에 따라 이웃하는 시·도지사와 협의하여 미리 규약(規約)으로 정하여야 한다.

POINT **소방업무의 상호응원협정**〈시행규칙 제8조〉

시·도지사는 이웃하는 다른 시·도지사와 소방업무에 관하여 상호응원협정을 체결하고자 하는 때에는 다음의 사항이 포함되도록 하여야 한다.

① 소방활동에 관한 사항
   ㉠ 화재의 경계·진압활동
   ㉡ 구조·구급업무의 지원
   ㉢ 화재조사활동
② 응원출동대상지역 및 규모
③ 소요경비의 부담에 관한 사항
   ㉠ 출동대원의 수당·식사 및 피복의 수선
   ㉡ 소방장비 및 기구의 정비와 연료의 보급
   ㉢ 그 밖의 경비
④ 응원출동의 요청방법
⑤ 응원출동훈련 및 평가

기출 2020. 6. 20. 소방공무원

「소방기본법」상 소방력의 동원에 대한 설명이다. ( ) 안에 들어갈 용어로 옳은 것은?

┌ 보기 ┐
(가)은/는 해당 시·도의 소방력만으로는 소방활동을 효율적으로 수행하기 어려운 화재, 재난·재해, 그 밖의 구조·구급이 필요한 상황이 발생하거나 특별히 국가적 차원에서 소방활동을 수행할 필요가 인정될 때에는 각 (나)에게 행정안전부령으로 정하는 바에 따라 소방력을 동원할 것을 요청할 수 있다.

	㉮	㉯
①	소방청장	시·도지사
②	소방청장	소방본부장
③	시·도지사	시·도지사
④	시·도지사	소방본부장

TIP
법 제11조의2 제1항

(5) 소방력의 동원〈법 제11조의2〉

① 소방청장은 해당 시·도의 소방력만으로는 소방활동을 효율적으로 수행하기 어려운 화재, 재난·재해, 그 밖의 구조·구급이 필요한 상황이 발생하거나 특별히 국가적 차원에서 소방활동을 수행할 필요가 인정될 때에는 각 시·도지사에게 행정안전부령으로 정하는 바에 따라 소방력을 동원할 것을 요청할 수 있다. **2020 기출**

② 동원 요청을 받은 시·도지사는 정당한 사유 없이 요청을 거절하여서는 아니 된다.

③ 소방청장은 시·도지사에게 동원된 소방력을 화재, 재난·재해 등이 발생한 지역에 지원·파견하여 줄 것을 요청하거나 필요한 경우 직접 소방대를 편성하여 화재진압 및 인명구조 등 소방에 필요한 활동을 하게 할 수 있다.

④ 동원된 소방대원이 다른 시·도에 파견·지원되어 소방활동을 수행할 때에는 특별한 사정이 없으면 화재, 재난·재해 등이 발생한 지역을 관할하는 소방본부장 또는 소방서장의 지휘에 따라야 한다. 다만, 소방청장이 직접 소방대를 편성하여 소방활동을 하게 하는 경우에는 소방청장의 지휘에 따라야 한다.

⑤ 소방활동을 수행하는 과정에서 발생하는 경비 부담에 관한 사항, 소방활동을 수행한 민간 소방 인력이 사망하거나 부상을 입었을 경우의 보상주체·보상기준 등에 관한 사항, 그 밖에 동원된 소방력의 운용과 관련하여 필요한 사항은 대통령령으로 정한다.

< 정답 ①

section 3 화재의 예방과 경계(警戒)

(1) 화재의 예방조치 등〈법 제12조〉

① 소방본부장이나 소방서장은 화재의 예방상 위험하다고 인정되는 행위를 하는 사람이나 소화(消火) 활동에 지장이 있다고 인정되는 물건의 소유자 · 관리자 또는 점유자에게 다음의 명령을 할 수 있다.

　㉠ 불장난, 모닥불, 흡연, 화기(火氣) 취급, 풍등 등 소형 열기구 날리기, 그 밖에 화재예방상 위험하다고 인정되는 행위의 금지 또는 제한

　㉡ 타고 남은 불 또는 화기가 있을 우려가 있는 재의 처리

　㉢ 함부로 버려두거나 그냥 둔 위험물, 그 밖에 불에 탈 수 있는 물건을 옮기거나 치우게 하는 등의 조치

② 소방본부장이나 소방서장은 그 위험물 또는 물건의 소유자 · 관리자 또는 점유자의 주소와 성명을 알 수 없어서 필요한 명령을 할 수 없을 때에는 소속 공무원으로 하여금 그 위험물 또는 물건을 옮기거나 치우게 할 수 있다.

③ 소방본부장이나 소방서장은 옮기거나 치운 위험물 또는 물건을 보관하여야 한다.

④ 소방본부장이나 소방서장은 위험물 또는 물건을 보관하는 경우에는 그 날부터 14일 동안 소방본부 또는 소방서의 게시판에 그 사실을 공고하여야 한다. ✿ 2018 기출

⑤ 소방본부장이나 소방서장이 보관하는 위험물 또는 물건의 보관기간 및 보관기간 경과 후 처리 등에 대하여는 대통령령으로 정한다.

> 📢POINT 위험물 또는 물건의 보관기간 및 보관기간 경과 후 처리 등〈시행령 제3조〉
> ① 규정에 의한 위험물 또는 물건의 보관기간은 소방본부 또는 소방서의 게시판에 공고하는 기간의 종료일 다음 날부터 7일로 한다.
> ② 소방본부장 또는 소방서장은 보관기간이 종료되는 때에는 보관하고 있는 위험물 또는 물건을 매각하여야 한다. 다만, 보관하고 있는 위험물 또는 물건이 부패 · 파손 또는 이와 유사한 사유로 정해진 용도에 계속 사용할 수 없는 경우에는 폐기할 수 있다.
> ③ 소방본부장 또는 소방서장은 보관하던 위험물 또는 물건을 매각한 경우에는 지체없이 「국가재정법」에 의하여 세입조치를 하여야 한다.
> ④ 소방본부장 또는 소방서장은 매각되거나 폐기된 위험물 또는 물건의 소유자가 보상을 요구하는 경우에는 보상금액에 대하여 소유자와 협의를 거쳐 이를 보상하여야 한다.

(2) 화재경계지구의 지정〈법 제13조〉

① 시 · 도지사는 다음의 어느 하나에 해당하는 지역 중 화재가 발생할 우려가 높거나 화재가 발생하는 경우 그로 인하여 피해가 클 것으로 예상되는 지역을 화재경계지구(火災警戒地區)로 지정할 수 있다. ✿ 2020 기출

기출 2018. 10. 13. 소방공무원

「소방기본법」상 화재의 예방조치 등에 대한 설명이다. (　) 안의 내용으로 옳은 것은?

┌ 보기 ┐
소방본부장이나 소방서장은 함부로 버려두거나 그냥 둔 위험물 또는 불에 탈 수 있는 물건을 보관하는 경우에는 그 날부터 (　)일 동안 소방본부 또는 소방서의 게시판에 그 사실을 공고하여야 한다.
└─────┘

① 7　　　　　② 10
③ 12　　　　　④ 14

📢TIP
법 제12조 제4항 참조

기출 2020. 6. 20. 소방공무원

「소방기본법」상 화재경계지구로 지정할 수 있는 대상을 모두 고른 것은?

┌ 보기 ┐
㉠ 시장지역
㉡ 목조건물이 밀집한 지역
㉢ 위험물의 저장 및 처리 시설이 밀집한 지역
㉣ 석유화학제품을 생산하는 공장이 있는 지역
└─────┘

① ㉠, ㉡　　　　② ㉢, ㉣
③ ㉠, ㉢, ㉣　　④ ㉠, ㉡, ㉢, ㉣

📢TIP
법 제13조 제1항 참조

〈정답 ④, ④

기출 2019. 4. 6. 소방공무원

「**소방기본법 시행령**」상 화재경계지구에 관한 설명으로 옳은 것은?

① 소방청장, 소방본부장 또는 소방서장은 화재경계지구안의 소방대상물의 위치·구조 및 설비 등에 대한 소방특별조사를 연 1회 이상 실시하여야 한다.

② 소방본부장 또는 소방서장은 화재경계지구 안의 관계인에 대하여 소방상 필요한 훈련 및 교육을 연 1회 이상 실시할 수 있다.

③ 소방본부장 또는 소방서장은 소방상 필요한 훈련 및 교육을 실시하고자 하는 때에 화재경계지구 안의 관계인에게 훈련 또는 교육 30일 전까지 그 사실을 통보하여야 한다.

④ 소방청장은 화재경계지구의 지정 현황 등을 화재경계지구 관리대장에 작성하고 관리하여야 한다.

TIP

① 소방본부장 또는 소방서장이 주체가 된다(시행령 제4조 제2항).
② 시행령 제4조 제3항
③ 10일 전까지 통보하여야 한다(시행령 제4조 제4항).
④ 시·도지사가 하여야 한다(시행령 제4조 제5항).

〈정답 ②

㉠ 시장지역

㉡ 공장·창고가 밀집한 지역

㉢ 목조건물이 밀집한 지역

㉣ 위험물의 저장 및 처리 시설이 밀집한 지역

㉤ 석유화학제품을 생산하는 공장이 있는 지역

㉥ 「산업입지 및 개발에 관한 법률」에 따른 산업단지

㉦ 소방시설·소방용수시설 또는 소방출동로가 없는 지역

㉧ 그 밖에 ㉠에서 ㉦까지에 준하는 지역으로서 소방청장·소방본부장 또는 소방서장이 화재경계지구로 지정할 필요가 있다고 인정하는 지역

② ①에도 불구하고 시·도지사가 화재경계지구로 지정할 필요가 있는 지역을 화재경계지구로 지정하지 아니하는 경우 소방청장은 해당 시·도지사에게 해당 지역의 화재경계지구 지정을 요청할 수 있다.

③ 소방본부장이나 소방서장은 대통령령으로 정하는 바에 따라 화재경계지구 안의 소방대상물의 위치·구조 및 설비 등에 대하여 「화재예방, 소방시설 설치·유지 및 안전관리에 관한 법률」에 따른 소방특별조사를 하여야 한다. **☆ 2019 기출**

POINT 화재경계지구의 관리〈시행령 제4조 제2항〉
소방본부장 또는 소방서장은 법 제13조 제3항에 따라 화재경계지구 안의 소방대상물의 위치·구조 및 설비 등에 대한 소방특별조사를 연 1회 이상 실시하여야 한다.

④ 소방본부장이나 소방서장은 소방특별조사를 한 결과 화재의 예방과 경계를 위하여 필요하다고 인정할 때에는 관계인에게 소방용수시설, 소화기구, 그 밖에 소방에 필요한 설비의 설치를 명할 수 있다.

⑤ 소방본부장이나 소방서장은 화재경계지구 안의 관계인에 대하여 대통령령으로 정하는 바에 따라 소방에 필요한 훈련 및 교육을 실시할 수 있다.

POINT 화재경계지구의 관리〈시행령 제4조 제3항 및 제4항〉
㉠ 소방본부장 또는 소방서장은 화재경계지구 안의 관계인에 대하여 소방상 필요한 훈련 및 교육을 연 1회 이상 실시할 수 있다.
㉡ 소방본부장 또는 소방서장은 제3항의 규정에 의한 소방상 필요한 훈련 및 교육을 실시하고자 하는 때에는 화재경계지구 안의 관계인에게 훈련 또는 교육 10일 전까지 그 사실을 통보하여야 한다. **☆ 2018 기출**

⑥ 시·도지사는 대통령령으로 정하는 바에 따라 화재경계지구의 지정 현황, 소방특별조사의 결과, 소방설비 설치 명령 현황, 소방교육의 현황 등이 포함된 화재경계지구에서의 화재예방 및 경계에 필요한 자료를 매년 작성·관리하여야 한다. **☆ 2019 기출**

POINT 화재경계지구의 관리〈시행령 제4조 제5항〉 **☆ 2021 기출**
시·도지사는 법 제13조 제6항에 따라 다음의 사항을 행정안전부령으로 정하는 화재경계지구 관리대장에 작성하고 관리하여야 한다.
① 화재경계지구의 지정 현황
② 소방특별조사의 결과

③ 소방설비의 설치 명령 현황
④ 소방교육의 실시 현황
⑤ 소방훈련의 실시 현황
⑥ 그 밖에 화재예방 및 경계에 필요한 사항

[화재경계지구 대상과 사전통지 지역(화재오인 및 연막소독 등) 비교]

화재경계지구 지정 대상[법 제13조]	화재오인 및 연막소독 등 통지사항[법 제19조]
㉠ 시장지역	㉠ 시장지역
㉡ 공장·창고가 밀집한 지역	㉡ 공장·창고가 밀집한 지역
㉢ 목조건물이 밀집한 지역	㉢ 목조건물이 밀집한 지역
㉣ 위험물의 저장 및 처리 시설이 밀집한 지역	㉣ 위험물의 저장 및 처리시설이 밀집한 지역
㉤ 석유화학제품을 생산하는 공장이 있는 지역	㉤ 석유화학제품을 생산하는 공장이 있는 지역
㉥ 「산업입지 및 개발에 관한 법률」에 따른 산업단지	㉥ 그 밖에 시·도의 조례로 정하는 지역 또는 장소
㉦ 소방시설·소방용수시설 또는 소방출동로가 없는 지역	
㉧ 소방청장·소방본부장 또는 소방서장이 화재경계지구로 지정할 필요가 있다고 인정하는 지역	

(3) 화재에 관한 위험경보〈법 제14조〉

소방본부장이나 소방서장은 「기상법」에 따른 이상기상(異常氣象)의 예보 또는 특보가 있을 때에는 화재에 관한 경보를 발령하고 그에 따른 조치를 할 수 있다.

(4) 불을 사용하는 설비의 관리〈법 제15조〉

① 보일러, 난로, 건조설비, 가스·전기시설, 그 밖에 화재 발생 우려가 있는 설비 또는 기구 등의 위치·구조 및 관리와 화재 예방을 위하여 불을 사용할 때 지켜야 하는 사항은 대통령령으로 정한다.

※ 시행령 별표1(시행령 제5조 관련)

㉠ 보일러

ⓐ 가연성 벽·바닥 또는 천장과 접촉하는 증기기관 또는 연통의 부분은 규조토·석면 등 난연성 단열재로 덮어씌워야 한다.

ⓑ 경유·등유 등 액체연료를 사용하는 경우 다음의 사항을 지켜야 한다.
• 연료탱크는 보일러 본체로부터 수평거리 1미터 이상의 간격을 두어 설치할 것
• 연료탱크에는 화재 등 긴급 상황이 발생하는 경우 연료를 차단할 수 있는 개폐밸브를 연료탱크로부터 0.5미터 이내에 설치할 것
• 연료탱크 또는 연료를 공급하는 배관에는 여과장치를 설치할 것
• 사용이 허용된 연료 외의 것을 사용하지 아니할 것

기출 2018. 10. 13. 소방공무원

「소방기본법 시행령」상 보일러 등의 위치·구조 및 관리와 화재예방을 위하여 불의 사용에 있어서 지켜야 하는 사항 중 '난로'에 대한 설명이다. ( ) 안의 내용으로 옳게 연결된 것은?

┌ 보기 ┐

연통은 천장으로부터 (㉠)m 이상 떨어지고, 건물 밖으로 (㉡)m 이상 나오게 설치하여야 한다.

	㉠	㉡
①	0.5	0.6
②	0.6	0.6
③	0.5	0.5
④	0.6	0.5

기출 2021. 4. 3. 소방공무원

「소방기본법 시행령」상 보일러 등의 위치·구조 및 관리와 화재예방을 위하여 불의 사용에 있어서 지켜야 하는 사항으로 옳은 것은?

① 전기시설에서 전류가 통하는 전선에는 누전차단기를 설치하여야 한다.
② 「공연법」 제2조 제4호의 규정에 의한 공연장에서 이동식난로는 절대 사용하여서는 아니된다.
③ 보일러를 실내에 설치하는 경우에는 콘크리트바닥 또는 금속 외의 난연재료로 된 바닥 위에 설치하여야 한다.
④ 수소가스를 넣는 기구에서 수소가스를 넣을 때에는 기구 안에 수소가스 또는 공기를 제거한 후 감압기를 사용하여야 한다.

🔊**TIP**

보일러 등의 위치·구조 및 관리와 화재예방을 위하여 불의 사용에 있어서 지켜야 하는 사항〈시행령 [별표 1]〉 참조

＜정답 ②, ④

• 연료탱크에는 불연재료(「건축법 시행령」의 규정에 의한 것을 말한다.)로 된 받침대를 설치하여 연료탱크가 넘어지지 아니하도록 할 것

ⓒ 기체연료를 사용하는 경우에는 다음에 의한다.
• 보일러를 설치하는 장소에는 환기구를 설치하는 등 가연성 가스가 머무르지 않도록 할 것
• 연료를 공급하는 배관은 금속관으로 할 것
• 화재 등 긴급 시 연료를 차단할 수 있는 개폐밸브를 연료용기 등으로부터 0.5미터 이내에 설치할 것
• 보일러가 설치된 장소에는 가스누설경보기를 설치할 것

ⓓ 보일러와 벽·천장 사이의 거리는 0.6미터 이상 되도록 하여야 한다. ✿**2019 기출**

ⓔ 보일러를 실내에 설치하는 경우에는 콘크리트바닥 또는 금속 외의 불연재료로 된 바닥 위에 설치하여야 한다.

ⓛ 난로
ⓐ 연통은 천장으로부터 0.6미터 이상 떨어지고, 건물 밖으로 0.6미터 이상 나오게 설치하여야 한다. ✿**2019 기출** **2018 기출**

ⓑ 가연성 벽·바닥 또는 천장과 접촉하는 연통의 부분은 규조토·석면 등 난연성 단열재로 덮어씌워야 한다.

ⓒ 이동식 난로는 다음의 장소에서 사용하여서는 아니 된다. 다만, 난로가 쓰러지지 아니하도록 받침대를 두어 고정시키거나 쓰러지는 경우 즉시 소화되고 연료의 누출을 차단할 수 있는 장치가 부착된 경우에는 그러하지 아니하다.
• 「다중이용업소의 안전관리에 관한 특별법」에 따른 다중이용업의 영업소
• 「학원의 설립·운영 및 과외교습에 관한 법률」의 규정에 의한 학원
• 「학원의 설립·운영 및 과외교습에 관한 법률 시행령」의 규정에 의한 독서실
• 「공중위생관리법」의 규정에 의한 숙박업·목욕장업·세탁업의 영업장
• 「의료법」에 의한 종합병원·병원·치과병원·한방병원·요양병원·의원·치과의원·한의원 및 조산원
• 「식품위생법 시행령」에 따른 휴게음식점 영업, 일반음식점 영업, 단란주점 영업, 유흥주점 영업 및 제과점 영업의 영업장
• 「영화 및 비디오물의 진흥에 관한 법률」에 따른 영화상영관
• 「공연법」의 규정에 의한 공연장
• 「박물관 및 미술관 진흥법」에 의한 박물관 및 미술관
• 「유통산업발전법」의 규정에 의한 상점가
• 「건축법」에 따른 가설 건축물
• 역·터미널

ⓒ 건조설비 ✿**2019 기출**
ⓐ 건조설비와 벽·천장 사이의 거리는 0.5미터 이상 되도록 하여야 한다.
ⓑ 건조물품이 열원과 직접 접촉하지 아니하도록 하여야 한다.
ⓒ 실내에 설치하는 경우에 벽·천장 또는 바닥은 불연재료로 하여야 한다.

ⓔ 수소가스를 넣는 기구 ✿ 2021 기출

ⓐ 연통 그 밖의 화기를 사용하는 시설의 부근에서 띄우거나 머물게 하여서는 아니 된다.

ⓑ 건축물의 지붕에서 띄워서는 아니 된다. 다만, 지붕이 불연재료로 된 평지붕으로서 그 넓이가 기구 지름의 2배 이상인 경우에는 그러지 아니하다.

ⓒ 다음의 장소에서 운반하거나 취급하여서는 아니 된다.
- 공연장 : 극장ㆍ영화관ㆍ연예장ㆍ음악당ㆍ서커스장 그 밖의 이와 비슷한 것
- 집회장 : 회의장ㆍ공회장ㆍ예식장 그 밖의 이와 비슷한 것
- 관람장 : 운동경기 관람장(운동시설에 해당하는 것을 제외)ㆍ경마장ㆍ자동차 경주장 그 밖의 이와 비슷한 것
- 전시장 : 박물관ㆍ미술관ㆍ과학관ㆍ기념관ㆍ산업전시장ㆍ박람회장 그 밖의 이와 비슷한 것

ⓓ 수소가스를 넣거나 빼는 때에는 다음의 사항을 지켜야 한다.
- 통풍이 잘 되는 옥외의 장소에서 할 것
- 조작자 외의 사람이 접근하지 아니하도록 할 것
- 전기시설이 부착된 경우에는 전원을 차단하고 할 것
- 마찰 또는 충격을 주는 행위를 하지 말 것
- 수소가스를 넣을 때에는 기구 안에 수소가스 또는 공기를 제거한 후 감압기를 사용할 것

ⓔ 수소가스는 용량의 90퍼센트 이상을 유지하여야 한다.

ⓕ 띄우거나 머물게 하는 때에는 감시인을 두어야 한다. 다만, 건축물 옥상에서 띄우거나 머물게 하는 경우에는 그러하지 아니하다.

ⓖ 띄우는 각도는 지표면에 대하여 45도 이하로 유지하고 바람이 초속 7미터 이상 부는 때에는 띄워서는 아니 된다.

ⓜ 불꽃을 사용하는 용접ㆍ용단기구 : 용접ㆍ용단 작업장에서는 다음의 사항을 지켜야 한다. 다만, 「산업안전보건법」 제38조(안전조치)의 적용을 받는 사업장의 경우에는 적용하지 아니한다. ✿ 2019 기출

ⓐ 용접 또는 용단 작업자로부터 반경 5m 이내에 소화기를 갖추어 둘 것

ⓑ 용접 또는 용단 작업장 주변 반경 10m 이내에는 가연물을 쌓아두거나 놓아두지 말 것. 다만, 가연물의 제거가 곤란하여 방지포 등으로 방호조치를 한 경우는 제외한다.

ⓗ 전기시설

ⓐ 전류가 통하는 전선에는 과전류차단기를 설치하여야 한다.

ⓑ 전선 및 접속기구는 내열성이 있는 것으로 하여야 한다.

ⓢ 노ㆍ화덕설비

ⓐ 실내에 설치하는 경우에는 흙바닥 또는 금속 외의 불연재료로 된 바닥이나 흙바닥에 설치하여야 한다.

ⓑ 노 또는 화덕을 설치하는 장소의 벽ㆍ천장은 불연재료로 된 것이어야 한다.

ⓒ 노 또는 화덕의 주위에는 녹는 물질이 확산되지 아니하도록 높이 0.1미터 이상의 턱을 설치하여야 한다.

기출 2019. 4. 6. 소방공무원

「소방기본법 시행령」상 보일러 등의 위치ㆍ구조 및 관리와 화재예방을 위하여 불의 사용에 있어서 지켜야 하는 사항으로 옳지 않은 것은?

① '보일러'와 벽ㆍ천장 사이의 거리는 0.6미터 이상 되도록 하여야 한다.

② '난로' 연통은 천장으로부터 0.6미터 이상 떨어지고, 건물 밖으로 0.6미터 이상 나오게 설치하여야 한다.

③ '건조설비'와 벽ㆍ천장 사이의 거리는 0.5미터 이상 되도록 하여야 한다.

④ '불꽃을 사용하는 용접ㆍ용단기구' 작업장에서는 용접 또는 용단 작업자로부터 반경 10미터 이내에 소화기를 갖추어야 한다.

TIP

용접 또는 용단 작업자로부터 반경 5m 이내에 소화기를 갖추어야 한다.

❮정답 ④

기출PLUS

기출 2020. 6. 20. 소방공무원

「소방기본법 시행령」상 일반음식점에서 조리를 위하여 불을 사용하는 설비를 설치할 때 지켜야 할 사항으로 옳지 않은 것은?

① 주방시설에는 동물 또는 식물의 기름을 제거할 수 있는 필터 등을 설치할 것

② 열을 발생하는 조리기구는 반자 또는 선반으로부터 0.5미터 이상 떨어지게 할 것

③ 주방설비에 부속된 배기닥트는 0.5밀리미터 이상의 아연도금강판 또는 이와 동등 이상의 내식성 불연재료로 설치할 것

④ 열을 발생하는 조리기구로부터 0.15미터 이내의 거리에 있는 가연성 주요구조부는 단열성이 있는 불연재료로 덮어 씌울 것

TIP

열을 발생하는 조리기구는 반자 또는 선반으로부터 0.6미터 이상 떨어지게 하여 설치해야 한다.

기출 2018. 10. 13. 소방공무원

「소방기본법 시행령」상 규정하고 있는 특수가연물의 품명과 기준수량의 연결이 옳지 않은 것은?

① 면화류 : 1,000kg 이상

② 사류 : 1,000kg 이상

③ 볏짚류 : 1,000kg 이상

④ 넝마 및 종이부스러기 : 1,000kg 이상

TIP

면화류는 200kg 이상을 기준 수량으로 한다.

ⓓ 시간당 열량이 30만 킬로칼로리 이상인 노를 설치하는 경우에는 다음의 사항을 지켜야 한다.

- 주요구조부(「건축법」에 따른 것을 말한다)는 불연재료로 할 것
- 창문과 출입구는 「건축법 시행령」에 의한 갑종 방화문 또는 을종 방화문으로 설치할 것
- 노 주위에는 1미터 이상 공간을 확보할 것

ⓔ 음식조리를 위하여 설치하는 설비 : 일반음식점에서 조리를 위하여 불을 사용하는 설비를 설치하는 경우에는 다음의 사항을 지켜야 한다. ✿**2020 기출**

- 주방설비에 부속된 배기닥트는 0.5밀리미터 이상의 아연도금강판 또는 이와 동등 이상의 내식성 불연재료로 설치할 것
- 주방시설에는 동물 또는 식물의 기름을 제거할 수 있는 필터 등을 설치할 것
- 열을 발생하는 조리기구는 반자 또는 선반으로부터 0.6미터 이상 떨어지게 할 것
- 열을 발생하는 조리기구로부터 0.15미터 이내의 거리에 있는 가연성 주요 구조부는 석면판 또는 단열성이 있는 불연재료로 덮어씌울 것

  ※ 내화 · 방화는 구조를 의미하며, 불연(준불연) · 난연은 재료를 말한다.

② 화재가 발생하는 경우 불길이 빠르게 번지는 고무류 · 면화류 · 석탄 및 목탄 등 대통령령으로 정하는 특수가연물(特殊可燃物)의 저장 및 취급 기준

㉠ 특수가연물 〈시행령 제6조〉

ⓐ 대통령령으로 정하는 특수가연물(特殊可燃物) 〈시행령 별표2〉 ✿**2021 기출** **2018 기출**

품명		수량
면화류		200 킬로그램 이상
나무껍질 및 대팻밥		400 킬로그램 이상
넝마 및 종이부스러기		
사류(絲類)		1,000 킬로그램 이상
볏짚류		
가연성 고체류		3,000 킬로그램 이상
석탄 · 목탄류		10,000 킬로그램 이상
가연성 액체류		2 세제곱미터 이상
목재가공품 및 나무부스러기		10 세제곱미터 이상
합성수지류	발포시킨 것	20 세제곱미터 이상
	그 밖의 것	3,000 킬로그램 이상

ⓑ 특수가연물의 저장 및 취급 〈시행령 제7조〉

- 특수가연물을 저장 또는 취급하는 장소에는 품명 · 최대수량 및 화기취급의 금지표지를 설치할 것
- 다음의 기준에 따라 쌓아 저장할 것. 다만, 석탄 · 목탄류를 발전(發電)용으로 저장하는 경우에는 그러하지 아니하다.

❮정답 ②, ①

– 품명별로 구분하여 쌓을 것

– 쌓는 높이는 10미터 이하가 되도록 하고, 쌓는 부분의 바닥면적은 50제곱미터 (석탄·목탄류의 경우에는 200제곱미터) 이하가 되도록 할 것. 다만, 살수설비를 설치하거나, 방사능력 범위에 해당 특수가연물이 포함되도록 대형수동식소화기를 설치하는 경우에는 쌓는 높이를 15미터 이하, 쌓는 부분의 바닥면적을 200제곱미터(석탄·목탄류의 경우에는 300제곱미터) 이하로 할 수 있다.

☆ 2020 기출 2018 기출

– 쌓는 부분의 바닥면적 사이는 1미터 이상이 되도록 할 것

용어의 정리

1. "면화류"라 함은 불연성 또는 난연성이 아닌 면상 또는 팽이모양의 섬유와 마사(麻絲) 원료를 말한다.
2. 넝마 및 종이부스러기는 불연성 또는 난연성이 아닌 것(동·식물유가 깊이 스며들어 있는 옷감·종이 및 이들의 제품을 포함)에 한한다.
3. "사류"라 함은 불연성 또는 난연성이 아닌 실(실부스러기와 솜털을 포함한다)과 누에고치를 말한다.
4. "볏짚류"라 함은 마른 볏짚, 마른 북더기와 이들의 제품 및 건초를 말한다.
5. "가연성고체류"라 함은 고체로서 다음 각 목의 것을 말한다.
   가. 인화점이 섭씨 40도 이상 100도 미만인 것
   나. 인화점이 100도 이상 200도 미만이고, 연소열량이 1그램당 8킬로칼로리 이상인 것
   다. 인화점이 섭씨 200도 이상이고 연소열량이 1그램당 8킬로칼로리 이상인 것으로서 융점이 100도 미만인 것
   라. 1기압과 섭씨 20도 초과와 40도 이하에서 액상인 것으로서 인화점이 섭씨 70도 이상 섭씨 200도 미만이거나 나목 또는 다목에 해당하는 것
6. 석탄·목탄류에는 코크스, 석탄가루를 물에 갠 것, 조개탄, 연탄, 석유코크스, 활성탄 및 이와 유사한 것을 포함한다.
7. "가연성 액체류"라 하은 다음 각 목의 것을 말한다.
   가. 1기압과 섭씨 20도 이하에서 액상인 것으로서 가연성 액체량이 40중량퍼센트 이하이면서 인화점이 섭씨 40도 이상 섭씨 70도 미만이고 연소점이 섭씨 60도 이상인 물품
   나. 1기압과 섭씨 20도에서 액상인 것으로서 가연성 액체량이 40중량퍼센트 이하이고 인화점이 섭씨 70도 이상 섭씨 250도 미만인 물품
   다. 동물의 기름기와 살코기 또는 식물의 씨나 과일의 살로부터 추출한 것으로서 다음에 해당하는 것
   ㉠ 1기압과 섭씨 20도에서 액상이고 인화점이 250도 미만인 것으로서 「위험물안전관리법」의 규정에 의한 용기 기준과 수납·저장 기준에 적합하고 용기 외부에 물품명, 수량 및 "화기엄금" 등의 표시를 한 것
   ㉡ 1기압과 섭씨 20도에서 액상이고 인화점이 섭씨 250도 이상인 것
8. "합성수지류"라 함은 불연성 또는 난연성이 아닌 고체의 합성수지제품, 합성수지반제품, 원료합성수지 및 합성수지 부스러기(불연성 또는 난연성이 아닌 고무제품, 고무반제품, 원료고무 및 고무 부스러기를 포함한다)를 말한다. 다만, 합성수지의 섬유·옷감·종이 및 실과 이들의 넝마와 부스러기를 제외한다.

기출PLUS

기출 2020. 6. 20. 소방공무원

「소방기본법 시행령」상 화재가 발생하는 경우 불길이 빠르게 번지는 고무류·면화류 등 대통령령으로 정하는 특수가연물의 저장 및 취급기준 중 다음 (   ) 안에 들어갈 숫자로 옳은 것은? (단, 석탄·목탄류의 경우는 제외한다.)

• 보기 •

살수설비를 설치하거나, 방사능력 범위에 해당 특수가연물이 포함되도록 대형수동식소화기를 설치하는 경우에는 쌓는 높이를 (가)미터 이하, 쌓는 부분의 바닥면적을 (나)제곱미터 이하로 할 수 있다.

	(가)	(나)
①	10	200
②	10	300
③	15	200
④	15	300

📢 TIP

시행령 제7조 참조

《 정답 ③

section 4 소방활동 등

(1) 소방활동〈법 제16조〉

① 소방청장, 소방본부장 또는 소방서장은 화재, 재난·재해, 그 밖의 위급한 상황이 발생하였을 때에는 소방대를 현장에 신속하게 출동시켜 화재진압과 인명구조·구급 등 소방에 필요한 활동(이하 "소방활동"이라 한다)을 하게 하여야 한다.
② 누구든지 정당한 사유 없이 출동한 소방대의 소방활동을 방해하여서는 아니 된다.

(2) 소방지원활동〈법 제16조의2〉

① 소방청장·소방본부장 또는 소방서장은 공공의 안녕질서 유지 또는 복리증진을 위하여 필요한 경우 소방활동 외에 다음의 활동(이하 "소방지원활동"이라 한다)을 하게 할 수 있다. ✿ **2018 기출** **2020 기출**
  ㉠ 산불에 대한 예방·진압 등 지원활동
  ㉡ 자연재해에 따른 급수·배수 및 제설 등 지원활동
  ㉢ 집회·공연 등 각종 행사 시 사고에 대비한 근접대기 등 지원활동
  ㉣ 화재, 재난·재해로 인한 피해복구 지원활동
  ㉤ 그 밖에 행정안전부령으로 정하는 활동

> **POINT** 소방지원활동〈시행규칙 제8조의4〉
> ① 군·경찰 등 유관기관에서 실시하는 훈련지원 활동
> ② 소방시설 오작동 신고에 따른 조치활동
> ③ 방송제작 또는 촬영 관련 지원활동

② 소방지원활동은 소방활동 수행에 지장을 주지 아니하는 범위에서 할 수 있다.
③ 유관기관·단체 등의 요청에 따른 소방지원활동에 드는 비용은 지원요청을 한 유관기관·단체 등에게 부담하게 할 수 있다. 다만, 부담금액 및 부담방법에 관하여는 지원요청을 한 유관기관·단체 등과 협의하여 결정한다.

(3) 생활안전활동〈법 제16조의3〉

① 소방청장·소방본부장 또는 소방서장은 신고가 접수된 생활안전 및 위험제거 활동(화재, 재난·재해, 그 밖의 위급한 상황에 해당하는 것은 제외한다)에 대응하기 위하여 소방대를 출동시켜 다음의 활동(이하 "생활안전활동"이라 한다)을 하게 하여야 한다. ✿ **2018 기출**
  ㉠ 붕괴, 낙하 등이 우려되는 고드름, 나무, 위험 구조물 등의 제거활동
  ㉡ 위해동물, 벌 등의 포획 및 퇴치 활동

ⓒ 끼임, 고립 등에 따른 위험제거 및 구출 활동

ⓔ 단전사고 시 비상전원 또는 조명의 공급

ⓜ 그 밖에 방치하면 급박해질 우려가 있는 위험을 예방하기 위한 활동

② 누구든지 정당한 사유 없이 ①에 따라 출동하는 소방대의 생활안전활동을 방해하여 서는 아니 된다.

(4) 소방자동차의 보험 가입 등〈법 제16조의4〉

① 시 · 도지사는 소방자동차의 공무상 운행 중 교통사고가 발생한 경우 그 운전자의 법률상 분쟁에 소요되는 비용을 지원할 수 있는 보험에 가입하여야 한다.

② 국가는 보험 가입비용의 일부를 지원할 수 있다.

(5) 소방활동에 대한 면책〈법 제16조의5〉

소방공무원이 소방활동으로 인하여 타인을 사상(死傷)에 이르게 한 경우 그 소방활동이 불가피하고 소방공무원에게 고의 또는 중대한 과실이 없는 때에는 그 정상을 참작하여 사상에 대한 형사책임을 감경하거나 면제할 수 있다.

(6) 소송지원〈법 제16조의6〉

소방청장, 소방본부장 또는 소방서장은 소방공무원이 소방활동, 소방지원활동, 생활안전활동으로 인하여 민 · 형사상 책임과 관련된 소송을 수행할 경우 변호인 선임 등 소송수행에 필요한 지원을 할 수 있다.

(7) 소방교육 · 훈련〈법 제17조〉

① 소방청장, 소방본부장 또는 소방서장은 소방업무를 전문적이고 효과적으로 수행하기 위하여 소방대원에게 필요한 교육 · 훈련을 실시하여야 한다.

② 소방청장, 소방본부장 또는 소방서장은 화재를 예방하고 화재 발생 시 인명과 재산 피해를 최소화하기 위하여 다음에 해당하는 사람을 대상으로 행정안전부령으로 정하는 바에 따라 소방안전에 관한 교육과 훈련을 실시할 수 있다. 이 경우 소방청장, 소방본부장 또는 소방서장은 해당 어린이집 · 유치원 · 학교의 장과 교육일정 등에 관하여 협의하여야 한다.

ⓐ 「영유아보육법」에 따른 어린이집의 영유아

ⓑ 「유아교육법」에 따른 유치원의 유아

ⓒ 「초 · 중등교육법」에 따른 학교의 학생

기출 2018. 10. 13. 소방공무원

「소방기본법」상 규정하는 소방지원활동과 생활안전활동을 옳게 연결한 것은?

─ 보기 ─

ⓐ 산불에 대한 예방 · 진압 등 지원활동

ⓑ 자연재해에 따른 급수 · 배수 및 제설 등 지원활동

ⓒ 집회 · 공연 등 각종 행사 시 사고에 대비한 근접대기 등 지원활동

ⓓ 화재, 재난 · 재해로 인한 피해복구 지원활동

ⓔ 붕괴, 낙하 등이 우려되는 고드름, 나무, 위험 구조물 등의 제거활동

ⓕ 위해동물, 벌 등의 포획 및 퇴치 활동

ⓖ 끼임, 고립 등에 따른 위험제거 및 구출 활동

ⓗ 단전사고 시 비상전원 또는 조명의 공급

소방지원활동	생활안전활동
① ⓐ-ⓑ-ⓒ-ⓓ	ⓔ-ⓕ-ⓖ-ⓗ
② ⓐ-ⓓ-ⓕ-ⓖ	ⓑ-ⓒ-ⓕ-ⓗ
③ ⓔ-ⓕ-ⓖ-ⓗ	ⓐ-ⓑ-ⓒ-ⓓ
④ ⓑ-ⓒ-ⓕ-ⓗ	ⓐ-ⓓ-ⓕ-ⓖ

📢 TIP

소방청장 · 소방본부장 또는 소방서장은 공공의 안녕질서 유지 또는 복리증진을 위하여 필요한 경우에 소방지원활동(ⓐ, ⓑ, ⓒ, ⓓ)을 할 수 있고, 신고가 접수되어 생활안전 및 위험제거 활동에 대응하기 위해 소방대를 출동시켜 생활안전활동(ⓔ, ⓕ, ⓖ, ⓗ)을 해야 한다.

❮ 정답 ①

③ 소방청장, 소방본부장 또는 소방서장은 국민의 안전의식을 높이기 위하여 화재 발생 시 피난 및 행동 방법 등을 홍보하여야 한다.

④ 교육·훈련의 종류 및 대상자, 그 밖에 교육·훈련의 실시에 필요한 사항은 행정안전부령으로 정한다.

[소방대원에게 실시할 교육·훈련의 종류 등(시행규칙 제9조 제1항 관련)]

종 류	교육·훈련을 받아야 할 대상자
1. 화재진압훈련	1) 화재진압 업무를 담당하는 소방공무원 2) 「의무소방대설치법 시행령」에 따른 임무를 수행하는 의무소방원 3) 「의용소방대 설치 및 운영에 관한 법률」에 따라 임명된 의용소방대원
2. 인명구조훈련	1) 구조업무를 담당하는 소방공무원 2) 「의무소방대 설치법 시행령」에 따른 임무를 수행하는 의무소방원 3) 「의용소방대 설치 및 운영에 관한 법률」에 따라 임명된 의용소방대원
3. 응급처치훈련	1) 구급업무를 담당하는 소방공무원 2) 「의무소방대설치법」에 따라 임용된 의무소방원 3) 「의용소방대 설치 및 운영에 관한 법률」에 따라 임명된 의용소방대원
4. 인명대피훈련	1) 소방공무원 2) 「의무소방대설치법」에 따라 임용된 의무소방원 3) 「의용소방대 설치 및 운영에 관한 법률」에 따라 임명된 의용소방대원
5. 현장지휘훈련	소방공무원 중 다음의 계급에 있는 사람 1) 지방소방정 2) 지방소방령 3) 지방소방경 4) 지방소방위

※ 교육·훈련 횟수는 2년마다 1회, 기간은 2주 이상으로 한다.

(8) 소방안전교육사〈법 제17조의2〉 ✿ 2020 기출

① 소방청장은 소방안전교육을 위하여 소방청장이 실시하는 시험에 합격한 사람에게 소방안전교육사 자격을 부여한다.

② 소방안전교육사는 소방안전교육의 기획·진행·분석·평가 및 교수업무를 수행한다.

③ 소방안전교육사 시험의 응시자격, 시험방법, 시험과목, 시험위원, 그 밖에 소방안전교육사 시험의 실시에 필요한 사항은 대통령령으로 정한다.

④ 소방안전교육사 시험에 응시하려는 사람은 대통령령으로 정하는 바에 따라 수수료를 내야 한다.

(9) 소방안전교육사의 결격사유〈법 제17조의3〉

① 피성년후견인

② 금고 이상의 실형을 선고받고 그 집행이 끝나거나(집행이 끝난 것으로 보는 경우를 포함한다) 집행이 면제된 날부터 2년이 지나지 아니한 사람

③ 금고 이상의 형의 집행유예를 선고받고 그 유예기간 중에 있는 사람 ✿ 2020 기출

④ 법원의 판결 또는 다른 법률에 따라 자격이 정지되거나 상실된 사람

(10) 부정행위자에 대한 조치〈제17조의4〉

① 소방청장은 소방안전교육사 시험에서 부정행위를 한 사람에 대하여는 해당 시험을 정지시키거나 무효로 처리한다.

② 시험이 정지되거나 무효로 처리된 사람은 그 처분이 있은 날부터 2년간 소방안전교육사 시험에 응시하지 못한다.

(11) 소방안전교육사의 배치〈법 제17조의5〉

① 소방안전교육사를 소방청, 소방본부 또는 소방서, 그 밖에 대통령령으로 정하는 대상에 배치할 수 있다.

② 소방안전교육사의 배치대상 및 배치기준, 그 밖에 필요한 사항은 대통령령으로 정한다.

[소방안전교육사 배치 기준] ✿ 2020 기출 2019 기출

배치대상	배치기준(단위: 명)
소방청	2명 이상
소방본부	2명 이상
소방서	1명 이상
한국소방안전원	본회: 2명 이상 /시·도지부: 1명 이상
한국소방산업기술원	2명 이상

(12) 한국119청소년단〈법 제17조의6〉

① 청소년에게 소방안전에 관한 올바른 이해와 안전의식을 함양시키기 위하여 한국119청소년단을 설립한다.

② 한국119청소년단은 법인으로 하고, 그 주된 사무소의 소재지에 설립등기를 함으로써 성립한다.

③ 국가나 지방자치단체는 한국119청소년단에 그 조직 및 활동에 필요한 시설·장비를 지원할 수 있으며, 운영경비와 시설비 및 국내외 행사에 필요한 경비를 보조할 수 있다.

④ 개인·법인 또는 단체는 한국119청소년단의 시설 및 운영 등을 지원하기 위하여 금전이나 그 밖의 재산을 기부할 수 있다.

⑤ 이 법에 따른 한국119청소년단이 아닌 자는 한국119청소년단 또는 이와 유사한 명칭을 사용할 수 없다.

기출PLUS

기출 2020. 6. 20. 소방공무원

「소방기본법」 및 같은 법 시행령상 소방안전교육사와 관련된 규정의 내용으로 옳지 않은 것은?

① 소방안전교육사는 소방안전교육의 기획·진행·분석·평가 및 교수업무를 수행한다.

② 금고 이상의 형의 집행유예를 선고받고 그 유예기간 중에 있는 사람은 소방안전교육사가 될 수 없다.

③ 초등학교 등 교육기관에는 소방안전교육사를 1명 이상 배치하여야 한다.

④ 「유아교육법」에 따라 교원의 자격을 취득한 사람은 소방안전교육사 시험에 응시할 수 있다.

📢 TIP

소방안전교육사 배치대상 : 소방청, 소방본부, 소방서, 한국소방안전원, 한국소방산업기술원

기출 2019. 4. 6. 소방공무원

「소방기본법 시행령」상 소방안전교육사의 배치대상별 배치기준에 관한 설명이다. (   ) 안의 내용으로 옳은 것은?

┌ 보기 ┐

소방안전교육사의 배치대상별 배치기준에 따르면 소방청 (가)명 이상, 소방본부 (나)명 이상, 소방서 (다)명 이상이다.

	㉮	㉯	㉰
①	1	1	1
②	1	2	2
③	2	1	2
④	2	2	1

❮정답 ③, ④

기출PLUS

⑥ 한국119청소년단의 정관 또는 사업의 범위·지도·감독 및 지원에 필요한 사항은 행정안전부령으로 정한다.

⑦ 한국119청소년단에 관하여 이 법에서 규정한 것을 제외하고는 「민법」 중 사단법인에 관한 규정을 준용한다.

⒀ 소방신호〈법 제18조〉

화재예방, 소방활동 또는 소방훈련을 위하여 사용되는 소방신호의 종류와 방법은 행정안전부령으로 정한다.

▶**POINT** 소방신호의 종류 및 방법〈시행규칙 제10조〉
  ① 소방신호의 종류
    ㉠ 경계신호 : 화재예방상 필요하다고 인정되거나 화재위험 경보 시 발령
    ㉡ 발화신호 : 화재가 발생한 때 발령
    ㉢ 해제신호 : 소화활동이 필요 없다고 인정되는 때 발령
    ㉣ 훈련신호 : 훈련상 필요하다고 인정되는 때 발령
  ② 소방신호의 방법
    ㉠ 타종 및 사이렌

	타종 신호	사이렌 신호
경계 신호	1타와 연2타를 반복	5초 간격을 두고 30초씩 3회
발화 신호	난타	5초 간격을 두고 5초씩 3회
해제 신호	상당한 간격을 두고 1타씩 반복	1분간 1회
훈련 신호	연3타 반복	10초 간격을 두고 1분씩 3회

    ㉡ 그 밖의 신호

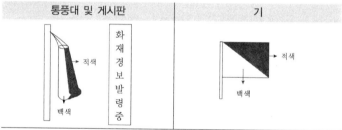

    ㉢ 소방신호, 통풍대 및 게시판 기 사용 시 유의 사항
      ⓐ 소방신호의 방법은 그 전부 또는 일부를 함께 사용할 수 있다.
      ⓑ 게시판을 철거하거나 통풍대 또는 기를 내리는 것으로 소방 활동이 해제되었음을 알린다.
      ⓒ 소방대의 비상소집을 하는 경우에는 훈련신호를 사용할 수 있다.

⒁ 화재 등의 통지〈법 제19조〉

① 화재 현장 또는 구조·구급이 필요한 사고 현장을 발견한 사람은 그 현장의 상황을 소방본부, 소방서 또는 관계 행정기관에 지체 없이 알려야 한다.
② 다음의 어느 하나에 해당하는 지역 또는 장소에서 화재로 오인할 만한 우려가 있는

불을 피우거나 연막(煙幕) 소독을 하려는 자는 시·도의 조례로 정하는 바에 따라 관할 소방본부장 또는 소방서장에게 신고하여야 한다.

ㄱ 시장지역

ㄴ 공장·창고가 밀집한 지역

ㄷ 목조건물이 밀집한 지역

ㄹ 위험물의 저장 및 처리시설이 밀집한 지역

ㅁ 석유화학제품을 생산하는 공장이 있는 지역

ㅂ 그 밖에 시·도의 조례로 정하는 지역 또는 장소

(15) 관계인의 소방활동〈법 제20조〉

관계인은 소방대상물에 화재, 재난·재해, 그 밖의 위급한 상황이 발생한 경우에는 소방대가 현장에 도착할 때까지 경보를 울리거나 대피를 유도하는 등의 방법으로 사람을 구출하는 조치 또는 불을 끄거나 불이 번지지 아니하도록 필요한 조치를 하여야 한다.

(16) 소방자동차의 우선 통행 등〈법 제21조〉 ✿ 2020 기출 2018 기출

① 모든 차와 사람은 소방자동차(지휘를 위한 자동차 및 구조·구급차를 포함한다)가 화재진압 및 구조·구급활동을 위하여 출동을 하는 때에는 이를 방해하여서는 아니 된다.

② 소방자동차가 화재진압 및 구조·구급 활동을 위하여 출동하거나 훈련을 위하여 필요할 때에는 사이렌을 사용할 수 있다.

③ 모든 차와 사람은 소방자동차가 화재진압 및 구조·구급 활동을 위하여 제2항에 따라 사이렌을 사용하여 출동하는 경우에는 다음 각 호의 행위를 하여서는 아니 된다.

ㄱ 소방자동차에 진로를 양보하지 아니하는 행위

ㄴ 소방자동차 앞에 끼어들거나 소방자동차를 가로막는 행위

ㄷ 그 밖에 소방자동차의 출동에 지장을 주는 행위

④ ③의 경우를 제외하고 소방자동차의 우선 통행에 관하여는 「도로교통법」에서 정하는 바에 따른다.

(17) 소방자동차 전용구역〈법 제21조의2〉

① 「건축법」에 따른 공동주택 중 대통령령으로 정하는 공동주택의 건축주는 소방활동의 원활한 수행을 위하여 공동주택에 소방자동차 전용구역을 설치하여야 한다.

② 누구든지 전용구역에 차를 주차하거나 전용구역에의 진입을 가로막는 등의 방해 행위를 하여서는 아니 된다.

기출 2020. 6. 20. 소방공무원

「소방기본법」상 소방자동차가 화재진압을 위하여 출동하는 경우 소방자동차의 우선 통행에 관한 내용으로 옳지 않은 것은?

① 모든 차와 사람은 소방자동차가 화재진압을 위하여 출동을 할 때에는 이를 방해하여서는 아니 된다.

② 소방자동차가 화재진압을 위하여 출동하거나 훈련을 위하여 필요할 때에는 사이렌을 사용할 수 있다.

③ 모든 차와 사람은 소방자동차가 화재진압을 위하여 사이렌을 사용하여 출동하는 경우에는 소방자동차에 진로를 양보하지 아니하는 행위를 하여서는 아니 된다.

④ 모든 차와 사람은 소방자동차가 화재진압을 위하여 사이렌을 사용하여 출동하는 경우 소방자동차의 우선 통행에 관하여는 「교통안전법」에서 정하는 바에 따른다.

TIP

소방자동차의 우선통행에 관하여는 「도로교통법」에서 정하는 바에 따른다.

< 정답 ④

기출PLUS

기출 2018. 10. 13. 소방공무원

「소방기본법 시행령」상 규정하는 소방자동차 전용구역 방해 행위 기준으로 옳지 않은 것은?

① 전용구역에 물건 등을 쌓거나 주차하는 행위
② 「주차장법」 제19조에 따른 부설주차장의 주차구획 내에 주차하는 행위
③ 전용구역 진입로에 물건 등을 쌓거나 주차하여 전용구역으로의 진입을 가로막는 행위
④ 전용구역 노면표지를 지우거나 훼손하는 행위

TIP

②는 방해행위 기준에서 제외되는 경우이다.

기출 2019. 4. 6. 소방공무원

「소방기본법」 및 같은 법 시행령상 소방자동차 전용구역의 설치 등에 관한 설명으로 옳지 않은 것은?

① 세대수가 100세대 이상인 아파트에는 소방자동차 전용구역을 설치하여야 한다.
② 소방본부장 또는 소방서장은 소방자동차가 접근하기 쉽고 소방활동이 원활하게 수행될 수 있도록 공동주택의 각 동별 전면 또는 후면에 소방자동차 전용구역을 1개소 이상 설치하여야 한다.
③ 전용구역 노면표지 도료의 색채는 황색을 기본으로 하되, 문자(P, 소방차 전용)는 백색으로 표시한다.
④ 소방자동차 전용구역에 차를 주차하거나 전용구역에의 진입을 가로막는 등의 방해행위를 한 자에게는 100만 원 이하의 과태료를 부과한다.

TIP

공동주택의 건축주가 소방활동의 원활한 수행을 위하여 공동주택에 소방자동차 전용구역을 설치하여야 한다.

정답 ②, ②

③ 전용구역의 설치 기준·방법, 전용구역 진입 방해 행위의 기준, 그 밖의 필요한 사항은 대통령령으로 정한다.

POINT 전용구역 방해 행위 기준〈시행령 제7조의 14〉 ✿ **2018 기출**
㉠ 전용구역에 물건 등을 쌓거나 주차하는 행위
㉡ 전용구역의 앞면, 뒷면 또는 양 측면에 물건 등을 쌓거나 주차하는 행위. 다만, 「주차장법」 제19조에 따른 부설주차장의 주차구획 내에 주차하는 경우는 제외한다.
㉢ 전용구역 진입로에 물건 등을 쌓거나 주차하여 전용구역으로의 진입을 가로막는 행위
㉣ 전용구역 노면표지를 지우거나 훼손하는 행위
㉤ 그 밖의 방법으로 소방자동차가 전용구역에 주차하는 것을 방해하거나 전용구역으로 진입하는 것을 방해하는 행위

POINT 소방자동차 전용구역의 설치 기준·방법〈시행령 제7조의13〉 ✿ **2021 기출** **2019 기출**
㉠ 아파트 중 세대수가 100세대 이상인 아파트와 3층 이상의 기숙사의 경우 공동주택의 건축주는 소방자동차가 접근하기 쉽고 소방활동이 원활하게 수행될 수 있도록 각 동별 전면 또는 후면에 소방자동차 전용구역을 1개소 이상 설치하여야 한다. 다만, 하나의 전용구역에서 여러 동에 접근하여 소방활동이 가능한 경우로서 소방청장이 정하는 경우에는 각 동별로 설치하지 아니할 수 있다.
㉡ 전용구역의 설치 방법
[전용구역의 설치 방법〈시행령 별표2의5〉]

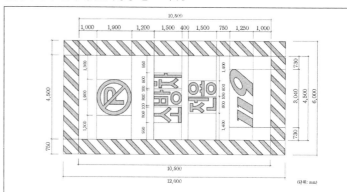

1. 전용구역 노면표지의 외곽선은 빗금무늬로 표시하되, 빗금은 두께를 30센티미터로 하여 50센티미터 간격으로 표시한다.
2. 전용구역 노면표지 도료의 색채는 황색을 기본으로 하되, 문자(P, 소방차 전용)는 백색으로 표시한다.

(18) 소방대의 긴급통행〈법 제22조〉

소방대는 화재, 재난·재해, 그 밖의 위급한 상황이 발생한 현장에 신속하게 출동하기 위하여 긴급할 때에는 일반적인 통행에 쓰이지 아니하는 도로·빈터 또는 물 위로 통행할 수 있다.

(19) 소방활동구역의 설정〈법 제23조〉

① 소방대장은 화재, 재난·재해, 그 밖의 위급한 상황이 발생한 현장에 소방활동구역을 정하여 소방활동에 필요한 사람으로서 대통령령으로 정하는 사람 외에는 그 구역에 출입하는 것을 제한할 수 있다.

② 경찰공무원은 소방대가 소방활동구역에 있지 아니하거나 소방대장의 요청이 있을 때에는 출입을 제한하는 조치를 할 수 있다.

> **▶POINT 소방활동구역의 출입자〈시행령 제8조〉 ✿ 2019 기출**
> ① 소방활동구역 안에 있는 소방대상물의 소유자·관리자 또는 점유자
> ② 전기·가스·수도·통신·교통의 업무에 종사하는 사람으로서 원활한 소방활동을 위하여 필요한 사람
> ③ 의사·간호사, 그 밖의 구조·구급업무에 종사하는 사람
> ④ 취재인력 등 보도업무에 종사하는 사람
> ⑤ 수사업무에 종사하는 사람
> ⑥ 그 밖에 소방대장이 소방활동을 위하여 출입을 허가한 사람

(20) 소방활동 종사 명령〈법 제24조〉 ✿ 2021 기출

① 소방본부장, 소방서장 또는 소방대장은 화재, 재난·재해, 그 밖의 위급한 상황이 발생한 현장에서 소방활동을 위하여 필요할 때에는 그 관할구역에 사는 사람 또는 그 현장에 있는 사람으로 하여금 사람을 구출하는 일 또는 불을 끄거나 불이 번지지 아니하도록 하는 일을 하게 할 수 있다. 이 경우 소방본부장, 소방서장 또는 소방대장은 소방활동에 필요한 보호장구를 지급하는 등 안전을 위한 조치를 하여야 한다.

② 소방활동에 종사한 사람은 시·도지사로부터 소방활동의 비용을 지급받을 수 있다. 다만, 다음의 어느 하나에 해당하는 사람의 경우에는 그러하지 아니하다.
　㉠ 소방대상물에 화재, 재난·재해, 그 밖의 위급한 상황이 발생한 경우 그 관계인
　㉡ 고의 또는 과실로 화재 또는 구조·구급 활동이 필요한 상황을 발생시킨 사람
　㉢ 화재 또는 구조·구급 현장에서 물건을 가져간 사람

(21) 강제처분 등〈법 제25조〉

① 소방본부장, 소방서장 또는 소방대장은 사람을 구출하거나 불이 번지는 것을 막기 위하여 필요할 때에는 화재가 발생하거나 불이 번질 우려가 있는 소방대상물 및 토지를 일시적으로 사용하거나 그 사용의 제한 또는 소방활동에 필요한 처분을 할 수 있다.

✿ 2020 기출 2018 기출

② 소방본부장, 소방서장 또는 소방대장은 사람을 구출하거나 불이 번지는 것을 막기 위하여 긴급하다고 인정할 때에는 소방대상물 또는 토지 외의 소방대상물과 토지에 대하여 ①의 처분을 할 수 있다.

기출PLUS

기출 2019. 4. 6. 소방공무원

「소방기본법 시행령」상 소방활동구역의 출입자로 옳지 않은 것은?

① 소방활동구역 안에 있는 소방대상물의 관계인
② 구조·구급업무에 종사하는 사람
③ 수사업무에 종사하는 사람
④ 시·도지사가 출입을 허가한 사람

TIP

소방대장이 소방활동을 위하여 출입을 허가한 사람이어야 한다(시행령 제8조 참조).

기출 2018. 10. 13. 소방공무원

「소방기본법」상 사람을 구출하거나 불이 번지는 것을 막기 위하여 필요한 때에는 강제처분 등을 할 수 있다. 이와 같은 권한을 가진 자로 옳지 않은 것은?

① 행정안전부장관
② 소방본부장
③ 소방서장
④ 소방대장

TIP

소방기본법상 강제처분 등의 처분권자는 소방본부장, 소방서장 또는 소방대장이다.

❮정답 ④, ①

기출PLUS

기출 2020. 6. 20. 소방공무원

「소방기본법」상 강제처분과 위험시설 등에 대한 긴급조치에 관한 내용으로 옳지 않은 것은?

① 소방본부장, 소방서장 또는 소방대장은 사람을 구출하거나 불이 번지는 것을 막기 위하여 필요할 때에는 화재가 발생하거나 불이 번질 우려가 있는 소방대상물 및 토지를 일시적으로 사용하거나 그 사용의 제한 또는 소방활동에 필요한 처분을 할 수 있다.

② 소방본부장, 소방서장 또는 소방대장은 화재 진압 등 소방활동을 위하여 필요할 때에는 소방용수 외에 댐·저수지 또는 수영장 등의 물을 사용하거나 수도(水道)의 개폐장치 등을 조작할 수 있다.

③ 시·도지사는 소방활동에 방해가 되는 주차 또는 정차된 차량의 제거나 이동을 위하여 견인차량과 인력 등을 지원한 자에게 시·도의 조례로 정하는 바에 따라 비용을 지급할 수 있다.

④ 시·도지사는 화재 발생을 막거나 폭발 등으로 화재가 확대되는 것을 막기 위하여 가스·전기 또는 유류 등의 시설에 대하여 위험물질의 공급을 차단하는 등 필요한 조치를 할 수 있다.

🔊TIP

위험시설 등에 대한 긴급조치를 할 수 있는 권한은 소방본부장, 소방서장 또는 소방대장에게 있다.

〈정답 ④

③ 소방본부장, 소방서장 또는 소방대장은 소방활동을 위하여 긴급하게 출동할 때에는 소방자동차의 통행과 소방활동에 방해가 되는 주차 또는 정차된 차량 및 물건 등을 제거하거나 이동시킬 수 있다.

④ 소방본부장, 소방서장 또는 소방대장은 ③에 따른 소방활동에 방해가 되는 주차 또는 정차된 차량의 제거나 이동을 위하여 관할 지방자치단체 등 관련 기관에 견인차량과 인력 등에 대한 지원을 요청할 수 있고, 요청을 받은 관련 기관의 장은 정당한 사유가 없으면 이에 협조하여야 한다.

⑤ 시·도지사는 ④에 따라 견인차량과 인력 등을 지원한 자에게 시·도의 조례로 정하는 바에 따라 비용을 지급할 수 있다. ✿ **2020 기출**

⑵⑵ 피난명령〈법 제26조〉

① 소방본부장, 소방서장 또는 소방대장은 화재, 재난·재해, 그 밖의 위급한 상황이 발생하여 사람의 생명을 위험하게 할 것으로 인정할 때에는 일정한 구역을 지정하여 그 구역에 있는 사람에게 그 구역 밖으로 피난할 것을 명할 수 있다.

② 소방본부장, 소방서장 또는 소방대장은 명령을 할 때 필요하면 관할 경찰서장 또는 자치경찰단장에게 협조를 요청할 수 있다.

⑵⑶ 위험시설 등에 대한 긴급조치〈법 제27조〉 ✿ **2020 기출**

① 소방본부장, 소방서장 또는 소방대장은 화재 진압 등 소방활동을 위하여 필요할 때에는 소방용수 외에 댐·저수지 또는 수영장 등의 물을 사용하거나 수도(水道)의 개폐장치 등을 조작할 수 있다.

② 소방본부장, 소방서장 또는 소방대장은 화재 발생을 막거나 폭발 등으로 화재가 확대되는 것을 막기 위하여 가스·전기 또는 유류 등의 시설에 대하여 위험물질의 공급을 차단하는 등 필요한 조치를 할 수 있다.

⑵⑷ 방해행위의 제지 등〈법 제27조의2〉

소방대원은 소방활동 또는 생활안전활동을 방해하는 행위를 하는 사람에게 필요한 경고를 하고, 그 행위로 인하여 사람의 생명·신체에 위해를 끼치거나 재산에 중대한 손해를 끼칠 우려가 있는 긴급한 경우에는 그 행위를 제지할 수 있다.

⑵⑸ 소방용수시설의 사용금지 등〈법 제28조〉

① 정당한 사유 없이 소방용수시설 또는 비상소화장치를 사용하는 행위

② 정당한 사유 없이 손상·파괴, 철거 또는 그 밖의 방법으로 소방용수시설 또는 비상소화장치의 효용(效用)을 해치는 행위

③ 소방용수시설 또는 비상소화장치의 정당한 사용을 방해하는 행위

section 5 화재의 조사

(1) 화재의 원인 및 피해 조사〈법 제29조〉

① 소방청장, 소방본부장 또는 소방서장은 화재가 발생하였을 때에는 화재의 원인 및 피해 등에 대한 화재조사를 하여야 한다. ✿ 2018 기출

② 화재조사의 방법 및 전담조사반의 운영과 화재조사자의 자격 등 화재조사에 필요한 사항은 행정안전부령으로 정한다.

> **POINT** 화재조사 방법 등〈시행규칙 제11조〉
> ㉠ 화재조사는 관계 공무원이 화재사실을 인지하는 즉시 시행규칙 제12조 제4항에 따른 장비를 활용하여 실시되어야 한다.
> ㉡ 화재조사의 종류 및 조사의 범위〈시행규칙 별표5 참조〉
> • 화재원인조사

종류	조사 범위
가. 발화원인 조사	화재가 발생한 과정, 화재가 발생한 지점 및 불이 붙기 시작한 물질
나. 발견·통보 및 초기 소화상황 조사	화재의 발견·통보 및 초기소화 등 일련의 과정
다. 연소상황 조사	화재의 연소경로 및 확대원인 등의 상황
라. 피난상황 조사	피난경로, 피난상의 장애요인 등의 상황
마. 소방시설 등 조사	소방시설의 사용 또는 작동 등의 상황

> • 화재피해 조사

종류	조사 범위
가. 인명피해 조사	• 소방활동 중 발생한 사망자 및 부상자 • 그 밖에 화재로 인한 사망자 및 부상자
나. 재산피해 조사	• 열에 의한 탄화, 용융, 파손 등의 피해 • 소화활동 중 사용된 물로 인한 피해 • 그 밖에 연기, 물품반출, 화재로 인한 폭발 등에 의한 피해

> **POINT** 화재조사전담부서의 설치·운영 등〈시행규칙 제12조〉
> ㉠ 화재의 원인과 피해 조사를 위하여 소방청, 시·도의 소방본부와 소방서에 화재조사를 전담하는 부서를 설치·운영한다.
> ㉡ 화재조사전담부서장의 업무
> • 화재조사의 총괄·조정
> • 화재조사의 실시
> • 화재조사의 발전과 조사요원의 능력향상에 관한 사항
> • 화재조사를 위한 장비의 관리운영에 관한 사항
> • 그 밖의 화재조사에 관한 사항

기출 2018. 10. 13. 소방공무원

「소방기본법」상 화재조사를 할 수 있는 권한을 가진 자로 옳은 것은?

① 행정안전부장관, 소방청장, 소방본부장
② 행정안전부장관, 소방본부장, 소방서장
③ 소방청장, 소방본부장, 소방서장
④ 소방청장, 경찰청장, 소방서장

‹정답 ③

ⓒ 화재조사 전담부서의 장은 소속 소방공무원 가운데 다음 각 호의 어느 하나에 해당하는 자로서 소방청장이 실시하는 화재조사에 관한 시험에 합격한 자로 하여금 화재조사를 실시하도록 하여야 한다. 다만, 화재조사에 관한 시험에 합격한 자가 없는 경우에는 소방공무원 중 「국가기술자격법」에 의한 건축·위험물·전기·안전관리(가스·소방·소방설비·전기안전·화재감식평가 종목에 한한다) 분야 산업기사 이상의 자격을 취득한 자 또는 소방공무원으로서 화재조사 분야에서 1년 이상 근무한 자로 하여금 화재조사를 실시하도록 할 수 있다.
  • 소방교육기관(중앙·지방소방학교 및 시·도에서 설치·운영하는 소방교육대를 말한다)에서 8주 이상 화재조사에 관한 전문교육을 이수한 자
  • 국립과학수사연구원 또는 외국의 화재조사 관련 기관에서 8주 이상 화재조사에 관한 전문교육을 이수한 자
ⓓ 화재조사전담부서에는 별표 6의 기준에 의한 장비 및 시설을 갖추어야 한다(*부록 Ⅳ 참조).
ⓔ 소방청장·소방본부장 또는 소방서장은 화재조사 전담부서에서 근무하는 자의 업무능력 향상을 위하여 국내·외의 소방 또는 안전에 관련된 전문기관에 위탁교육을 실시할 수 있다.
ⓕ 화재전담부서의 운영 및 화재조사에 관한 시험의 응시자격, 시험방법, 시험과목, 그 밖에 시험의 시행에 필요한 사항은 소방청장이 정한다.

(2) 출입·조사 등〈법 제30조〉

① 소방청장, 소방본부장 또는 소방서장은 화재조사를 하기 위하여 필요하면 관계인에게 보고 또는 자료 제출을 명하거나 관계 공무원으로 하여금 관계 장소에 출입하여 화재의 원인과 피해의 상황을 조사하거나 관계인에게 질문하게 할 수 있다.

② 화재조사를 하는 관계 공무원은 그 권한을 표시하는 증표를 지니고 이를 관계인에게 보여 주어야 한다.

③ 화재조사를 하는 관계 공무원은 관계인의 정당한 업무를 방해하거나 화재조사를 수행하면서 알게 된 비밀을 다른 사람에게 누설하여서는 아니 된다.

(3) 수사기관에 체포된 사람에 대한 조사〈법 제31조〉

소방청장, 소방본부장 또는 소방서장은 수사기관이 방화(放火) 또는 실화(失火)의 혐의가 있어서 이미 피의자를 체포하였거나 증거물을 압수하였을 때에 화재조사를 위하여 필요한 경우에는 수사에 지장을 주지 아니하는 범위에서 그 피의자 또는 압수된 증거물에 대한 조사를 할 수 있다. 이 경우 수사기관은 소방청장, 소방본부장 또는 소방서장의 신속한 화재조사를 위하여 특별한 사유가 없으면 조사에 협조하여야 한다.

(4) 소방공무원과 경찰공무원의 협력 등〈법 제32조〉

① 소방공무원과 경찰공무원은 화재조사를 할 때에 서로 협력하여야 한다.

② 소방본부장이나 소방서장은 화재조사 결과 방화 또는 실화의 혐의가 있다고 인정하면 지체 없이 관할 경찰서장에게 그 사실을 알리고 필요한 증거를 수집·보존하여 그 범죄수사에 협력하여야 한다.

(5) 소방기관과 관계 보험회사의 협력〈법 제33조〉

소방본부, 소방서 등 소방기관과 관계 보험회사는 화재가 발생한 경우 그 원인 및 피해상황을 조사할 때 필요한 사항에 대하여 서로 협력하여야 한다.

section 6 구조 및 구급

(1) 구조대의 편성과 운영〈법 제34조〉

구조대 및 구급대의 편성과 운영에 관하여는 별도의 법률로 정한다.

(2) 목적〈119구조·구급에 관한 법률 제1조〉

119구조·구급에 관한 법률은 화재, 재난·재해 및 테러, 그 밖의 위급한 상황에서 119구조·구급의 효율적 운영에 관하여 필요한 사항을 규정함으로써 국가의 구조·구급 업무 역량을 강화하고 국민의 생명·신체 및 재산을 보호하며 삶의 질 향상에 이바지함을 목적으로 한다.

(3) 용어의 정의〈동법 제2조〉

이 법에서 사용하는 용어의 뜻은 다음과 같다.

① 구조란 화재, 재난·재해 및 테러, 그 밖의 위급한 상황에서 외부의 도움을 필요로 하는 사람의 생명, 신체 및 재산을 보호하기 위하여 수행하는 모든 활동을 말한다.

② 119구조대란 탐색 및 구조 활동에 필요한 장비를 갖추고 소방공무원으로 편성된 단위조직을 말한다.

③ 구급이란 응급환자에 대하여 행하는 상담, 응급처치 및 이송 등의 활동을 말한다.

④ 119구급대란 구급활동에 필요한 장비를 갖추고 소방공무원으로 편성된 단위조직을 말한다.

⑤ 응급환자란 「응급의료에 관한 법률」의 응급환자를 말한다.

⑥ 응급처치란 「응급의료에 관한 법률」의 응급처치를 말한다.

⑦ 구급차 등이란 「응급의료에 관한 법률」의 구급차 등을 말한다.

⑧ 지도의사란 「응급의료에 관한 법률」의 지도의사를 말한다.

⑨ 119항공대란 항공기, 구조·구급 장비 및 119항공대원으로 구성된 단위조직을 말한다.

⑩ 119항공대원이란 구조·구급을 위한 119항공대에 근무하는 조종사, 정비사, 항공교통관제사, 운항관리사, 119구조·구급대원을 말한다.

(4) 국가의 책무〈동법 제3조〉

① 국가와 지방자치단체는 119구조·구급과 관련된 새로운 기술의 연구·개발 및 구조·구급서비스의 질을 향상시키기 위한 시책을 강구하고 추진하여야 한다.

② 국가와 지방자치단체는 구조·구급업무를 효과적으로 수행하기 위한 체계의 구축 및 구조·구급장비의 구비, 그 밖에 구조·구급활동에 필요한 기반을 마련하여야 한다.

③ 국가와 지방자치단체는 국민이 위급상황에서 자신의 생명과 신체를 보호할 수 있는 대응능력을 향상시키기 위한 교육과 홍보에 적극 노력하여야 한다.

(5) 국민의 권리와 의무〈동법 제4조〉

① 누구든지 위급상황에 처한 경우에는 국가와 지방자치단체로부터 신속한 구조와 구급을 통하여 생활의 안전을 영위할 권리를 가진다.

② 누구든지 119구조대원·119구급대원·119항공대원이 위급상황에서 구조·구급활동을 위하여 필요한 협조를 요청하는 경우에는 특별한 사유가 없으면 이에 협조하여야 한다.

③ 누구든지 위급상황에 처한 요구조자를 발견한 때에는 이를 지체 없이 소방기관 또는 관계 행정기관에 알려야 하며, 119구조대·119구급대·119항공대가 도착할 때까지 요구조자를 구출하거나 부상 등이 악화되지 아니하도록 노력하여야 한다.

(6) 구조된 사람과 물건의 인도·인계〈동법 제16조〉

① 소방청장, 소방본부장 또는 소방서장은 구조 활동으로 구조된 사람 또는 신원이 확인된 사망자를 그 보호자 또는 유족에게 지체 없이 인도하여야 한다.

② 소방청장, 소방본부장 또는 소방서장은 구조·구급활동과 관련하여 회수된 물건(구조된 물건)의 소유자가 있는 경우에는 소유자에게 그 물건을 인계하여야 한다.

③ 소방청장, 소방본부장 또는 소방서장은 다음 각 호의 어느 하나에 해당하는 때에는 구조된 사람, 사망자 또는 구조된 물건을 특별자치도지사·시장·군수·구청장(「재난 및 안전관리 기본법」 제14조 또는 제16조에 따른 재난안전대책본부가 구성된 경우 해당 재난안전대책본부장을 말한다. 이하 같다)에게 인도하거나 인계하여야 한다.

ㄱ 구조된 사람이나 사망자의 신원이 확인되지 아니한 때

ㄴ 구조된 사람이나 사망자를 인도받을 보호자 또는 유족이 없는 때

ㄷ 구조된 물건의 소유자를 알 수 없는 때

section 7 의용소방대

(1) 의용소방대의 설치 및 운영〈법 제37조〉

의용소방대의 설치 및 운영에 관하여는 별도의 법률로 정한다.

(2) 의용소방대의 목적〈의용소방대 설치 및 운영에 관한 법률 제1조〉

의용소방대설치 및 운영에 관한 법률은 화재진압, 구조·구급 등의 소방업무를 체계적으로 보조하기 위하여 의용소방대 설치 및 운영 등에 필요한 사항을 규정함을 목적으로 한다.

(3) 의용소방대의 설치〈동법 제2조〉

① 특별시장·광역시장·특별자치시장·도지사·특별자치도지사 또는 소방서장은 재난현장에서 화재진압, 구조·구급 등의 활동과 화재예방활동에 관한 소방업무를 보조하기 위하여 의용소방대를 설치할 수 있다.

② 의용소방대는 특별시·광역시·특별자치시·도·특별자치도, 시·읍 또는 면에 둔다.

③ 시·도지사 또는 소방서장은 필요한 경우 관할 구역을 따로 정하여 그 지역에 의용소방대를 설치할 수 있다.

④ 시·도지사 또는 소방서장은 필요한 경우 의용소방대를 화재진압 등을 전담하는 전담 의용소방대로 운영할 수 있다. 이 경우 관할 구역의 특성과 관할 면적 또는 출동거리 등을 고려하여야 한다.

⑤ 그 밖에 의용소방대의 설치 등에 필요한 사항은 행정안전부령으로 정한다.

(4) 의용소방대원의 임명·해임 및 조직 등

① 의용소방대원의 임명〈동법 제3조〉… 시·도지사 또는 소방서장은 그 지역에 거주 또는 상주하는 주민 가운데 희망하는 사람으로서 다음의 어느 하나에 해당하는 사람을 의용소방대원으로 임명한다.

ㄱ 관할 구역 내에서 안정된 사업장에 근무하는 사람

ㄴ 신체가 건강하고 협동정신이 강한 사람

ㄷ 희생정신과 봉사정신이 투철하다고 인정되는 사람

  ◎ 「소방시설공사업법」에 따른 소방기술 관련 자격·학력 또는 경력이 있는 사람

  ◎ 의사·간호사 또는 응급구조사 자격을 가진 사람

  ◎ 기타 의용소방대의 활동에 필요한 기술과 재능을 보유한 사람

② **의용소방대원의 해임**〈동법 제4조〉

  ㉠ 소재를 알 수 없는 경우

  ㉡ 관할 구역 외로 이주한 경우. 다만, 신속한 재난현장 도착 등 대원으로서 활동하는 데 지장이 없다고 인정되는 경우에는 그러하지 아니하다.

  ㉢ 심신장애로 직무를 수행할 수 없다고 인정되는 경우

  ㉣ 직무를 태만히 하거나 직무상의 의무를 이행하지 아니한 경우

  ㉤ 행위금지 의무를 위반한 경우

  ㉥ 그 밖에 행정안전부령으로 정하는 사유에 해당하는 경우

   ※ 의용소방대의 해임은 시·도지사 또는 소방서장이 한다. 그 밖에 의용소방대원의 해임절차 등에 필요한 사항은 행정안전부령으로 정한다.

③ **의용소방대의 정년**〈동법 제5조〉… 의용소방대원의 정년은 65세로 한다.

④ **의용소방대의 조직**〈동법 제6조〉

  ㉠ 의용소방대에는 대장·부대장·부장·반장 또는 대원을 둔다.

  ㉡ 대장 및 부대장은 의용소방대원 중 관할 소방서장의 추천에 따라 시·도지사가 임명한다.

  ㉢ 그 밖에 의용소방대의 조직 등에 필요한 사항은 행정안전부령으로 정한다.

⑤ **의용소방대의 임무**〈동법 제7조〉

  ㉠ 화재의 경계와 진압업무의 보조

  ㉡ 구조·구급 업무의 보조

  ㉢ 화재 등 재난 발생 시 대피 및 구호업무의 보조

  ㉣ 화재예방업무의 보조

  ㉤ 그 밖에 행정안전부령으로 정하는 사항

(5) 금지행위〈동법 제11조〉

 의용소방대원은 의용소방대의 명칭을 사용하여 다음에 해당하는 행위를 하여서는 아니 된다.

① 기부금을 모금하는 행위

② 영리목적으로 의용소방대의 명의를 사용하는 행위

③ 정치활동에 관여하는 행위

④ 소송·분쟁·쟁의에 참여하는 행위

⑤ 그 밖에 의용소방대의 명예가 훼손되는 행위

section 8 소방산업의 육성 · 진흥 및 지원 등

(1) 국가의 책무〈법 제39조의3〉

국가는 소방산업(소방용 기계 · 기구의 제조, 연구 · 개발 및 판매 등에 관한 일련의 산업을 말한다. 이하 같다)의 육성 · 진흥을 위하여 필요한 계획의 수립 등 행정상 · 재정상의 지원시책을 마련하여야 한다.

(2) 소방산업과 관련된 기술개발 등의 지원〈법 제39조의5〉

① 국가는 소방산업과 관련된 기술(이하 "소방기술"이라 한다)의 개발을 촉진하기 위하여 기술개발을 실시하는 자에게 그 기술개발에 드는 자금의 전부나 일부를 출연하거나 보조할 수 있다.

② 국가는 우수소방제품의 전시 · 홍보를 위하여 「대외무역법」에 따른 무역전시장 등을 설치한 자에게 다음에서 정한 범위에서 재정적인 지원을 할 수 있다.
ㄱ 소방산업전시회 운영에 따른 경비의 일부
ㄴ 소방산업전시회 관련 국외 홍보비
ㄷ 소방산업전시회 기간 중 국외의 구매자 초청 경비

(3) 소방기술의 연구 · 개발사업 수행〈법 제39조의6〉

① 국가는 국민의 생명과 재산을 보호하기 위하여 다음의 어느 하나에 해당하는 기관이나 단체로 하여금 소방기술의 연구 · 개발사업을 수행하게 할 수 있다.
ㄱ 국 · 공립 연구기관
ㄴ 「과학기술분야 정부출연연구기관 등의 설립 · 운영 및 육성에 관한 법률」에 따라 설립된 연구기관
ㄷ 「특정연구기관 육성법」에 따른 특정연구기관
ㄹ 「고등교육법」에 따른 대학 · 산업대학 · 전문대학 및 기술대학
ㅁ 「민법」이나 다른 법률에 따라 설립된 소방기술 분야의 법인인 연구기관 또는 법인 부설 연구소
ㅂ 「기초연구진흥 및 기술개발지원에 관한 법률」에 따라 인정받은 기업부설연구소
ㅅ 「소방산업의 진흥에 관한 법률」에 따른 한국소방산업기술원
ㅇ 그 밖에 대통령령으로 정하는 소방에 관한 기술개발 및 연구를 수행하는 기관 · 협회

② 국가가 기관이나 단체로 하여금 소방기술의 연구 · 개발사업을 수행하게 하는 경우에는 필요한 경비를 지원하여야 한다.

(4) 소방기술 및 소방산업의 국제화사업〈법 제39조의7〉

① 국가는 소방기술 및 소방산업의 국제경쟁력과 국제적 통용성을 높이는 데에 필요한 기반 조성을 촉진하기 위한 시책을 마련하여야 한다.

② 소방청장은 소방기술 및 소방산업의 국제경쟁력과 국제적 통용성을 높이기 위하여 다음의 사업을 추진하여야 한다.

    ㉠ 소방기술 및 소방산업의 국제 협력을 위한 조사 · 연구

    ㉡ 소방기술 및 소방산업에 관한 국제 전시회, 국제 학술회의 개최 등 국제 교류

    ㉢ 소방기술 및 소방산업의 국외시장 개척

    ㉣ 그 밖에 소방기술 및 소방산업의 국제경쟁력과 국제적 통용성을 높이기 위하여 필요하다고 인정하는 사업

section 9 한국소방안전원

(1) 한국소방안전원의 설립 등〈법 제40조〉

① 소방기술과 안전관리기술의 향상 및 홍보, 그 밖의 교육 · 훈련 등 행정기관이 위탁하는 업무의 수행과 소방 관계 종사자의 기술 향상을 위하여 한국소방안전안전원(이하 "안전원"라 한다)을 설립한다.

② 설립되는 안전원은 법인으로 한다.

③ 안전원에 관하여 이 법에 규정된 것을 제외하고는 「민법」 중 재단법인에 관한 규정을 준용한다.

(2) 교육계획의 수립 및 평가 등〈법 제40조의2〉

① 안전원의 장(이하 "안전원장"이라 한다)은 소방기술과 안전관리의 기술향상을 위하여 매년 교육 수요조사를 실시하여 교육계획을 수립하고 소방청장의 승인을 받아야 한다.

② 안전원장은 소방청장에게 해당 연도 교육결과를 평가 · 분석하여 보고하여야 하며, 소방청장은 교육평가 결과를 ①의 교육계획에 반영하게 할 수 있다.

③ 안전원장은 ②의 교육결과를 객관적이고 정밀하게 분석하기 위하여 필요한 경우 교육 관련 전문가로 구성된 위원회를 운영할 수 있다.

④ ③에 따른 위원회의 구성 · 운영에 필요한 사항은 대통령령으로 정한다.

(3) 안전원의 업무〈법 제41조〉

① 소방기술과 안전관리에 관한 교육 및 조사·연구

② 소방기술과 안전관리에 관한 각종 간행물 발간

③ 화재 예방과 안전관리의식의 고취를 위한 대국민 홍보

④ 소방업무에 관하여 행정기관이 위탁하는 업무

⑤ 소방안전에 관한 국제협력

⑥ 그 밖에 회원에 대한 기술지원 등 정관으로 정하는 사항

(4) 회원의 자격〈법 제42조〉

① 「화재예방, 소방시설 설치·유지 및 안전관리에 관한 법률」, 「소방시설공사업법」 또는 「위험물안전관리법」에 따라 등록을 하거나 허가를 받은 사람으로서 회원이 되려는 사람

② 「화재예방, 소방시설 설치·유지 및 안전관리에 관한 법률」, 「소방시설공사업법」 또는 「위험물안전관리법」에 따라 소방안전관리자, 소방기술자 또는 위험물안전관리자로 선임되거나 채용된 사람으로서 회원이 되려는 사람

③ 그 밖에 소방분야에 관심이 있거나 관한 학식과 경험이 풍부한 사람으로서 회원이 되려는 사람

(5) 안전원의 정관〈법 제43조〉

① 안전원의 정관에는 다음 각 호의 사항이 포함되어야 한다.
　　㉠ 목적
　　㉡ 명칭
　　㉢ 주된 사무소의 소재지
　　㉣ 사업에 관한 사항
　　㉤ 이사회에 관한 사항
　　㉥ 회원과 임원 및 직원에 관한 사항
　　㉦ 재정 및 회계에 관한 사항
　　㉧ 정관의 변경에 관한 사항

② 안전원은 정관을 변경하려면 소방청장의 인가를 받아야 한다.

기출PLUS

안전원의 임원〈법 제44조의2〉
① 안전원에 임원으로 원장 1명을 포함한 9명 이내의 이사와 1명의 감사를 둔다.
② ①에 따른 원장과 감사는 소방청장이 임명한다.

유사명칭의 사용금지〈법 제44조의3〉
이 법에 따른 안전원이 아닌 자는 한국소방안전원 또는 이와 유사한 명칭을 사용하지 못한다.

기출 2019. 4. 6. 소방공무원

「소방기본법」 및 같은 법 시행령상 손실보상에 관한 내용 중 소방청장 또는 시·도지사가 '손실보상심의위원회의 심사·의결에 따라 정당한 보상을 하여야 하는 대상으로 옳지 않은 것은?

① 생활안전활동에 따른 조치로 인하여 손실을 입은 자
② 소방활동 종사 명령에 따른 소방활동 종사로 인하여 사망하거나 부상을 입은 자
③ 위험물 또는 물건의 보관기간 경과 후 매각이나 폐기로 손실을 입은 자
④ 소방기관 또는 소방대의 적법한 소방업무 또는 소방활동으로 인하여 손실을 입은 자

소방본부장 또는 소방서장은 매각되거나 폐기된 위험물 또는 물건의 소유자가 보상을 요구하는 경우에는 보상금액에 대하여 소유자와 협의를 거쳐 이를 보상하여야 한다(시행령 제3조 제4항).

〈정답 ③

(6) 안전원의 운영 경비〈법 제44조〉

안전원의 운영 및 사업에 소요되는 경비는 다음 각 호의 재원으로 충당한다.

ㄱ 제41조 제1호 및 제4호의 업무 수행에 따른 수입금
ㄴ 제42조에 따른 회원의 회비
ㄷ 자산운영수익금
ㄹ 그 밖의 부대수입

section 10 보칙

(1) 감독〈법 제48조〉

① 소방청장은 안전원의 업무를 감독한다.

② 소방청장은 안전원에 대하여 업무·회계 및 재산에 관하여 필요한 사항을 보고하게 하거나, 소속 공무원으로 하여금 안전원의 장부·서류 및 그 밖의 물건을 검사하게 할 수 있다.

③ 소방청장은 ②에 따른 보고 또는 검사의 결과 필요하다고 인정되면 시정명령 등 필요한 조치를 할 수 있다.

(2) 권한의 위임〈법 제49조〉

소방청장은 이 법에 따른 권한의 일부를 대통령령으로 정하는 바에 따라 시·도지사, 소방본부장 또는 소방서장에게 위임할 수 있다.

(3) 손실보상〈제49조의2〉

① 소방청장 또는 시·도지사는 다음의 어느 하나에 해당하는 자에게 손실보상심의위원회의 심사·의결에 따라 정당한 보상을 하여야 한다. ✿ **2019 기출**

ㄱ 제16조의3(생활안전활동) 제1항에 따른 조치로 인하여 손실을 입은 자
ㄴ 제24조(소방활동 종사 명령) 제1항 전단에 따른 소방활동 종사로 인하여 사망하거나 부상을 입은 자
ㄷ 제25조(강제처분 등) 제2항 또는 제3항에 따른 처분으로 인하여 손실을 입은 자. 다만, 같은 조 제3항에 해당하는 경우로서 법령을 위반하여 소방자동차의 통행과 소방활동에 방해가 된 경우는 제외한다.
ㄹ 제27조(위험시설 등에 대한 긴급조치) 제1항 또는 제2항에 따른 조치로 인하여 손실을 입은 자

ⓜ 그 밖에 소방기관 또는 소방대의 적법한 소방업무 또는 소방활동으로 인하여 손실을 입은 자

② 손실보상을 청구할 수 있는 권리는 손실이 있음을 안 날부터 3년, 손실이 발생한 날부터 5년간 행사하지 아니하면 시효의 완성으로 소멸한다.

③ 손실보상청구 사건을 심사·의결하기 위하여 손실보상심의위원회를 둔다.

④ 손실보상의 기준, 보상금액, 지급절차 및 방법, 손실보상심의위원회의 구성 및 운영, 그 밖에 필요한 사항은 대통령령으로 정한다.

　ㄱ 손실보상의 기준 및 보상금액〈시행령 제11조〉

　　ⓐ 법 제49조의2 제1항 각 호(ⓛ 제외)의 어느 하나에 해당하는 자에게 물건의 멸실·훼손으로 인한 손실보상을 하는 때에는 다음 각 호의 기준에 따른 금액으로 보상한다. 이 경우 영업자가 손실을 입은 물건의 수리나 교환으로 인하여 영업을 계속할 수 없는 때에는 영업을 계속할 수 없는 기간의 영업이익액에 상당하는 금액을 더하여 보상한다.

　　　•손실을 입은 물건을 수리할 수 있는 때: 수리비에 상당하는 금액

　　　•손실을 입은 물건을 수리할 수 없는 때: 손실을 입은 당시의 해당 물건의 교환가액

　　ⓑ 물건의 멸실·훼손으로 인한 손실 외의 재산상 손실에 대해서는 직무집행과 상당한 인과관계가 있는 범위에서 보상한다.

　　ⓒ 법 제49조의2 제1항 ⓛ에 따른 사상자의 보상금액 등의 기준은 별표2의4와 같다.

　　※ 소방활동 종사 사상자의 보상금액 등의 기준〈시행령 별표2의4〉

　　　－사망자의 보상금액 기준 :「의사상자 등 예우 및 지원에 관한 법률 시행령」제12조 제1항에 따라 보건복지부장관이 결정하여 고시하는 보상금에 따른다.

　　　－부상등급의 기준 :「의사상자 등 예우 및 지원에 관한 법률 시행령」제2조 및 별표1에 따른 부상범위 및 등급에 따른다.

　　　－부상등급별 보상금액 기준 :「의사상자 등 예우 및 지원에 관한 법률 시행령」제12조 제2항 및 별표2에 따른 의상자의 부상등급별 보상금에 따른다.

　　　－보상금 지급순위의 기준 :「의사상자 등 예우 및 지원에 관한 법률」제10조의 규정을 준용한다.

　　　－보상금의 환수 기준 :「의사상자 등 예우 및 지원에 관한 법률」제19조의 규정을 준용한다.

⑤ **손실보상의 지급절차 및 방법**〈시행령 제12조〉

ㄱ) 손실보상심의위원회의 심사·의결에 따라 정당한 보상을 하여야 하는 규정에 따라 소방기관 또는 소방대의 적법한 소방업무 또는 소방활동으로 인하여 발생한 손실을 보상받으려는 자는 행정안전부령으로 정하는 보상금 지급 청구서에 손실 내용과 손실금액을 증명할 수 있는 서류를 첨부하여 소방청장 또는 시·도지사 (이하 "소방청장 등"이라 한다)에게 제출하여야 한다. 이 경우 소방청장 등은 손실보상금의 산정을 위하여 필요하면 손실보상을 청구한 자에게 증빙·보완 자료의 제출을 요구할 수 있다.

ㄴ) 소방청장 등은 손실보상심의위원회의 심사·의결을 거쳐 특별한 사유가 없으면 보상금 지급 청구서를 받은 날부터 60일 이내에 보상금 지급 여부 및 보상금액을 결정하여야 한다. ✿ 2018 기출

ㄷ) 소방청장 등은 다음의 어느 하나에 해당하는 경우에는 그 청구를 각하(却下)하는 결정을 하여야 한다.

ⓐ 청구인이 같은 청구 원인으로 보상금 청구를 하여 보상금 지급 여부 결정을 받은 경우. 다만, 기각 결정을 받은 청구인이 손실을 증명할 수 있는 새로운 증거가 발견되었음을 소명(疎明)하는 경우는 제외한다.

ⓑ 손실보상 청구가 요건과 절차를 갖추지 못한 경우. 다만, 그 잘못된 부분을 시정할 수 있는 경우는 제외한다.

ㄹ) 소방청장 등은 ㄴ) 또는 ㄷ)에 따른 결정일부터 10일 이내에 행정안전부령으로 정하는 바에 따라 결정 내용을 청구인에게 통지하고, 보상금을 지급하기로 결정한 경우에는 특별한 사유가 없으면 통지한 날부터 30일 이내에 보상금을 지급하여야 한다. ✿ 2018 기출

ㅁ) 소방청장 등은 보상금을 지급받을 자가 지정하는 예금계좌(「우체국예금·보험에 관한 법률」에 따른 체신관서 또는 「은행법」에 따른 은행의 계좌를 말한다)에 입금하는 방법으로 보상금을 지급한다. 다만, 보상금을 지급받을 자가 체신관서 또는 은행이 없는 지역에 거주하는 등 부득이한 사유가 있는 경우에는 그 보상금을 지급받을 자의 신청에 따라 현금으로 지급할 수 있다.

ㅂ) 보상금은 일시불로 지급하되, 예산 부족 등의 사유로 일시불로 지급할 수 없는 특별한 사정이 있는 경우에는 청구인의 동의를 받아 분할하여 지급할 수 있다.

ㅅ) ㄱ)부터 ㅂ)까지에서 규정한 사항 외에 보상금의 청구 및 지급에 필요한 사항은 소방청장이 정한다.

⑥ **손실보상심의위원회의 설치 및 구성**〈시행령 제13조〉 ✿ 2021 기출

ㄱ) 소방청장 또는 시·도지사는 손실보상심의위원회 설치 규정에 따라 손실보상청구 사건을 심사·의결하기 위하여 각각 손실보상심의위원회(이하 "보상위원회"라 한다)를 둔다.

ㄴ) 보상위원회는 위원장 1명을 포함하여 5명 이상 7명 이하의 위원으로 구성한다.

ㄷ) 보상위원회의 위원은 다음의 어느 하나에 해당하는 사람 중에서 소방청장 등이 위촉하거나 임명한다. 이 경우 위원의 과반수는 성별을 고려하여 소방공무원이 아닌 사람으로 하여야 한다.

「소방기본법 시행령」상 손실보상에 대한 내용으로 옳지 않은 것은?

① 손실보상심의위원회 위원의 임기는 2년으로 하며, 한차례만 연임할 수 있다.

② 손실보상심의위원회는 위원장 1명을 포함하여 7명 이상 9명 이하의 위원으로 구성한다.

③ 소방청장 등은 보상금을 지급하기로 결정한 경우에는 특별한 사유가 없으면 통지한 날부터 30일 이내에 보상금을 지급하여야 한다.

④ 소방청장 등은 손실보상심의위원회의 심사·의결을 거쳐 특별한 사유가 없으면 보상금 지급 청구서를 받은 날부터 60일 이내에 보상금 지급 여부 및 보상금액을 결정하여야 한다.

TIP

② 보상위원회는 위원장 1명을 포함하여 5명 이상 7명 이하의 위원으로 구성한다〈시행령 제13조 제2항〉.

〈 정답 ②

ⓐ 소속 소방공무원

ⓑ 판사·검사 또는 변호사로 5년 이상 근무한 사람

ⓒ 「고등교육법」 제2조에 따른 학교에서 법학 또는 행정학을 가르치는 부교수 이상으로 5년 이상 재직한 사람

ⓓ 「보험업법」 제186조에 따른 손해사정사

ⓔ 소방안전 또는 의학 분야에 관한 학식과 경험이 풍부한 사람

ⓔ ㉢에 따라 위촉되는 위원의 임기는 2년으로 하며, 한 차례만 연임할 수 있다.

㉺ 보상위원회의 사무를 처리하기 위하여 보상위원회에 간사 1명을 두되, 간사는 소속 소방공무원 중에서 소방청장 또는 시·도지사가 지명한다.

⑦ **보상위원회 위원장**〈시행령 제14조〉

㉠ 보상위원회의 위원장은 위원 중에서 호선한다.

㉡ 보상위원장은 보상위원회를 대표하며, 보상위원회의 업무를 총괄한다.

㉢ 보상위원장이 부득이한 사유로 직무를 수행할 수 없는 때에는 보상위원장이 미리 지명한 위원이 그 직무를 대행한다.

⑧ **보상위원회의 운영**〈시행령 제15조〉

㉠ 보상위원장은 보상위원회의 회의를 소집하고, 그 의장이 된다.

㉡ 보상위원회의 회의는 재적위원 과반수의 출석으로 개의(開議)하고, 출석위원 과반수의 찬성으로 의결한다.

㉢ 보상위원회는 심의를 위하여 필요한 경우에는 관계 공무원이나 관계 기관에 사실조사나 자료의 제출 등을 요구할 수 있으며, 관계 전문가에게 필요한 정보의 제공이나 의견의 진술 등을 요청할 수 있다.

⑨ **보상위원회 위원의 제척·기피·회피**〈시행령 제16조〉

㉠ 보상위원회의 위원이 다음에 해당하는 경우에는 보상위원회의 심의·의결에서 제척(除斥)된다.

ⓐ 위원 또는 그 배우자나 배우자였던 사람이 심의 안건의 청구인인 경우

ⓑ 위원이 심의 안건의 청구인과 친족이거나 친족이었던 경우

ⓒ 위원이 심의 안건에 대하여 증언, 진술, 자문, 용역 또는 감정을 한 경우

ⓓ 위원이나 위원이 속한 법인(법무조합 및 공증인가합동법률사무소를 포함한다)이 심의 안건 청구인의 대리인이거나 대리인이었던 경우

ⓔ 위원이 해당 심의 안건의 청구인인 법인의 임원인 경우

㉡ 청구인은 보상위원회의 위원에게 공정한 심의·의결을 기대하기 어려운 사정이 있는 때에는 보상위원회에 기피 신청을 할 수 있고, 보상위원회는 의결로 이를 결정한다. 이 경우 기피 신청의 대상인 위원은 그 의결에 참여하지 못한다.

㉢ 보상위원회의 위원이 ㉠ 각 호에 따른 제척 사유에 해당하는 경우에는 스스로 해당 안건의 심의·의결에서 회피(回避)하여야 한다.

⑩ **보상위원회 위원의 해촉 및 해임**〈시행령 제17조〉… 소방청장 또는 시·도지사는 보상위원회의 위원이 다음에 해당하는 경우에는 해당 위원을 해촉(解囑)하거나 해임할 수 있다.

　㉠ 심신장애로 인하여 직무를 수행할 수 없게 된 경우

　㉡ 직무태만, 품위손상이나 그 밖의 사유로 위원으로 적합하지 아니하다고 인정되는 경우

　㉢ 보상위원회 위원의 제척 사유(시행령 제16조 제1항)에 해당하는 데에도 불구하고 회피하지 아니한 경우

　㉣ 보상위원회의 비밀 누설 금지 규정을 위반하여 직무상 알게 된 비밀을 누설한 경우

⑪ **보상위원회의 비밀 누설 금지**〈시행령 제17조의2〉… 보상위원회의 회의에 참석한 사람은 직무상 알게 된 비밀을 누설해서는 아니 된다.

⑫ **보상위원회의 운영 등에 필요한 사항**〈시행령 제18조〉… 보상위원회에서 규정한 사항 외에 보상위원회의 운영 등에 필요한 사항은 소방청장등이 정한다.

(4) 벌칙적용 특례〈법 제49조의3(벌칙 적용에서 공무원 의제)〉

　소방업무에 관하여 행정기관이 위탁하는 업무에 종사하는 안전원의 임직원은 「형법」 제129조부터 제132조까지를 적용할 때에는 공무원으로 본다.

TIP

형법 제129조~제132조
• 제129조(수뢰, 사전수뢰)
• 제130조(제삼자 뇌물제공)
• 제131조(수뢰 후 부정처사, 사후수뢰)
• 제132조(알선수뢰)

section **11** 벌칙

(1) 5년 이하의 징역 또는 5천만 원 이하의 벌금〈법 제50조〉 ✿ 2019 기출

① 소방활동을 방해하는 행위로 다음의 어느 하나에 해당하는 행위를 한 사람

　㉠ 위력(威力)을 사용하여 출동한 소방대의 화재진압·인명구조 또는 구급활동을 방해하는 행위

　㉡ 소방대가 화재진압·인명구조 또는 구급활동을 위하여 현장에 출동하거나 현장에 출입하는 것을 고의로 방해하는 행위

　㉢ 출동한 소방대원에게 폭행 또는 협박을 행사하여 화재진압·인명구조 또는 구급활동을 방해하는 행위

　㉣ 출동한 소방대의 소방장비를 파손하거나 그 효용을 해하여 화재진압·인명구조 또는 구급활동을 방해하는 행위

② 화재진압 및 구조·구급 활동을 위하여 출동하는 소방자동차의 출동을 방해한 사람

③ 소방활동 종사 명령에 의해 사람을 구출하는 일 또는 불을 끄거나 불이 번지지 아니하도록 하는 일을 방해한 사람

④ 정당한 사유 없이 소방용수시설 또는 비상소화장치를 사용하거나 소방용수시설 또는 비상소화장치의 효용을 해치거나 그 정당한 사용을 방해한 사람

(2) 3년 이하의 징역 또는 3천만 원 이하의 벌금〈법 제51조〉

제25조(강제처분 등) 제1항에 따른 처분을 방해한 자 또는 정당한 사유 없이 그 처분에 따르지 아니한 자는 3년 이하의 징역 또는 3천만 원 이하의 벌금에 처한다.

(3) 300만 원 이하의 벌금〈법 제52조〉

① 제25조(강제처분 등) 제2항 및 제3항에 따른 처분을 방해한 자 또는 정당한 사유 없이 그 처분에 따르지 아니한 자

② 제30조(출입·조사 등) 제3항을 위반하여 관계인의 정당한 업무를 방해하거나 화재조사를 수행하면서 알게 된 비밀을 다른 사람에게 누설한 사람

(4) 200만 원 이하의 벌금〈법 제53조〉

① 정당한 사유 없이 제12조(화재예방조치 등) 제1항 각 호의 어느 하나에 따른 명령에 따르지 아니하거나 이를 방해한 자

② 정당한 사유 없이 제30조(출입·조사 등) 제1항에 따른 관계 공무원의 출입 또는 조사를 거부·방해 또는 기피한 자

(5) 100만 원 이하의 벌금〈법 제54조〉

① 화재경계지구 안의 소방대상물에 대한 소방특별조사를 거부·방해 또는 기피한 자
✿ **2019 기출**

② 정당한 사유 없이 소방대의 생활안전활동을 방해한 자

③ 관계인의 소방활동 의무를 위반하여 정당한 사유 없이 소방대가 현장에 도착할 때까지 사람을 구출하는 조치 또는 불을 끄거나 불이 번지지 아니하도록 하는 조치를 하지 아니한 사람

④ 소방본부장, 소방서장 또는 소방대장의 피난 명령을 위반한 사람

⑤ 위험시설 등에 대한 긴급 조치로 소방용수 외에 댐·저수지 또는 수영장 등의 물을 사용하거나 수도(水道)의 개폐장치 등을 조작할 수 있음에도 불구하고 정당한 사유 없이 물의 사용이나 수도의 개폐장치의 사용 또는 조작을 하지 못하게 하거나 방해한 자

기출PLUS

📢 **TIP**

법 제25조(강제처분 등)
① 소방본부장, 소방서장 또는 소방대장은 사람을 구출하거나 불이 번지는 것을 막기 위하여 필요할 때에는 화재가 발생하거나 불이 번질 우려가 있는 소방대상물 및 토지를 일시적으로 사용하거나 그 사용의 제한 또는 소방활동에 필요한 처분을 할 수 있다.
② 소방본부장, 소방서장 또는 소방대장은 사람을 구출하거나 불이 번지는 것을 막기 위하여 긴급하다고 인정할 때에는 제1항에 따른 소방대상물 또는 토지 외의 소방대상물과 토지에 대하여 제1항에 따른 처분을 할 수 있다.
③ 소방본부장, 소방서장 또는 소방대장은 소방활동을 위하여 긴급하게 출동할 때에는 소방자동차의 통행과 소방활동에 방해가 되는 주차 또는 정차된 차량 및 물건 등을 제거하거나 이동시킬 수 있다.

⑥ 위험시설 등에 대한 긴급 조치로 화재 발생을 막거나 폭발 등으로 화재가 확대되는 것을 막기 위하여 가스·전기 또는 유류 등의 시설에 대하여 위험물질의 공급을 차단하는 등 필요한 조치에 대하여 정당한 사유 없이 방해한 자

(6) 양벌규정〈제55조〉

법인의 대표자나 법인 또는 개인의 대리인, 사용인, 그 밖의 종업원이 그 법인 또는 개인의 업무에 관하여 벌칙에 해당하는 위반행위를 하면 그 행위자를 벌하는 외에 그 법인 또는 개인에게도 해당 조문의 벌금형을 과(科)한다. 다만, 법인 또는 개인이 그 위반행위를 방지하기 위하여 해당 업무에 관하여 상당한 주의와 감독을 게을리 하지 아니한 경우에는 그러하지 아니하다.

(7) 500만 원 이하의 과태료〈법 제56조 제1항〉

화재 또는 구조·구급이 필요한 상황을 거짓으로 알린 사람에게는 500만 원 이하의 과태료를 부과한다.

(8) 200만 원 이하의 과태료〈법 제56조 제2항〉

① 소방특별조사 결과 화재 예방상 필요한 소방용수시설, 소화기구 및 설비 등의 설치 명령을 위반한 자

② 보일러, 난로, 건조설비 등의 불을 사용할 때 지켜야 하는 사항 및 특수가연물의 저장 및 취급 기준을 위반한 자

③ 한국119청소년단 또는 이와 유사한 명칭을 사용한 자

④ 소방자동차의 우선통행권에 의한 긴급출동 시 소방자동차의 출동에 지장을 준 자

⑤ 소방대장이 지정한 소방활동구역 출입자가 아님에도 소방활동구역을 출입한 사람

⑥ 화재조사 시 관계인의 보고 또는 자료제출 의무에도 불구하고 보고 또는 자료 제출을 하지 아니하거나 거짓으로 보고 또는 자료 제출을 한 자

⑦ 한국소방안전원 또는 이와 유사한 명칭을 사용한 자

(9) 100만 원 이하의 과태료〈법 제56조 제3항〉

소방 자동차의 전용구역에 차를 주차하거나 전용구역에의 진입을 가로막는 등의 방해행위를 한 자에게는 100만 원 이하의 과태료를 부과한다.

⑩ 20만 원 이하의 과태료〈법 제57조〉

제19조(화재 등의 통지) 제2항*에 따른 신고를 하지 아니하여 소방자동차를 출동하게 한 자에게는 20만 원 이하의 과태료를 부과한다.

⑪ 과태료의 부과 · 징수

① ⑺과 ⑼에 따른 과태료는 대통령령으로 정하는 바에 따라 관할 시 · 도지사, 소방본부장 또는 소방서장이 부과 · 징수한다.

② ⑩에 따른 과태료는 조례로 정하는 바에 따라 관할 소방본부장 또는 소방서장이 부과 · 징수한다.

부록 − 별표

Ⅰ. 과태료의 부과기준〈시행령 제19조 관련〉

1. 일반기준

가. 과태료 부과권자는 위반행위자가 다음 중 어느 하나에 해당하는 경우에는 개별기준의 과태료 금액의 100분의 50의 범위에서 그 금액을 감경하여 부과할 수 있다. 다만, 감경할 사유가 여러 개 있는 경우라도 「질서위반행위규제법」에 따른 감경을 제외하고는 감경의 범위는 100분의 50을 넘을 수 없다.

1) 위반행위자가 화재 등 재난으로 재산에 현저한 손실이 발생한 경우 또는 사업의 부도 · 경매 또는 소송 계속 등 사업여건이 악화된 경우로서 과태료 부과권자가 자체위원회의 의결을 거쳐 감경하는 것이 타당하다고 인정하는 경우[위반행위자가 최근 1년 이내에 소방 관계 법령(「소방기본법」, 「화재예방, 소방시설 설치 · 유지 및 안전관리에 관한 법률」, 「소방시설공사업법」, 「위험물안전관리법」, 「다중이용업소의 안전관리에 관한 특별법」 및 그 하위법령을 말한다)을 2회 이상 위반한 자는 제외한다]

2) 위반행위자가 위반행위로 인한 결과를 시정하거나 해소한 경우

나. 위반행위의 횟수에 따른 과태료의 부과기준은 최근 1년간 같은 위반행위로 과태료를 부과받은 경우에 적용한다. 이 경우 위반행위에 대하여 과태료 부과처분을 한 날과 다시 같은 위반행위를 적발한 날을 기준으로 하여 위반횟수를 계산한다.

다. 나목에 따라 가중된 부과처분을 하는 경우 가중처분의 적용 차수는 그 위반행위 전 부과처분 차수(나목에 따른 기간 내에 과태료 부과처분이 둘 이상 있었던 경우에는 높은 차수를 말한다)의 다음 차수로 한다.

TIP

제19조 제2항
다음 각 호의 어느 하나에 해당하는 지역 또는 장소에서 화재로 오인할 만한 우려가 있는 불을 피우거나 연막(煙幕) 소독을 하려는 자는 시 · 도의 조례로 정하는 바에 따라 관할 소방본부장 또는 소방서장에게 신고하여야 한다.
1. 시장지역
2. 공장 · 창고가 밀집한 지역
3. 목조건물이 밀집한 지역
4. 위험물의 저장 및 처리시설이 밀집한 지역
5. 석유화학제품을 생산하는 공장이 있는 지역
6. 그 밖에 시 · 도의 조례로 정하는 지역 또는 장소

2. 개별기준

(단위 : 만 원)

위반사항	근거법령	과태료액
소방용수시설 · 소화기구 및 설비 등의 설치명령을 위반한 경우	법 제56조 제2항 제1호	1회 위반 시 : 50 2회 위반 시 : 100 3회 위반 시 : 150 4회 이상 위반 시 : 200
불의 사용에 있어서 지켜야 하는 사항을 위반한 경우 (1) 위반행위로 인하여 화재가 발생한 경우 (2) 위반행위로 인하여 화재가 발생하지 않은 경우	법 제56조 제2항 제2호	1회 위반 시 : (1) 100 (2) 50 2회 위반 시 : (1) 150 (2) 100 3회 위반 시 : (1) 200 (2) 150 4회 이상 위반 시 : (1) 200 (2) 200
특수가연물의 저장 및 취급의 기준을 위반한 경우	법 제56조 제2항 제2호	1회 위반 시 : 20 2회 위반 시 : 50 3회 위반 시 : 100 4회 이상 위반 시 : 100
한국119청소년단 또는 이와 유사한 명칭을 사용한 경우	법 제56조 제2항 제2호의2	1회 위반 시 : 50 2회 위반 시 : 100 3회 위반 시 : 150 4회 위반 시 : 200
화재 또는 구조 · 구급이 필요한 상황을 허위로 알린 경우	법 제56조 제1항	1회 위반 시 : 200 2회 위반 시 : 400 3회 위반 시 : 500 4회 이상 위반 시 : 500
소방자동차의 출동에 지장을 준 경우	법 제56조 제2항 제3호의2	100
전용구역에 차를 주차하거나 전용구역에의 진입을 가로막는 등의 방해행위를 한 경우	법 제56조 제3항	1회 위반 시 : 50 2회 위반 시 : 100 3회 위반 시 : 100 4회 위반 시 : 100
소방활동구역을 출입한 경우	법 제56조 제2항 제4호	100
명령을 위반하여 보고 또는 자료제출을 하지 아니하거나 거짓으로 보고 또는 자료제출을 한 경우	법 제56조 제2항 제5호	1회 위반 시 : 50 2회 위반 시 : 100 3회 위반 시 : 150 4회 이상 위반 시 : 200
한국소방안전원 또는 이와 유사한 명칭을 사용한 경우	법 제56조 제2항 제6호	200

Ⅱ. 국고보조의 대상이 되는 소방활동장비 및 설비의 종류와 규격〈시행규칙 제5조 제1항 관련〉

구분				종류	규격
소방활동장비	소방자동차	펌프차		대형	240마력 이상
				중형	170마력 이상 240마력 미만
				소형	120마력 이상 170마력 미만
		물탱크소방차		대형	240마력 이상
				중형	170마력 이상 240마력 미만
		화학소방차		비활성가스를 이용한 소방차	
				고성능	340마력 이상
				내폭	340마력 이상
			일반	대형	240마력 이상
				중형	170마력 이상 240마력 미만
		사다리소방차		고가(사다리의 길이가 33m 이상인 것에 한한다)	330마력 이상
			굴절	27m 이상급	330마력 이상
				18m 이상 27m 미만급	240마력 이상
		조명차		중형	170마력
		배연차		중형	170마력 이상
		구조차		대형	240마력 이상
				중형	170마력 이상 240마력 미만
		구급차		특수	90마력 이상
				일반	85마력 이상 90마력 미만
	소방정			소방정	100톤 이상급, 50톤급
				구조정	30톤급
	소방헬리콥터				5~17인승
통신설비	유선통신장비			디지털전화교환기	국내 100회선 이상, 내선 1,000회선 이상
				키폰장치	국내 100회선 이상, 내선 200회선 이상
				팩스	일제 개별 동보장치
				영상장비다중화장치	동화상 및 정지화상 E1급 이상

통신설비	무선통신기기	극초단파무선기기	고정용	공중전력 50와트 이하
			이동용	공중전력 20와트 이하
			휴대용	공중전력 5와트 이하
		초단파무선기기	고정용	공중전력 50와트 이하
			이동용	공중전력 20와트 이하
			휴대용	공중전력 5와트 이하
		단파무전기	고정용	공중전력 100와트 이하
			이동용	공중전력 50와트 이하
전산설비	주전산기기	중앙처리장치		클럭속도 : 90메가헤르츠 이상, 워드길이 : 32비트 이상
		주기억장치		용량 : 125메가바이트 이상 전송속도 : 초당 22메가바이트 이상 캐시메모리 : 1메가바이트 이상
		보조기억장치		용량 5기가바이트 이상
	보조전산기기	중앙처리장치		성능 : 26밉스 이상 클럭속도 : 25메가헤르츠 이상 워드길이 : 32비트 이상
		주기억장치		용량 : 32메가바이트 이상 전송속도 : 초당 22메가바이트 이상 캐시메모리 : 128킬로바이트 이상
		보조기억장치		용량 : 22기가바이트 이상
	서버	중앙처리장치		성능 : 80밉스 이상 클럭속도 : 100메가헤르츠 이상 워드길이 : 32비트 이상
		주기억장치		용량 : 초당 32메가바이트 이상 전송속도 : 초당 22메가바이트 이상 캐시메모리 : 128킬로바이트 이상
		보조기억장치		용량 : 3기가바이트 이상
	단말기	중앙처리장치		클럭속도 : 100메가헤르츠 이상
		주기억장치		용량 : 16메가바이트 이상
		보조기억장치		용량 : 1기가바이트 이상
		모니터		칼라, 15인치 이상
	라우터			6시리얼포트 이상
	스위칭허브			16이더넷포트 이상
	디에스유, 씨에스유			초당 56킬로바이트 이상

(좌측 세로쓰기 병합 칸) 소방전용통신설비 및 전산설비

	스캐너	A4사이즈, 칼라 600, 인치당 2,400도트 이상
	플로터	A4사이즈, 칼라 300, 인치당 600도트 이상
	빔프로젝트	밝기 400룩스 이상 컴퓨터 데이터 접속 가능
	액정프로젝트	밝기 400룩스 이상 컴퓨터 데이터 접속 가능
	무정전 전원장치	5킬로볼트암페어 이상

Ⅲ. 화재조사의 종류 및 조사의 범위〈시행규칙 제11조 제2항 관련〉

1. 화재원인조사

종류	조사범위
발화원인 조사	화재가 발생한 과정, 화재가 발생한 지점 및 불이 붙기 시작한 물질
발견·통보 및 초기 소화상황 조사	화재의 발견·통보 및 초기소화 등 일련의 과정
연소상황 조사	화재의 연소경로 및 확대원인 등의 상황
피난상황 조사	피난경로, 피난상의 장애요인 등의 상황
소방시설 등 조사	소방시설의 사용 또는 작동 등의 상황

2. 화재피해조사

종류	조사범위
인명피해조사	(1) 소방활동 중 발생한 사망자 및 부상자 (2) 그 밖에 화재로 인한 사망자 및 부상자
재산피해조사	(1) 열에 의한 탄화, 용융, 파손 등의 피해 (2) 소화활동 중 사용된 물로 인한 피해 (3) 그 밖에 연기, 물품반출, 화재로 인한 폭발 등에 의한 피해

Ⅳ. 화재조사전담부서에 갖추어야 할 장비 및 시설〈시행규칙 제12조 제4항 관련〉

1. 소방본부(거점소방서 포함)

구분	기자재명 및 시설규모
발굴용구(1종세트)	공구류(니퍼, 펜치, 와이어커터, 드라이버세트, 스패너세트, 망치, 등), 톱(나무, 쇠), 전동 드릴, 전동 그라인더, 다용도 칼, U형 자석, 뜰채, 붓, 빗자루, 양동이, 삽, 긁개, 휴대용 진공청소기
기록용 기기(16종)	디지털카메라(DSLR)세트, 비디오카메라세트, 소형 디지털방수카메라, 촬영용 고무매트, TV, 디지털녹음기, 거리측정기, 초시계, 디지털온도·습도계, 디지털풍향풍속기록계, 정밀저울, 줄자, 버니어캘리퍼스, 웨어러블캠, 외장용 하드, 3D 스캐너
감식·감정용 기기(16종)	절연저항계, 멀티테스터기, 클램프미터, 정전기측정장치, 누설전류계, 검전기, 복합가스측정기, 가스(유증)검지기, 확대경, 실체현미경, 적외선열상카메라, 접지저항계, 휴대용디지털현미경, 탄화심도계, 슈미트해머, 내시경카메라
조명 기기(4종)	발전기, 이동용조명기, 휴대용랜턴, 헤드랜턴
안전장비(8종)	보호용 작업복, 보호용 장갑, 안전화, 안전모, 마스크(방진마스크, 방독마스크), 보안경, 안전고리, 공기호흡기 세트
화재조사차량(2종)	화재조사용 전용차량, 화재조사 첨단 분석차량(비파괴 검사기, 실체현미경 등 탑재)
증거수집 장비(6종)	증거물 수집기구세트(핀셋류, 가위류 등), 증거물 보관세트(상자, 봉투, 밀폐용기, 유증수집용 캔 등), 증거물 표지(번호, 화살·○표, 스티커), 증거물 태그, 접자, 라텍스 장갑
보조장비(7종)	노트북 컴퓨터, 소화기, 전선 릴, 이동용 에어컴프레서, 접이식 사다리, 화재조사 전용 피복, 화재조사용 가방
추가 권장 장비(20종)	가스크로마토그래피, 고속카메라 세트, 화재시뮬레이션 시스템, X선 촬영기, 금속현미경, 시편절단기, 시편성형기, 시편연마기, 접점저항계, 직류전압전류계, 교류전압전류계, 오실로스코프, 주사전자현미경, 인화점측정기, 발화점측정기, 미량융점측정기, 온도기록계, 폭발압력측정기 세트, 전압조정기(직류, 교류), 적외선 분광광도계
화재조사분석실	화재조사분석실 구성장비를 유효하게 보존·사용할 수 있고, 환기 및 수도·배관시설이 있는 30㎡ 이상의 실(室)
화재조사분석실 구성장비(10종)	증거물보관함, 시료보관함, 실험작업대, 바이스, 개수대, 초음파 세척기, 실험용 기구류(비커, 피펫, 유리병 등), 드라이어, 항온항습기, 오토 데시케이터

2. 소방서

구분	기자재명
발굴용구 (1종세트)	공구류(니퍼, 펜치, 와이어커터, 드라이버세트, 스패너세트, 망치 등), 톱(나무, 쇠), 전동 드릴, 전동 그라인더, 다용도 칼, U형 자석, 뜰채, 붓, 빗자루, 양동이, 삽, 긁개, 휴대용 진공청소기
기록용 기기 (15종)	디지털카메라(DSLR)세트, 비디오카메라 세트, 소형 디지털방수카메라, 촬영용 고무매트, TV, 디지털녹음기, 거리측정기, 초시계, 디지털온도·습도계, 디지털풍향풍속기록계, 정밀저울, 줄자, 버니어캘리퍼스, 웨어러블캠, 외장용 하드
감식용 기기 (10종)	절연저항계, 멀티테스터기, 클램프미터, 누설전류계, 검전기, 복합가스측정기, 가스(유증)검지기, 확대경, 실체현미경, 탄화심도계
조명 기기 (4종)	발전기, 이동용조명기, 휴대용랜턴, 헤드랜턴
안전장비 (8종)	보호용작업복, 보호용장갑, 안전화, 안전모, 마스크(방진마스크, 방독마스크), 보안경, 안전고리, 공기호흡기세트
증거수집 장비(6종)	증거물 수집기구세트(핀셋류, 가위류 등), 증거물 보관세트(상자, 봉투, 밀폐용기, 유증수집용 캔 등), 증거물 표지(번호, 화살·○표, 스티커), 증거물 태그, 접자, 라텍스장갑
화재조사차량 (1종)	화재조사용 전용차량
보조장비 (7종)	노트북컴퓨터, 소화기, 전선 릴, 이동용 에어 컴프레서, 접이식 사다리, 화재조사 전용 피복, 화재조사용 가방
추가 권장 장비(2종)	휴대용디지털현미경, 정전기측정장치
화재조사 분석실	화재조사분석실 구성장비를 유효하게 보존·사용할 수 있고, 환기 및 수도·배관시설이 있는 20㎡ 이상의 실(室)
화재조사 분석실 구성장비 (10종)	증거물보관함, 시료보관함, 실험작업대, 바이스, 개수대, 초음파세척기, 실험용기구류(비커, 피펫, 유리병 등), 드라이어, 항온항습기, 오토 데시케이터

※ 비고

1. 거점소방서란 화재발생 빈도와 화재조사의 중요성을 감안하여 시·도 소방본부장이 권역별로 별도로 지정한 소방서를 말한다.

2. 촬영용 고무매트란 증거물 등을 올려놓고 사진을 촬영하기 위한 격자 표시형 고무매트를 말한다.

3. 화재조사차량은 탑승공간과 장비 적재공간이 구분되어 주요 장비의 적재·활용이 가능하여야 하며, 차량 내부에 기초 조사사무용 테이블을 설치할 수 있는 차량을 말한다.

4. 화재조사 전용 피복은 화재진압대원, 구조대원 및 구급대원의 피복과 구별이 가능하고 화재조사 활동에 적합한 기능을 가진 것을 말한다.

5. 화재조사용 가방은 일상적인 외부 충격에 가방 내부의 장비 및 물품이 손상되지 않을 정도의 강도를 갖춘 재질로 제작되고 휴대가 간편한 가방을 말한다.

6. 추가 권장 장비는 화재조사 및 감식·감정 등에 유용하게 활용되는 것으로써 보유가 권장되는 장비를 말한다.

7. 화재조사분석실의 면적은 청사 공간의 효율적 활용을 위하여 불가피한 경우에만 기준 면적의 절반 이상의 면적으로 조정할 수 있다.

Ⅴ. 화재조사에 관한 전문교육과정의 교육과목〈시행규칙 제13조 제1항 관련〉

구분	과목
소양교육	국정시책, 기초소양, 심리상담기법 등
전문교육	기초화학, 기초전기, 구조물과 화재, 화재조사 관계법령, 화재학, 화재패턴, 화재조사방법론, 보고서작성법, 화재피해액산정, 발화지점판정, 전기화재감식, 화학화재감식, 가스화재감식, 폭발화재감식, 차량화재감식, 미소화원감식, 방화재감식, 증거물수집보존, 화재모델링, 범죄심리학, 법과학(의학), 방·실화수사, 조사와 법적문제, 소방시설조사, 촬영기법, 법정 증언기법, 형사소송의 기본절차
실습교육	화재조사실습, 현장실습, 사례연구 및 발표
행정	입교식, 과정소개, 평가, 교육효과측정, 수료식 등

※ 비고

전문교육의 경우 교육과목의 본질적인 내용을 훼손하지 않는 필요 최소한의 범위에서 교육과목을 병합·세분·추가·변경하여 운영할 수 있다.

1 소방기본법의 목적으로 볼 수 없는 것은?

① 화재를 예방 및 경계하거나 진압한다.
② 공공의 안녕과 질서 유지와 복리증진에 이바지한다.
③ 공공의 보호와 안전을 하달한다.
④ 국민의 생명·신체 및 재산을 보호한다.

 TIPS!

소방기본법 제1조(목적)
소방기본법은 ① 화재를 예방·경계하거나 진압하고 ② 화재, 재난·재해, 그 밖의 위급한 상황에서의 구조·구급 활동 등을 통하여 ③ 국민의 생명·신체 및 재산을 보호함으로써 ④ 공공의 안녕 및 질서유지와 복리증진에 이바지함을 목적으로 한다.

2 소방기본법상 소방의 궁극적인 최종목적은?

① 복리증진
② 화재예방
③ 화재진압
④ 재해·재난 방지

TIPS!

소방기본법의 목적에서 국민의 생명·신체 및 재산을 보호함으로써 "공공의 안녕 및 질서 유지와 복리증진에 이바지함을 목적으로 한다."로 규정하여 궁극적인 최종 목적을 복리증진으로 하고 있다.

Answer 1.③ 2.①

3 다음 중 괄호 안에 들어갈 말로 적절한 것을 고르시오.

> 이 법은 화재를 예방·경계하거나 진압하고 화재, (㉠)·재해, 그 밖의 (㉡)한 상황에서의 구조·구급 활동 등을 통하여 국민의 생명·신체 및 재산을 보호함으로써 공공의 (㉢) 및 질서 유지와 (㉣) 증진에 이바지함을 목적으로 한다.

	㉠	㉡	㉢	㉣
①	재난	위급	안녕	복리
②	재난	위급	구조	안녕
③	재난	위험	구조	안녕
④	재난	위험	안녕	복리

TIPS!

소방기본법 제1조
이 법은 화재를 예방·경계하거나 진압하고 화재, <u>재난</u>·재해, 그 밖의 <u>위급</u>한 상황에서의 구조·구급 활동 등을 통하여 국민의 생명·신체 및 재산을 보호함으로써 공공의 <u>안녕</u> 및 질서유지와 <u>복리</u>증진에 이바지함을 목적으로 한다.

4 다음 중 소방력의 3요소에 해당하지 않는 것은?

① 대원
② 차량
③ 소방용수
④ 소방전용 통신설비

TIPS!

소방력의 기준[법 제8조]및 시행규칙 근거
소방기관이 소방업무를 수행하는 데에 필요한 인력과 장비 등을 "소방력"(消防力)이라 하며, ① 대원(인원)과 ② 차량(장비)이며 이것에 ③ 소방용수를 합하여 소방력의 3요소라 한다.
※ 소방전용 통신설비는 소방의 4요소에 해당한다.

5 소방력의 장비와 인력 등의 기준에 대한 근거 법령은?

① 대통령령
② 총리령
③ 행정안전부령
④ 조례

TIPS!

소방력의 기준[법 제8조]
소방기관이 소방업무를 수행하는 데에 필요한 인력과 장비 등에 관한 기준은 행정안전부령으로 정한다.

Answer 3.① 4.④ 5.③

6 다음 중 소방기본법 용어의 뜻이 틀린 것은?

① 소방대상물 : 건축물, 차량, 선박(항구에 매어둔 선박만 해당), 선박 건조 구조물, 산림, 그 밖의 인공 구조물 또는 물건을 말한다.

② 관계인 : 소방대상물의 소유자·관리자 또는 점유자를 말한다.

③ 소방대장 : 소방본부장 또는 소방의용대장 등 화재, 재난·재해, 그 밖의 위급한 상황이 발생한 현장에서 소방대를 지휘하는 사람을 말한다.

④ 소방본부장 : 특별시·광역시·특별자치시·도 또는 특별자치도에서 화재의 예방·경계·진압·조사 및 구조·구급 등의 업무를 담당하는 부서의 장을 말한다.

소방기본법 제2조
소방대장 : 소방본부장 또는 소방서장 등 화재, 재난·재해, 그 밖의 위급한 상황이 발생한 현장에서 소방대를 지휘하는 사람을 말한다.

7 소방기본법에서 소방대상물로 바른 것을 고르시오.

㉠ 인공 구조물	㉡ 건축물
㉢ 산림	㉣ 달리는 차량
㉤ 나는 항공기	㉥ 항해 중인 선박

① ㉠, ㉡, ㉢

② ㉠, ㉡, ㉢, ㉣

③ ㉠, ㉡, ㉢, ㉣, ㉤

④ ㉠, ㉡, ㉢, ㉣, ㉤, ㉥

TIPS!

소방대상물 : 건축물, 차량, 선박(「선박법」에 따른 선박으로서 항구에 매어둔 선박만 해당), 선박 건조 구조물, 산림, 그 밖의 인공 구조물 또는 물건을 말한다.

Answer 6.③ 7.②

8 다음 중 소방대상물이라 보기 어려운 것은?

① 건축물

② 운항중인 선박

③ 선박 건조 구조물

④ 인공구조물

9 소방기본법에서 정의하는 소방대상물이 있는 장소 및 그 이웃지역을 일컫는 용어는?

① 인접지역

② 인린지역

③ 근접지역

④ 관계지역

10 다음 소방기본법의 내용 중 옳지 않은 것은?

① 관할구역 안에서 소방업무를 수행하는 소방서장은 관할구역의 시·군·구청장의 지휘를 받는다.

② 소방대는 의용소방대를 포함한다.

③ 소방대장은 위급한 상황이 발생한 현장에서 필요한 때 그 현장에 있는 사람으로 하여금 사람을 구출하게 하는 일을 하게 할 수 있다.

④ 소방대장은 불이 번질 우려가 있는 소방대상물 및 토지의 일부를 일시적으로 사용 또는 제한 등 소방활동에 필요한 처분을 할 수 있다.

Answer 8.② 9.④ 10.①

11 다음 중 소방본부의 종합상황실의 실장이 소방청의 종합상황실에 보고해야 하는 경우에 해당하지 않는 것은?

① 재산피해액이 50억 원 이상 발생한 화재
② 언론에 보도된 재난상황
③ 통제단장의 현장지휘가 필요한 재난상황
④ 사망자가 5인 이상 발생하거나 사상자가 5인 이상 발생한 화재

> **TIPS!**
>
> 소방기본법 시행규칙 제3조
> **종합상황실 실장의 보고 업무**: 다음에 해당하는 상황이 발생하는 때에는 그 사실을 지체 없이 서면·모사전송 또는 컴퓨터통신 등으로 소방서의 종합상황실의 경우는 소방본부의 종합상황실에, <u>소방본부의 종합상황실의 경우는 소방청의 종합상황실</u>에 각각 보고하여야 한다.
> ㉠ 다음에 해당하는 화재
> 　가. <u>사망자가 5인 이상 발생하거나 사상자가 10인 이상 발생한 화재</u>
> 　나. 이재민이 100인 이상 발생한 화재
> 　다. 재산피해액이 50억 원 이상 발생한 화재
> 　라. 관공서·학교·정부미 도정공장·문화재·지하철 또는 지하구의 화재
> 　마. 관광호텔, 층수(「건축법 시행령」에서 산정한 층수)가 11층 이상인 건축물, 지하상가, 시장, 백화점, 「위험물안전관리법」에 의한 지정수량의 3천 배 이상의 위험물의 제조소·저장소·취급소, 층수가 5층 이상이거나 객실이 30실 이상인 숙박시설, 층수가 5층 이상이거나 병상이 30개 이상인 종합병원·정신병원·한방병원·요양소, 연면적 1만 5천 제곱미터 이상인 공장 또는 소방기본법 시행령에 따른 화재경계지구에서 발생한 화재
> 　바. 철도차량, 항구에 매어둔 총 톤수가 1천 톤 이상인 선박, 항공기, 발전소 또는 변전소에서 발생한 화재
> 　사. 가스 및 화약류의 폭발에 의한 화재
> 　아. 「다중이용업소의 안전관리에 관한 특별법」에 따른 다중이용업소의 화재
> ㉡ 「긴급구조 대응활동 및 현장지휘에 관한 규칙」에 의한 통제단장의 현장지휘가 필요한 재난상황
> ㉢ 언론에 보도된 재난상황
> ㉣ 그 밖에 소방청장이 정하는 재난상황

12 다음 중 종합상황실 근무자의 근무방법을 지정하는 권한이 없는 자는?

① 소방청장　　　　　　　　　　② 종합상황실 실장
③ 소방본부장　　　　　　　　　　④ 소방서장

> **TIPS!**
>
> 소방기본법 시행규칙 제3조 제3항
> 종합상황실 근무자의 근무방법 등 종합상황실의 운영에 관하여 필요한 사항은 종합상황실을 설치하는 소방청장, 소방본부장 또는 소방서장이 각각 정한다.

Answer 11.④ 12.②

13 종합상황실의 설치·운영에 관한 내용 중 잘못된 것은?

① 종합상황실은 행정안전부에 설치·운영하여야 한다.
② 종합상황실에는 소방서에 설치·운영하여야 한다.
③ 종합상황실은 소방청에 설치·운영하여야 한다.
④ 종합상황실의 소방본부에 설치·운영하여야 한다.

 **TIPS!**

종합상황실의 설치·운영 [소방기본법 시행규칙 제2조]
종합상황실은 소방청과 특별시·광역시·특별자치시·도 또는 특별자치도의 소방본부 및 소방서에 각각 설치·운영하여야 한다.

14 다음 중 119종합상황실에 즉시 보고사항이 아닌 것은?

① 사망자 수가 5명 이상인 화재
② 재산피해액 50억 원 이상의 화재
③ 이재민 50명 이상인 화재
④ 연면적 1만 5천m² 이상인 공장에서 발생한 화재

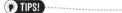 **TIPS!**

이재민 100명 이상인 화재인 경우에 즉시 보고한다.

15 다음 중 소방본부장 또는 소방서장의 권한이 아닌 것은?

① 소방특별조치명령
② 화재의 예방조치
③ 소방박물관 설립·운영
④ 소방업무의 응원요청

TIPS!

소방기본법 제5조 제1항
소방의 역사와 안전문화를 발전시키고 국민의 안전의식을 높이기 위하여 소방청장은 소방박물관을, 시·도지사는 소방체험관 (화재 현장에서의 피난 등을 체험할 수 있는 체험관)을 설립하여 운영할 수 있다.

Answer 13.① 14.③ 15.③

16 다음의 빈칸에 들어갈 말로 적절한 것은?

소방의 역사와 안전문화를 발전시키고 국민의 안전의식을 높이기 위하여 소방청장은 (   )을, 시 · 도지사는 (   )을 설립하여 운영할 수 있다.

① 소방체험관, 소방박물관
② 소방박물관, 소방체험관
③ 한국소방안전원, 소방체험관
④ 소방박물관, 한국소방안전원

TIPS!

소방기본법 제5조 제1항
소방의 역사와 안전문화를 발전시키고 국민의 안전의식을 높이기 위하여 소방청장은 소방박물관을, 시 · 도지사는 소방체험관 (화재 현장에서의 피난 등을 체험할 수 있는 체험관)을 설립하여 운영할 수 있다.

17 소방업무에 관한 종합계획의 수립 · 시행은 몇 년 주기로 해야 하는가?

① 1년
② 3년
③ 5년
④ 10년

TIPS!

소방기본법 제6조
소방청장은 화재, 재난 · 재해, 그 밖의 위급한 상황으로부터 국민의 생명 · 신체 및 재산을 보호하기 위하여 소방업무에 관한 종합계획을 5년마다 수립 · 시행하여야 하고, 이에 필요한 재원을 확보하도록 노력하여야 한다.

Answer 16.② 17.③

18 소방업무에 관한 종합계획 및 세부계획의 수립·시행에 대하여 옳지 않은 것은?

① 소방청장은 소방업무에 관한 종합계획을 관계 중앙행정기관의 장과의 협의를 거쳐 계획 시행 전년도 10월 31일까지 수립하여야 한다.

② 재난·재해 환경 변화에 따른 소방업무에 필요한 대응 체계를 마련해야 한다.

③ 장애인, 노인, 임산부, 영유아 및 어린이 등 이동이 어려운 사람을 대상으로 소방활동에 필요한 조치를 한다.

④ 시·도지사 또는 시·군·구청장은 소방기본법에 따른 종합계획의 시행에 필요한 세부계획을 수립하여 소방청장에게 제출하여야 한다.

> **TIPS!**
>
> 소방기본법 시행령 제1조의2
> ① 소방청장은 「소방기본법」에 따른 소방업무에 관한 종합계획을 관계 중앙행정기관의 장과의 협의를 거쳐 계획 시행 전년도 10월 31일까지 수립하여야 한다.
> ② 소방기본법의 대통령령으로 정하는 사항
> ㉠ 재난·재해 환경 변화에 따른 소방업무에 필요한 대응 체계 마련
> ㉡ 장애인, 노인, 임산부, 영유아 및 어린이 등 이동이 어려운 사람을 대상으로 한 소방활동에 필요한 조치
> ③ 특별시장·광역시장·특별자치시장·도지사 또는 특별자치도지사는 소방기본법에 따른 종합계획의 시행에 필요한 세부계획을 전년도 12월 31일까지 수립하여 소방청장에게 제출하여야 한다.

19 다음 중 바르게 설명한 것을 모두 고르시오.

> ㉠ 소방자동차 등 소방장비의 분류·표준화와 그 관리 등에 필요한 사항은 따로 법률에서 정한다.
> ㉡ 일부 국고보조 대상사업의 범위와 기준 보조율은 대통령령으로 정한다.
> ㉢ 소방기관이 소방업무를 수행하는 데에 필요한 인력과 장비 등에 관한 기준은 시·도의 조례로 정한다.

① ㉠

② ㉠, ㉡

③ ㉡, ㉢

④ ㉠, ㉡, ㉢

> **TIPS!**
>
> 소방기본법 제8조 제1항
> 소방기관이 소방업무를 수행하는 데에 필요한 인력과 장비 등에 관한 기준은 행정안전부령으로 정한다.
> ㉠ 소방기본법 제8조 제3항 규정
> ㉡ 소방기본법 제9조 제2항 규정

Answer 18.④ 19.②

20 소방대 구성 조직체의 대원으로 보기 어려운 것은?

① 자체소방대원
② 소방공무원
③ 의무소방원
④ 의용소방대원

21 소방용수시설의 설치 기준으로 바르지 않은 것은?

① 소화전은 상수도와 연결하여 지하식 또는 지상식의 구조로 한다.
② 급수탑의 급수배관의 구경은 100밀리미터 이상으로 한다.
③ 저수조는 지면으로부터 낙차가 4.5미터 이상, 흡수부분의 수심은 0.5미터 이상으로 한다.
④ 소방용수 배치기준에 관해서는 소방대의 유효활동 범위와 지역의 건축물 밀집도, 인구 및 기상상황을 고려하여 화재 시의 설치기준으로서 소방기본법 시행규칙에 정해져 있다.

22 지하에 설치하는 소화전 또는 저수조의 경우 소방용수표지의 맨홀 뚜껑은 지름 몇 mm 이상의 것으로 해야 하는가? (다만, 승하강식 소화전의 경우에는 이를 적용하지 아니한다.)

① 65mm
② 100mm
③ 140mm
④ 648mm

Answer 20.① 21.③ 22.④

23 저수조의 설치기준으로 바르지 않은 것은?

① 지면으로부터 낙차가 4.5미터 이하

② 흡수부분의 수심은 0.5미터 이상

③ 흡수관의 투입구가 사각형인 경우에는 한 변의 길이가 50센티미터 이상

④ 흡수에 지장이 없도록 토사 및 쓰레기 등을 제거할 수 있는 설비를 갖추어야 한다.

TIPS!

소방기본법 시행규칙 별표3 … 흡수관의 투입구가 사각형인 경우에는 한 변의 길이가 60센티미터 이상

24 소방장비 등에 대한 국고보조금의 대상이 아닌 것은?

① 소방장비

② 소방자동차

③ 소방용수시설

④ 소방관서용 청사의 건축

TIPS!

소방기본법 시행령 제2조 : 국고보조 대상사업의 범위

① 소방활동장비와 설비의 구입 및 설치

    ㉠ 소방자동차

    ㉡ 소방헬리콥터 및 소방정

    ㉢ 소방전용통신설비 및 전산설비

    ㉣ 그 밖에 방화복 등 소방활동에 필요한 소방장비

② 소방관서용 청사의 건축(「건축법」에 근거)

    건축물을 신축 · 증축 · 개축 · 재축(再築)하거나 건축물을 이전하는 것을 말한다.

Answer 23.③ 24.③

25 소방활동에 필요한 소화전, 급수탑, 저수조를 설치 · 유지 및 관리하는 사람은?

① 소방서장

② 소방청장

③ 시 · 도지사

④ 소방본부장

> **TIPS!**
> 소방기본법 제10조(소방용수시설의 설치 및 관리 등) 제1항
> 시 · 도지사는 소방활동에 필요한 소화전(消火栓) · 급수탑(給水塔) · 저수조(貯水槽)를 설치하고 유지 · 관리하여야 한다.

26 다음 중 소방기본법의 지리조사 대상이 아닌 것은?

① 건축물의 개황

② 도로의 폭

③ 소방용수조사

④ 교통상황

> **TIPS!**
> ③ 소방용수시설에 대한 조사이다.
> ※ 소방기본법 시행규칙 제7조(소방용수시설 및 지리조사)
> ㉠ 설치된 소방용수시설에 대한 조사
> ㉡ 소방대상물에 인접한 도로의 폭 · 교통상황, 도로주변의 토지의 고저 · 건축물의 개황 그 밖의 소방활동에 필요한 지리에 대한 조사

27 다음 중 소방업무에 대한 내용으로 옳지 않은 것은?

① 소방활동에 종사한 사람은 시·도지사로부터 소방활동의 비용을 지급받을 수 있다.
② 시·도지사는 응원 요청하는 경우 출동 대상지역 및 규모와 필요한 경비의 부담 등을 화재진압 이후 이웃하는 시·도지사와 협의하여 정하여야 한다.
③ 소방본부장이나 소방서장은 소방활동을 할 때에 긴급한 경우에는 이웃한 소방본부장 또는 소방서장에게 소방업무의 응원을 요청할 수 있다.
④ 시·도지사는 그 관할구역 안에서 발생하는 화재, 재난·재해, 그 밖의 위급한 상황에 있어서 필요한 소방업무를 성실히 수행하여야 한다.

> **TIPS!**
>
> 소방기본법 제11조 제4항
> 시·도지사는 소방업무의 응원을 요청하는 경우를 대비하여 출동 대상지역 및 규모와 필요한 경비의 부담 등에 관하여 필요한 사항을 행정안전부령으로 정하는 바에 따라 이웃하는 시·도지사와 협의하여 <u>미리 규약(規約)으로 정하여야 한다.</u>

28 소방업무의 상호응원협정 중 소방활동에 관한 사항이 아닌 것은?

① 화재의 경계·진압활동
② 응원 출동대상지역
③ 구조·구급업무의 지원
④ 화재조사활동

> **TIPS!**
>
> 소방업무의 상호응원협정 [시행규칙 제8조]
> 시·도지사는 이웃하는 다른 시·도지사와 소방업무에 관하여 상호응원 협정을 체결하고자 하는 때에는 다음의 사항이 포함되도록 하여야 한다.
> ㉠ 소방활동에 관한 사항
>   가. 화재의 경계·진압활동
>   나. 구조·구급업무의 지원
>   다. 화재조사활동
> ㉡ 응원출동대상지역 및 규모
> ㉢ 소요경비의 부담에 관한 사항
>   가. 출동대원의 수당·식사 및 피복의 수선
>   나. 소방장비 및 기구의 정비와 연료의 보급
>   다. 그 밖의 경비
> ㉣ 응원출동의 요청방법
> ㉤ 응원출동훈련 및 평가

Answer 27.② 28.②

29 다음 중 소방업무의 응원에 대한 설명으로 바르지 않은 것은?

① 소방업무의 응원을 위하여 파견된 소방대원은 응원요청을 받은 소방본부장 또는 소방서장의 지휘에 따라야 한다.

② 소방본부장이나 소방서장은 소방활동을 할 때에 긴급한 경우에는 이웃한 소방본부장 또는 소방서장에게 소방업무의 응원을 요청할 수 있다.

③ 시 · 도지사는 소방업무의 응원을 요청하는 경우를 대비하여 출동 대상지역 및 규모와 필요한 경비의 부담 등에 관하여 필요한 사항을 행정안전부령으로 정하는 바에 따라 이웃하는 시 · 도지사와 협의하여 미리 규약으로 정하여야 한다.

④ 소방업무의 응원 요청을 받은 소방본부장 또는 소방서장은 정당한 사유 없이 그 요청을 거절하여서는 아니 된다.

 TIPS!
소방기본법 제11조 제3항
소방업무의 응원을 위하여 파견된 소방대원은 응원을 요청한 소방본부장 또는 소방서장의 지휘에 따라야 한다.

30 소방기본법 기준에 관련하여 그 내용이 가장 옳은 것은?

① 소방본부장 또는 소방서장은 소유자가 없는 위험물을 14일 동안 보관 후 종료일로부터 7일 이내에 매각 혹은 폐기할 수 있다.

② 소방본부장이나 소방서장은 소방활동을 할 때에 긴급한 경우에는 이웃한 소방본부장 또는 소방서장에게 소방업무의 응원을 협정할 수 있다.

③ 소방본부장, 소방서장, 시 · 도지사의 피난 명령을 듣지 않으면 100만 원 이하의 벌금을 부과한다.

④ 소방본부장 또는 소방서장은 화재경계지구 안의 관계인에 대하여 소방상 필요한 훈련 및 교육을 연 1회 이상 실시할 수 있다.

 TIPS!
㉠ **소방기본법 제12조 및 시행령 제3조**: 소방본부장이나 소방서장은 위험물 또는 물건을 보관하는 경우에는 그 날부터 14일 동안 소방본부 또는 소방서의 게시판에 그 사실을 공고하여야 한다. 위험물 또는 물건의 보관기간은 소방본부 또는 소방서의 게시판에 공고하는 기간의 종료일 다음 날부터 7일로 한다.
㉡ **소방기본법 제11조 제1항**: 소방본부장이나 소방서장은 소방활동을 할 때에 긴급한 경우에는 이웃한 소방본부장 또는 소방서장에게 소방업무의 <u>응원을 요청할</u> 수 있다.
㉢ **소방기본법 제54조 제3호**: 소방본부장, 소방서장, <u>소방대장</u>의 피난명령을 위반하면 100만 원 이하의 벌금을 부과한다.

Answer 29.① 30.④

31 화재의 예방상 위험하다고 인정되는 행위를 하는 사람이나 소화활동에 지장이 있다고 인정되는 물건의 소유자·관리자 또는 점유자에게 취할 수 있는 명령으로 바르지 않은 것은?

① 불장난, 모닥불, 흡연, 화기취급 등 화재 예방상 위험하다고 인정되는 행위의 금지 또는 제한
② 타고 남은 불 또는 화기가 있을 우려가 있는 재의 처리
③ 함부로 버려두거나 그냥 둔 위험물 등의 물건을 옮기거나 치우게 하는 등의 조치
④ 연소 가능 물건 보관행위의 승낙

 TIPS!

소방기본법 제12조
소방본부장이나 소방서장은 화재의 예방상 위험하다고 인정되는 행위를 하는 사람이나 소화활동에 지장이 있다고 인정되는 물건의 소유자·관리자 또는 점유자에게 다음의 명령을 할 수 있다.
㉠ 불장난, 모닥불, 흡연, 화기(火氣) 취급, 풍등 등 소형 열기구 날리기, 그 밖에 화재예방 위험하다고 인정되는 행위의 금지 또는 제한
㉡ 타고 남은 불 또는 화기가 있을 우려가 있는 재의 처리
㉢ 함부로 버려두거나 그냥 둔 위험물, 그 밖에 불에 탈 수 있는 물건을 옮기거나 치우게 하는 등의 조치

32 기상법에 따른 이상기상의 예보 시 화재에 관한 경보를 발령할 수 있는 권한은 누구에게 있는가?

① 국무총리
② 행정안전부장관
③ 시·도지사
④ 소방서장

TIPS!

소방기본법 제14조
소방본부장이나 소방서장은 「기상법」에 따른 이상기상(異常氣象)의 예보 또는 특보가 있을 때에는 화재에 관한 경보를 발령하고 그에 따른 조치를 할 수 있다.

Answer 31.④ 32.④

33 화재경계지구의 지정에 관한 설명으로 바르지 않은 것은?

① 시·도지사는 화재가 발생할 우려가 높거나 화재가 발생하는 경우 그로 인하여 피해가 클 것으로 예상되는 지역을 화재경계지구로 지정할 수 있다.

② 화재경계지구 지정 사유가 있음에도 불구하고 시·도지사가 화재경계지구로 지정할 필요가 있는 지역을 화재경계지구로 지정하지 아니하는 경우 소방청장은 해당 시·도지사에게 해당 지역의 화재경계지구 지정을 요청할 수 있다.

③ 소방본부장이나 소방서장은 소방특별조사를 한 결과 화재의 예방과 경계를 위하여 필요하다고 인정할 때에는 관계인에게 소방용수시설, 소화기구, 그 밖에 소방에 필요한 설비의 설치를 명할 수 있다.

④ 시·도지사는 화재경계지구 안의 관계인에 대하여 대통령령으로 정하는 바에 따라 소방에 필요한 훈련 및 교육을 실시할 수 있다.

 **TIPS!**

소방기본법 제13조 제5항
소방본부장이나 소방서장은 화재경계지구 안의 관계인에 대하여 대통령령으로 정하는 바에 따라 소방에 필요한 훈련 및 교육을 실시할 수 있다.

34 화재경계지구 지정 대상지역으로 바르지 않은 것은?

① 상가지역
② 공장·창고가 밀집한 지역
③ 위험물의 저장 및 처리 시설이 밀집한 지역
④ 소방시설·소방용수시설 또는 소방출동로가 없는 지역

TIPS!

화재경계지구 지정 대상 지역 [소방기본법 제13조]
㉠ 시장지역
㉡ 공장·창고가 밀집한 지역
㉢ 목조건물이 밀집한 지역
㉣ 위험물의 저장 및 처리 시설이 밀집한 지역
㉤ 석유화학제품을 생산하는 공장이 있는 지역
㉥ 「산업입지 및 개발에 관한 법률」에 따른 산업단지
㉦ 소방시설·소방용수시설 또는 소방출동로가 없는 지역
㉧ 그 밖에 지역으로서 소방청장·소방본부장 또는 소방서장이 화재경계지구로 지정할 필요가 있다고 인정하는 지역

Answer 33.④ 34.①

35 다음 중 화재경계지구 지정에 대한 설명으로 옳지 않은 것은?

① 시·도지사가 화재경계지구로 지정하지 아니하는 경우 소방청장은 해당 지역을 화재경계지구로 지정할 수 있다.

② 소방본부장이나 소방서장은 대통령령으로 정하는 바에 따라 화재경계지구 안의 소방대상물의 위치·구조 및 설비 등에 대하여 소방특별조사를 하여야 한다.

③ 소방본부장이나 소방서장은 화재경계지구 안의 관계인에 대하여 대통령령으로 정하는 바에 따라 소방에 필요한 훈련 및 교육을 실시할 수 있다.

④ 시·도지사는 화재경계지구의 지정 현황, 소방특별조사의 결과 등 화재경계지구에서의 화재예방 및 경계에 필요한 자료를 매년 작성·관리하여야 한다.

 TIPS!

소방기본법 제13조(화재경계지구의 지정 등)
시·도지사가 화재경계지구로 지정할 필요가 있는 지역을 화재경계지구로 지정하지 아니하는 경우 <u>소방청장은 해당 시·도지사에게 해당 지역의 화재경계지구 지정을 요청할 수 있다.</u>

36 보일러에 기체연료를 사용하는 경우에 지켜야 하는 사항으로 바르지 않은 것은?

① 보일러를 설치하는 장소에는 환기구를 설치하는 등 가연성 가스가 머무르지 아니하도록 한다.

② 화재 등 긴급 시 연료를 차단할 수 있는 개폐밸브를 연료용기 등으로부터 0.5m 이내에 설치한다.

③ 보일러가 설치된 장소에는 가스누설경보기를 설치한다.

④ 연료를 공급하는 배관의 재질은 금속관 또는 플라스틱 합성관으로 한다.

 TIPS!

소방기본법 시행령 제5조 관련 시행령 별표1
보일러 중 기체연료를 사용하는 경우의 지켜야 할 사항
㉠ 보일러를 설치하는 장소에는 환기구를 설치하는 등 가연성가스가 머무르지 아니하도록 할 것
㉡ <u>연료를 공급하는 배관은 금속관으로 할 것</u>
㉢ 화재 등 긴급 시 연료를 차단할 수 있는 개폐밸브를 연료용기 등으로부터 0.5미터 이내에 설치할 것
㉣ 보일러가 설치된 장소에는 가스누설경보기를 설치할 것

Answer 35.① 36.④

37 보일러, 난로, 건조설비, 가스 · 전기시설, 그 밖에 화재 발생 우려가 있는 설비 또는 기구 등의 위치 · 구조 및 관리와 화재 예방을 위하여 불을 사용할 때 지켜야 하는 사항은 무엇으로 정하는가?

① 대통령령   ② 행정안전부령
③ 시 · 도 조례   ④ 시 · 도 규칙

TIPS!

소방기본법 제15조(불을 사용하는 설비 등의 관리와 특수가연물의 저장 · 취급)
보일러, 난로, 건조설비, 가스 · 전기시설, 그 밖에 화재 발생 우려가 있는 설비 또는 기구 등의 위치 · 구조 및 관리와 화재 예방을 위하여 불을 사용할 때 지켜야 하는 사항은 대통령령으로 정한다.

38 다음 중 보일러 등의 위치 · 구조 및 관리와 불의 사용에 있어서 지켜야 하는 사항으로 틀린 것은?

① 난로의 경우 연통은 천장으로부터 1m 이상 떨어지고, 건물 1m 이상 나오게 설치하여야 한다.
② 수소가스를 넣는 기구는 수소가스가 용량의 90 퍼센트 이상을 유지하여야 한다.
③ 보일러를 실내에 설치하는 경우에는 콘크리트 바닥 또는 금속 외의 불연재료로 된 바닥 위에 설치하여야 한다.
④ 건조설비의 경우 건조설비와 벽 · 천장 사이의 거리는 0.5미터 이상 되도록 하여야 한다.

TIPS!

소방기본법 시행령 제5조 관련 시행령 별표1
난로의 경우 연통은 천장으로부터 0.6m 이상 떨어지고, 건물 0.6m 이상 나오게 설치하여야 한다.

39 다음 중 특수가연물의 저장 취급에 관한 기준으로 틀린 것은?

① 특수가연물을 저장 또는 취급하는 장소에는 품명 · 최대수량 및 안전관리자 성명을 기재하여 설치한다.
② 특수가연물을 품명별로 구분하여 쌓을 것
③ 방사능력 범위에 해당 특수가연물이 포함되도록 대형 수동식 소화기를 설치하는 경우에는 쌓는 높이를 15m 이하로 할 수 있다.
④ 쌓는 부분의 바닥면적 사이는 1m 이상이 되도록 할 것

TIPS!

소방기본법 시행령 제7조(특수가연물의 저장 및 취급의 기준)
특수가연물을 저장 또는 취급하는 장소에는 품명 · 최대수량 및 화기 취급의 금지표지를 설치할 것

Answer 37.① 38.① 39.①

40 특수가연물에 대한 설명 중 옳은 것은?

① 발전용 석탄·목탄류는 품목별로 쌓는다.

② 쌓이는 부분의 바닥면적 사이는 1m 이하가 되도록 할 것

③ 쌓는 부분 바닥면적은 50m² 이하, 석탄·목탄류의 경우에 쌓는 부분의 바닥면적은 200m² 이하가 되도록 한다.

④ 발전용 석탄·목탄류에 살수설비를 설치하였을 경우에 쌓는 높이는 20m 이하로 한다.

 TIPS!

시행령 제7조(특수가연물의 저장 및 취급의 기준) 제2호
다음의 기준에 따라 쌓아 저장할 것. 다만, 석탄·목탄류를 발전용으로 저장하는 경우에는 그러하지 아니하다.
- 품명별로 구분하여 쌓을 것
- 쌓이는 부분의 바닥면적 사이는 1m 이상이 되도록 할 것
- 살수설비를 설치하였을 경우에 쌓는 높이는 15m 이하, 쌓는 부분의 바닥면적을 200제곱미터(석탄·목탄류의 경우에는 300제곱미터)이하로 할 수 있다.
- 쌓는 높이는 10미터 이하가 되도록 하고, 쌓는 부분의 바닥면적은 50제곱미터(석탄·목탄류의 경우에는 200제곱미터) 이하가 되도록 할 것

41 다음 중 소방활동의 지휘권자가 아닌 자는?

① 시·도지사
② 소방청장
③ 소방본부장
④ 소방서장

TIPS!

소방기본법 제16조
소방청장, 소방본부장 또는 소방서장은 화재, 재난·재해, 그 밖의 위급한 상황이 발생하였을 때에는 소방대를 현장에 신속하게 출동시켜 화재진압과 인명구조·구급 등 소방에 필요한 활동을 하게 하여야 한다.

42 소방지원활동과 거리가 먼 것은?

① 자연재해에 따른 급수·배수 및 제설 등 지원활동
② 집회·공연 등 각종 행사 시 사고에 대비한 근접대기 등 지원활동
③ 소방시설 오작동 신고에 따른 조치활동
④ 단전사고 시 비상전원 또는 조명의 공급

 **TIPS!**

단전사고 시 비상전원 또는 조명의 공급은 생활안전 활동이다.

Answer 40.③ 41.① 42.④

43 소방안전교육사의 업무 범위가 아닌 것은?

① 소방안전교육의 기획　　　　　　② 소방안전교육의 진행

③ 소방안전교육의 분석　　　　　　④ 소방안전교육의 감독

TIPS!

소방기본법 제17조의2 제2항

소방안전교육사는 소방안전교육의 기획·진행·분석·평가 및 교수업무를 수행한다.

44 다음 중 소방안전교육사의 결격사유로 바르지 않은 것은?

① 피성년후견인

② 금고 이상의 형의 집행유예를 선고받고 그 유예기간 중에 있는 사람

③ 법원의 판결 또는 다른 법률에 따라 자격이 정지되거나 상실된 사람

④ 금고 이상의 실형을 선고받고 그 집행이 끝나거나 집행이 면제된 날부터 1년이 지나지 아니한 사람

TIPS!

소방기본법 제17조의3 제1항

• 결격사유

　– 피성년후견인

　– 금고 이상의 실형을 선고받고 그 집행이 끝나거나(집행이 끝난 것으로 보는 경우를 포함한다) 집행이 면제된 날부터 2년이
　　지나지 아니한 사람

　– 금고 이상의 형의 집행유예를 선고받고 그 유예기간 중에 있는 사람

　– 법원의 판결 또는 다른 법률에 따라 자격이 정지되거나 상실된 사람

45 다음 중 소방안전교육사 배치 인원으로 옳은 것은?

① 소방청에 1명 이상　　　　　　② 소방서에 3명 이상

③ 한국소방안전원 지부에 3명 이상　　　④ 한국소방산업기술원 2명 이상

TIPS!

소방안전교육사 배치기준〈시행령 별표 2의3〉

배치대상	배치기준(단위 : 명)
소방청	2 이상
소방본부	2 이상
소방서	1 이상
한국소방안전원	본회 : 2 이상 시·도지부 : 1 이상
한국소방산업기술원	2 이상

Answer 43.④ 44.④ 45.④

46 소방훈련의 종류에 해당하지 않는 것은?

① 피난방법 훈련
② 화재진압 훈련
③ 인명대피 훈련
④ 현장지휘 훈련

💡 **TIPS!**

소방기본법 시행규칙 제9조 관련
• 소방훈련의 종류
  – 화재진압훈련
  – 인명구조훈련
  – 응급처치훈련
  – 인명대피훈련
  – 현장지휘훈련

47 다음 중 소방신호의 종류 및 방법(타종 신호의 경우)에 대한 설명으로 옳지 않은 것은?

① 경계신호 : 1타와 연2타를 반복
② 발화신호 : 난타
③ 해제신호 : 상당한 간격을 두고 1타씩 반복
④ 소방대의 비상소집을 할 경우에는 훈련신호를 사용할 수 없다.

💡 **TIPS!**

소방신호의 방법〈시행규칙 별표4〉

	타종 신호	사이렌 신호
경계신호	1타와 연2타를 반복	5초 간격을 두고 30초씩 3회
발화신호	난타	5초 간격을 두고 5초씩 3회
해제신호	상당한 간격을 두고 1타씩 반복	1분간 1회
훈련신호	연3타 반복	10초 간격 1분씩 3회

※ 비고
– 소방신호의 방법은 그 전부 또는 일부를 함께 사용할 수 있다.
– 게시판을 철거하거나 통풍대 또는 기를 내리는 것으로 소방활동이 해제되었음을 알린다.
– 소방대의 비상소집을 하는 경우에는 훈련 신호를 사용할 수 있다.

Answer 46.① 47.④

48 화재로 오인할 만한 우려가 있는 불을 피우거나 연막 소독을 하는 지정된 지역에서는 신고 후 행하여야 한다. 그 해당 지역으로 바르지 않은 것은?

① 소방출동로가 없는 지역
② 공장·창고가 밀집한 지역
③ 목조건물이 밀집한 지역
④ 위험물의 저장 및 처리시설이 밀집한 지역

> **TIPS!**
>
> 소방기본법 제19조 제2항
> 다음의 어느 하나에 해당하는 지역 또는 장소에서 화재로 오인할 만한 우려가 있는 불을 피우거나 연막(煙幕) 소독을 하려는 자는 시·도의 조례로 정하는 바에 따라 관할 소방본부장 또는 소방서장에게 신고하여야 한다.
> ㉠ 시장지역
> ㉡ 공장·창고가 밀집한 지역
> ㉢ 목조건물이 밀집한 지역
> ㉣ 위험물의 저장 및 처리시설이 밀집한 지역
> ㉤ 석유화학제품을 생산하는 공장이 있는 지역
> ㉥ 그 밖에 시·도의 조례로 정하는 지역 또는 장소

49 소방자동차의 통행에 대한 설명으로 옳지 않은 것은?

① 소방자동차의 우선 통행은 소방기본법에 규정된 경우를 제외하고 도로교통법에 따른다.
② 관계인은 소방대가 현장에 도착할 때까지 경보를 울리거나 대피유도를 하는 등의 방법으로 사람을 구출하는 인명구조 또는 불이 번지지 아니하도록 소화 작업 등의 필요한 조치를 하여야 한다.
③ 소방대는 긴급할 때에는 일반적인 통행에 쓰이지 아니하는 도로, 빈터 또는 물 위로 통행할 수 있다.
④ 사이렌은 구조·구급 활동을 위하여 출동하는 경우에만 사용한다.

> **TIPS!**
>
> 소방기본법 제21조 제2항
> 소방자동차가 화재진압 및 구조·구급 활동을 위하여 출동하거나 훈련을 위하여 필요할 때에는 사이렌을 사용할 수 있다.

50 다음 중 소방대의 긴급통행에 대한 내용으로 옳은 것은?

① 소방대는 화재, 재난·재해, 그 밖의 위급한 상황이 발생한 현장에 신속하게 출동하기 위하여 긴급할 때에는 일반적인 통행에 쓰이지 아니하는 도로·빈터 또는 물 위로 통행할 수 있다.

② 모든 차와 사람은 소방자동차(지휘를 위한 자동차와 구조·구급차 포함)가 화재진압 및 구조·구급 활동을 위하여 출동을 할 때에는 이를 방해하여서는 아니 된다.

③ 소방자동차의 우선 통행에 관하여는 소방기본법 제21조 제3항의 경우를 제외하고 「도로교통법」에서 정하는 바에 따른다.

④ 소방자동차가 화재진압 및 구조·구급 활동을 위하여 출동하거나 훈련을 위하여 필요할 때에는 사이렌을 사용할 수 있다.

> **TIPS!**
>
> • 소방대의 <u>긴급통행</u>[법 제22조]
>   소방대는 화재, 재난·재해, 그 밖의 위급한 상황이 발생한 현장에 신속하게 출동하기 위하여 긴급할 때에는 일반적인 통행에 쓰이지 아니하는 도로·빈터 또는 물 위로 통행할 수 있다.
> • 소방차동차의 <u>우선통행</u>[법 제21조]
>   ㉠ 모든 차와 사람은 소방자동차(지휘를 위한 자동차와 구조·구급차 포함)가 화재진압 및 구조·구급 활동을 위하여 출동을 할 때에는 이를 방해하여서는 아니 된다.
>   ㉡ 소방자동차의 우선 통행에 관하여는 「도로교통법」에서 정하는 바에 따른다.
>   ㉢ 소방자동차가 화재진압 및 구조·구급 활동을 위하여 출동하거나 훈련을 위하여 필요할 때에는 사이렌을 사용할 수 있다.

51 다음 중 소방활동 구역의 출입자로 볼 수 없는 사람은?

① 전기·가스·수도·통신·기계의 업무에 종사하는 사람

② 소방활동 구역 안의 관계인

③ 취재인력 등 보도업무에 종사하는 사람

④ 소방대장이 소방활동을 위하여 출입을 허가한 사람

> **TIPS!**
>
> 소방활동 출입자[시행령 제8조]
> ㉠ 소방활동구역 안에 있는 소방대상물의 소유자·관리자 또는 점유자
> ㉡ <u>전기·가스·수도·통신·교통의 업무에 종사하는 사람으로서 원활한 소방활동을 위하여 필요한 사람</u>
> ㉢ 의사·간호사 그 밖의 구조·구급업무에 종사하는 사람
> ㉣ 취재인력 등 보도업무에 종사하는 사람
> ㉤ 수사업무에 종사하는 사람
> ㉥ 그 밖에 소방대장이 소방활동을 위하여 출입을 허가한 사람

Answer 50.① 51.①

52 화재조사에 대한 설명으로 바른 것은?

① 시·도지사는 화재가 발생하였을 때에는 화재의 원인 및 피해 등에 대한 화재조사를 하여야 한다.

② 소방공무원과 경찰공무원은 화재조사를 할 때에 서로 협력하여야 한다.

③ 화재의 원인 조사에는 발화원인, 재산피해 조사 등이 있다.

④ 화재피해 조사는 인명피해, 피난상황 조사로 나누어진다.

🌟 TIPS!

• 소방기본법 제29조 제1항
– 소방청장, 소방본부장 또는 소방서장은 화재가 발생하였을 때에는 화재의 원인 및 피해 등에 대한 화재조사를 하여야 한다.
• 시행규칙 별표5
– 화재원인조사 : 발화원인 조사, 발견·통보 및 초기 소화상황 조사, 연소상황 조사, 피난상황 조사, 소방시설 등 조사
– 화재피해조사 : 인명피해조사, 재산피해조사

---

53 화재의 원인조사 중 발화원인 조사의 범위로 옳은 것은?

① 화재의 발견·통보 및 초기소화 등 일련의 과정

② 화재의 연소경로 및 확대원인 등의 상황

③ 피난경로, 피난상의 장애요인 등의 상황

④ 화재가 발생한 과정, 화재가 발생한 지점 및 불이 붙기 시작한 물질

🌟 TIPS!

소방기본법 시행규칙 제11조(화재조사의 방법 등) 별표5

종류	조사 범위
발화원인 조사	화재가 발생한 과정, 화재가 발생한 지점 및 불이 붙기 시작한 물질
발견·통보 및 초기 소화상황 조사	화재의 발견·통보 및 초기소화 등 일련의 과정
연소상황 조사	화재의 연소경로 및 확대원인 등의 상황
피난상황 조사	피난경로, 피난상의 장애요인 등의 상황
소방시설 등 조사	소방시설의 사용 또는 작동 등의 상황

Answer 52.② 53.④

54 다음 중 화재조사에 관한 내용으로 틀린 것은?

① 재산피해조사는 화재의 연소경로 및 연소확대물, 연소확대 사유 등에 해당한다.
② 소방청, 시·도의 소방본부와 소방서에 화재조사를 전담하는 부서를 설치·운영한다.
③ 화재조사의 방법 및 전담조사반의 운영과 화재조사자의 자격 등 화재조사에 필요한 사항은 행정안전부령으로 정한다.
④ 소방청장, 소방본부장 또는 소방서장은 화재가 발생하였을 때에는 화재의 원인 및 피해 등에 대한 조사를 하여야 한다.

 TIPS!

화재의 연소경로 및 연소확대물, 연소확대 사유 등은 화재원인조사 중 연소상황 조사에 해당된다.

※ 재산피해조사는 ㉠ 열에 의한 탄화, 용융, 파손 등의 피해, ㉡ 소화활동 중 사용된 물로 인한 피해, ㉢ 그 밖에 연기, 물품반출, 화재로 인한 폭발 등에 의한 피해를 조사하는 것이다.

55 다음 중 화재조사 시 요구할 수 없는 것은?

① 압수·수사권
② 관계인에게 자료제출명령권
③ 관계 공무원의 관계장소에 대한 출입·조사권
④ 관계인에 보고 또는 질문권

TIPS!

관계인에 대한 증거에 대한 압수는 경찰공무원의 권한이다.

Answer 54.① 55.①

56 다음 중 구조된 사람, 사망자 또는 구조된 물건을 특별자치도지사 · 시장 · 군수 · 구청장에게 인도하거나 인계하여야 하는 경우에 해당되지 않는 것은?

① 구조된 사람이나 사망자의 신원이 확인되지 아니한 때
② 구조된 사람이나 사망자를 인도받을 보호자 또는 유족이 없는 때
③ 구조된 물건의 소유자를 알 수 없는 때
④ 구조된 물건의 망실이 있을 때

> **TIPS!**
>
> 119구조 · 구급에 관한 법률 제16조 제3항
> 소방청장, 소방본부장 또는 소방서장은 다음에 해당하는 때에는 구조된 사람, 사망자 또는 구조된 물건을 특별자치도지사 · 시장 · 군수 · 구청장(「재난 및 안전관리 기본법」 제14조 또는 제16조에 따른 재난안전대책본부가 구성된 경우 해당 재난안전대책본부장을 말한다. 이하 같다)에게 인도하거나 인계하여야 한다.
> ㉠ 구조된 사람이나 사망자의 신원이 확인되지 아니한 때
> ㉡ 구조된 사람이나 사망자를 인도받을 보호자 또는 유족이 없는 때
> ㉢ 구조된 물건의 소유자를 알 수 없는 때

57 다음의 (   )안의 내용으로 바른 것은?

> 특별시장 · 광역시장 · 특별자치시장 · 도지사 · 특별자치도지사 또는 소방서장은 재난현장에서 화재진압, 구조 · 구급 등의 활동과 화재예방활동에 관한 소방업무를 보조하기 위하여 (   )를 설치할 수 있다.

① 의무소방대
② 의용소방대
③ 자치소방대
④ 종합상황실

> **TIPS!**
>
> 의용소방대 설치 및 운영에 관한 법률 제2조 제1항
> 특별시장 · 광역시장 · 특별자치시장 · 도지사 · 특별자치도지사 또는 소방서장은 재난현장에서 화재진압, 구조 · 구급 등의 활동과 화재예방활동에 관한 소방업무를 보조하기 위하여 의용소방대를 설치할 수 있다.

Answer 56.④ 57.②

58 소방기술 및 소방산업의 국제경쟁력과 국제적 통용성을 높이기 위해 소방청장이 추진해야 하는 사업으로 바르지 않은 것은?

① 소방기술 및 소방산업의 국제 협력을 위한 조사·연구
② 소방기술 및 소방산업에 관한 국제 전시회, 국제 학술회의 개최 등 국제 교류
③ 소방기술 및 소방산업의 국내시장 개척
④ 소방기술 및 소방산업의 국제경쟁력과 국제적 통용성을 높이기 위하여 필요하다고 인정하는 사업

TIPS!

소방기본법 제39조의7 제2항 : 소방청장은 소방기술 및 소방산업의 국제경쟁력과 국제적 통용성을 높이기 위하여 다음의 사업을 추진하여야 한다.
㉠ 소방기술 및 소방산업의 국제 협력을 위한 조사·연구
㉡ 소방기술 및 소방산업에 관한 국제 전시회, 국제 학술회의 개최 등 국제 교류
㉢ 소방기술 및 소방산업의 국외시장 개척
㉣ 그 밖에 소방기술 및 소방산업의 국제경쟁력과 국제적 통용성을 높이기 위하여 필요하다고 인정하는 사업

59 소방안전원의 업무로 바르지 않은 것은?

① 소방기술과 안전관리에 관한 교육 및 조사·연구
② 소방기술과 안전관리에 관한 각종 간행물 발간
③ 화재 예방과 안전관리의식 고취를 위한 대국민 홍보
④ 소방안전원의 수익사업

TIPS!

안전원의 업무[법 제41조]
㉠ 소방기술과 안전관리에 관한 교육 및 조사·연구
㉡ 소방기술과 안전관리에 관한 각종 간행물 발간
㉢ 화재 예방과 안전관리의식 고취를 위한 대국민 홍보
㉣ 소방업무에 관하여 행정기관이 위탁하는 업무
㉤ 소방안전에 관한 국제협력
㉥ 그 밖에 회원에 대한 기술지원 등 정관으로 정하는 사항

Answer 58.③ 59.④

60 소방기본법에서 규정하고 있는 설명이다. (   )안에 들어갈 숫자를 옳게 연결한 것은?

가. 화재경계지구에서 소방본부장 또는 소방서장은 소방상 필요한 훈련 및 교육을 실시하고자 하는 때에는 화재경계지구 안의 관계인에게 훈련 또는 교육 (㉠)일 전까지 그 사실을 통보하여야 한다.

나. 특수가연물의 쌓는 높이는 (㉡) 미터 이하가 되도록 하고, 쌓는 부분의 바닥면적은 50 제곱미터(석탄·목탄류의 경우에는 200 제곱미터) 이하가 되도록 할 것. 다만, 살수 설비를 설치하거나, 방사 능력 범위에 해당 특수가연물이 포함되도록 대형 수동식 소화기를 설치하는 경우에는 쌓는 높이를 (㉢) 미터 이하, 쌓는 부분의 바닥면적을 200 제곱 미터(석탄·목탄류의 경우에는 300 제곱미터) 이하로 할 수 있다.

다. 소방청장 등은 손실보상심의위원회의 심사·의결을 거쳐 특별한 사유가 없으면 보상금 지급 청구서를 받은 날부터 (㉣)일 이내에 보상금 지급 여부 및 보상금액을 결정하여야 한다.

라. 소방청장 등은 보상금 지급여부 및 보상금액 결정일로부터 (㉤)일 이내에 행정안전부령으로 정하는 바에 따라 결정 내용을 청구인에게 통지하고, 보상금을 지급하기로 결정한 경우에는 특별한 사유가 없으면 통지한 날부터 30일 이내에 보상금을 지급하여야 한다.

마. 소방전용 자동차의 전용구역에 차를 주차하거나 전용구역에의 진입을 가로막는 등의 방해행위를 한 자에게는 (㉥) 만 원 이하의 과태료를 부과한다.

	㉠	㉡	㉢	㉣	㉤	㉥
①	7	7	14	40	15	200
②	7	10	15	60	15	200
③	10	7	14	40	10	100
④	10	10	15	60	10	100

TIPS!
㉠ 시행령 제4조(화재경계지구의 관리) 제4항
㉡㉢ 시행령 제7조(특수가연물의 저장 및 취급의 기준) 제2호
㉣ 시행령 제12조(손실보상의 지급절차 및 방법) 제2항
㉤ 시행령 제12조(손실보상의 지급절차 및 방법) 제4항
㉥ 법 제56조(과태료) 제3항

Answer 60.④

61 소방청장 또는 시 · 도지사는 손실보상위원회의 심사 · 의결에 따라 정당한 보상을 하여야 한다. 다음 중 그 대상이라 보기 어려운 자는?

① 생활안전활동에 따른 조치로 인하여 손실을 입은 자

② 소방활동 종사로 인하여 사망하거나 부상을 입은 자

③ 유류 등의 시설에 대하여 위험물질의 공급을 차단하는 등 필요한 조치에 따른 조치로 인하여 손실을 입은 자

④ 소방기관의 위법한 소방업무로 인하여 손실을 입은 자

 TIPS!

소방기관의 위법한 소방업무의 경우는 국가손해배상법상의 배상 대상이지 손실보상의 대상이 아니다.

62 손실보상 위원회에 대한 설명으로 바르지 않은 것은?

① 보상위원회는 위원장 1명을 포함하여 5명 이상 7명 이하의 위원으로 구성한다.

② 보상위원회의 위원은 소방청장 또는 소방본부장이 위촉하거나 임명한다. 이 경우 위원의 과반수는 성별을 고려하여 소방공무원이 아닌 사람으로 하여야 한다.

③ 보상위원회의 위원장은 위원 중에서 호선한다.

④ 보상위원회의 위원 또는 그 배우자나 배우자였던 사람이 심의 안건의 청구인인 경우 보상위원회의 심의 · 의결에서 제척(除斥)된다.

TIPS!

소방기본법 시행령 제13조 제3항: 보상위원회의 위원은 (중략) <u>소방청장 또는 시 · 도지사가 위촉하거나 임명한다.</u> 이 경우 위원의 과반수는 성별을 고려하여 소방공무원이 아닌 사람으로 하여야 한다.

Answer 61.④ 62.②

63 다음 중 5년 이하의 징역 또는 5천만 원 이하의 벌금에 처하는 행위가 아닌 것은?

① 소방대상물의 사용제한 처분을 따르지 아니한 사람
② 소방자동차의 출동을 방해한 사람
③ 사람을 구출하는 일 또는 불을 끄거나 불이 번지지 아니하도록 하는 일을 방해한 사람
④ 정당한 사유 없이 소방용수시설을 사용하거나 소방용수시설의 효용을 해치거나 그 정당한 사용을 방해한 사람

> **TIPS!**
> 소방대상물의 사용제한 처분을 따르지 아니한 경우는 3년 이하의 징역 또는 3천만 원 이하의 벌금에 해당된다.

64 다음 중 100만 원 이하의 벌금에 해당하지 않는 행위는?

① 정당한 사유 없이 관계 공무원의 출입 또는 조사를 거부·방해 또는 기피한 자
② 화재경계지구 안의 소방대상물에 대한 소방특별조사를 거부·방해 또는 기피한 자
③ 정당한 사유 없이 소방대의 생활안전활동을 방해한 자
④ 소방본부장, 소방서장 또는 소방대장의 피난 명령을 위반한 사람

> **TIPS!**
> 정당한 사유 없이 관계 공무원의 출입 또는 조사를 거부·방해 또는 기피한 자는 200만 원 이하의 벌금에 해당된다.

65 매년 11월 9일은 소방의 날이다. 소방의 날 제정의 이유로 타당한 것은?

① 국민의 안전의식과 화재에 대한 경각심을 높이고 안전문화를 정착시키기 위하여
② 재난·재해 환경 변화에 따른 소방업무에 필요한 대응 체계를 마련하기 위하여
③ 장애인, 노인, 임산부, 영유아 및 어린이 등 이동이 어려운 사람을 대상으로 한 소방활동에 필요한 조치를 취하기 위하여
④ 업무의 효율적 수행을 위하여 필요한 사항을 정하기 위하여

> **TIPS!**
> 법 제7조 제1항
> 국민의 안전의식과 화재에 대한 경각심을 높이고 안전문화를 정착시키기 위하여 매년 11월 9일을 소방의 날로 정하여 기념행사를 한다.

Answer 63.① 64.① 65.①

02

화재예방, 소방시설 설치·유지 및 안전관리에 관한 법률

01 중요핵심이론
02 출제예상문제

중요핵심이론

기출PLUS

기출 2019. 4. 6. 소방공무원

「화재예방, 소방시설 설치·유지 및 안전관리에 관한 법률 시행령」상 무창층이 되기 위한 개구부의 요건 중 일부를 나타낸 것이다. ( ) 안의 내용으로 옳은 것은?

보기
• 크기는 지름 (가)센티미터 이상의 원이 (나)할 수 있는 크기일 것
• 해당 층의 바닥면으로부터 개구부 (다)까지의 높이가 (라)미터 이내일 것

	(가)	(나)	(다)	(라)
①	50	내접	윗부분	1.2
②	50	내접	밑부분	1.2
③	50	외접	밑부분	1.5
④	60	내접	밑부분	1.2

section 1 총칙

(1) 목적〈제1조〉

「화재예방, 소방시설 설치·유지 및 안전관리에 관한 법률」은 화재, 재난·재해, 그 밖의 위급한 상황으로부터 국민의 생명·신체 및 재산을 보호하기 위하여 화재의 예방 및 안전관리에 관한 국가와 지방자치단체의 책무와 소방시설 등의 설치·유지 및 소방대상물의 안전관리에 관하여 필요한 사항을 정함으로써 공공의 안전과 복리 증진에 이바지함을 목적으로 한다.

(2) 용어의 정의〈제2조〉

① 소방시설이란 소화설비, 경보설비, 피난구조설비, 소화용수설비, 그 밖에 소화활동설비로서 대통령령으로 정하는 것을 말한다[표1 참조].

② 소방시설 등이란 소방시설과 비상구(非常口), 그 밖에 소방 관련 시설로서 대통령령으로 정하는 것을 말한다.

③ 특정소방대상물이란 소방시설을 설치하여야 하는 소방대상물로서 대통령령으로 정하는 것을 말한다[표2 참조]. ✿ 2020 기출

④ 소방용품이란 소방시설 등을 구성하거나 소방용으로 사용되는 제품 또는 기기로서 대통령령으로 정하는 것을 말한다[표3 참조].

> POINT 시행령 제2조(정의) ✿ 2019 기출
> ① "무창층"(無窓層)이란 지상층 중 다음 각 목의 요건을 모두 갖춘 개구부(건축물에서 채광·환기·통풍 또는 출입 등을 위하여 만든 창·출입구, 그 밖에 이와 비슷한 것을 말한다)의 면적의 합계가 해당 층의 바닥면적의 30분의 1 이하가 되는 층을 말한다.
> ㉠ 크기는 지름 50센티미터 이상의 원이 내접(內接)할 수 있는 크기일 것
> ㉡ 해당 층의 바닥면으로부터 개구부 밑부분까지의 높이가 1.2미터 이내일 것
> ㉢ 도로 또는 차량이 진입할 수 있는 빈터를 향할 것
> ㉣ 화재 시 건축물로부터 쉽게 피난할 수 있도록 창살이나 그 밖의 장애물이 설치되지 아니할 것
> ㉤ 내부 또는 외부에서 쉽게 부수거나 열 수 있을 것
> ② "피난층"이란 곧바로 지상으로 갈 수 있는 출입구가 있는 층을 말한다.

⑤ 이 법에서 사용하는 용어의 뜻은 이 법에서 규정하는 것을 제외하고는 「소방기본법」, 「소방시설공사업법」, 「위험물 안전관리법」 및 「건축법」에서 정하는 바에 따른다.

‹ 정답 ②

표1 〈대통령령에 의해 정의되는 소방시설〉

1. **소화설비**: 물 또는 그 밖의 소화약제를 사용하여 소화하는 기계·기구 또는 설비로서 다음의 것
   - 가. 소화기구
     - 1) 소화기
     - 2) 간이 소화용구: 에어로졸식 소화용구, 투척용 소화용구, 소공간용 소화용구 및 소화약제 외의 것을 이용한 간이 소화용구
     - 3) 자동확산소화기
   - 나. 자동소화장치
     - 1) 주거용 주방자동소화장치
     - 2) 상업용 주방자동소화장치
     - 3) 캐비닛형 자동소화장치
     - 4) 가스 자동소화장치
     - 5) 분말 자동소화장치
     - 6) 고체에어로졸 자동소화장치
   - 다. 옥내 소화전 설비(호스릴 옥내 소화전 설비를 포함한다)
   - 라. 스프링클러설비 등
     - 1) 스프링클러설비
     - 2) 간이 스프링클러설비(캐비닛형 간이 스프링클러 설비를 포함한다)
     - 3) 화재조기진압용 스프링클러 설비
   - 마. 물 분무 등 소화설비
     - 1) 물 분무 소화설비
     - 2) 미분무 소화설비
     - 3) 포 소화설비
     - 4) 이산화탄소 소화설비
     - 5) 할론소화설비
     - 6) 할로겐화합물 및 불활성기체(다른 원소와 화학 반응을 일으키기 어려운 기체를 말한다) 소화설비
     - 7) 분말 소화설비
     - 8) 강화액 소화설비
     - 9) 고체에어로졸 소화설비
   - 바. 옥외 소화전 설비

2. **경보설비**: 화재발생 사실을 통보하는 기계·기구 또는 설비로서 다음의 것
   - 가. 단독경보형 감지기
   - 나. 비상경보설비
     - 1) 비상벨 설비
     - 2) 자동식 사이렌 설비
   - 다. 시각경보기
   - 라. 자동화재탐지설비
   - 마. 비상방송설비
   - 바. 자동화재속보설비
   - 사. 통합감시시설
   - 아. 누전경보기
   - 자. 가스누설경보기

기출 2018. 10. 13. 소방공무원

「화재예방, 소방시설 설치·유지 및 안전관리에 관한 법률 시행령」상 피난구조설비 중 인명구조기구로 옳지 않은 것은?

① 구조대
② 방열복
③ 공기호흡기
④ 인공소생기

구조대는 피난기구에 해당한다.

3. 피난구조설비 : 화재가 발생할 경우 피난하기 위하여 사용하는 기구 또는 설비로서 다음의 것
   가. 피난기구
      1) 피난사다리
      2) 구조대
      3) 완강기
      4) 그 밖에 법 제9조 제1항에 따라 소방청장이 정하여 고시하는 화재안전기준으로 정하는 것
   나. 인명구조기구 ✿ 2018 기출
      1) 방열복, 방화복(안전모, 보호장갑 및 안전화를 포함한다)
      2) 공기호흡기
      3) 인공소생기
   다. 유도등
      1) 피난유도선
      2) 피난구유도등
      3) 통로유도등
      4) 객석유도등
      5) 유도표지
   라. 비상조명등 및 휴대용비상조명등

4. 소화용수설비 : 화재를 진압하는 데 필요한 물을 공급하거나 저장하는 설비로서 다음의 것
   가. 상수도소화용수설비
   나. 소화수조·저수조, 그 밖의 소화용수설비

5. 소화활동설비 : 화재를 진압하거나 인명 구조활동을 위하여 사용하는 설비로서 다음의 것
   가. 제연설비
   나. 연결송수관설비
   다. 연결살수설비
   라. 비상콘센트설비
   마. 무선통신보조설비
   바. 연소방지설비

❮정답 ①

표2 〈대통령령에 의해 정의되는 특정소방대상물〉

1. 공동주택
   가. 아파트 등 : 주택으로 쓰이는 층수가 5층 이상인 주택
   나. 기숙사 : 학교 또는 공장 등에서 학생이나 종업원 등을 위하여 쓰는 것으로서 공동취사 등을 할 수 있는 구조를 갖추되, 독립된 주거의 형태를 갖추지 않은 것(「교육기본법」에 따른 학생복지주택을 포함)

2. 근린생활시설
   가. 슈퍼마켓과 일용품(식품, 잡화, 의류, 완구, 서적, 건축자재, 의약품, 의료기기 등) 등의 소매점으로서 같은 건축물(하나의 대지에 두 동 이상의 건축물이 있는 경우에는 이를 같은 건축물로 본다.)에 해당 용도로 쓰는 바닥면적의 합계가 1천㎡ 미만인 것
   나. 휴게음식점, 제과점, 일반음식점, 기원(棋院), 노래연습장 및 단란주점(단란주점은 같은 건축물에 해당 용도로 쓰는 바닥면적의 합계가 150㎡ 미만인 것만 해당한다.) ✪ **2021 기출**
   다. 이용원, 미용원, 목욕장 및 세탁소(공장이 부설된 것과 「대기환경보전법」, 「물환경보전법」 또는 「소음·진동관리법」에 따른 배출시설의 설치허가 또는 신고의 대상이 되는 것은 제외한다.)
   라. 의원, 치과의원, 한의원, 침술원, 접골원(接骨院), 조산원(「모자보건법」에 따른 산후조리원을 포함) 및 안마원(「의료법」에 따른 안마시술소를 포함한다.) ✪ **2018 기출**
   마. 탁구장, 테니스장, 체육도장, 체력단련장, 에어로빅장, 볼링장, 당구장, 실내낚시터, 골프연습장, 물놀이형 시설(「관광진흥법」에 따른 안전성검사의 대상이 되는 물놀이형 시설을 말한다.), 그 밖에 이와 비슷한 것으로서 같은 건축물에 해당 용도로 쓰는 바닥면적의 합계가 500㎡ 미만인 것
   바. 공연장(극장, 영화상영관, 연예장, 음악당, 서커스장, 「영화 및 비디오물의 진흥에 관한 법률」에 따른 비디오물감상실업의 시설, 비디오물소극장업의 시설, 그 밖에 이와 비슷한 것을 말한다.) 또는 종교집회장[교회, 성당, 사찰, 기도원, 수도원, 수녀원, 제실(祭室), 사당, 그 밖에 이와 비슷한 것을 말한다. 이하 같다]으로서 같은 건축물에 해당 용도로 쓰는 바닥면적의 합계가 300㎡ 미만인 것
   사. 금융업소, 사무소, 부동산 중개사무소, 결혼상담소 등 소개업소, 출판사, 서점, 그 밖에 이와 비슷한 것으로서 같은 건축물에 해당 용도로 쓰는 바닥면적의 합계가 500㎡ 미만인 것
   아. 제조업소, 수리점, 그 밖에 이와 비슷한 것으로서 같은 건축물에 해당 용도로 쓰는 바닥면적의 합계가 500㎡ 미만이고, 「대기환경보전법」, 「물환경보전법」 또는 「소음·진동관리법」에 따른 배출시설의 설치허가 또는 신고의 대상이 아닌 것
   자. 「게임산업진흥에 관한 법률」에 따른 청소년게임제공업 및 일반게임제공업의 시설, 인터넷컴퓨터게임시설제공업의 시설 및 복합유통게임제공업의 시설로서 같은 건축물에 해당 용도로 쓰는 바닥면적의 합계가 500㎡ 미만인 것

기출PLUS

기출 2021. 4. 3. 소방공무원

「화재예방, 소방시설 설치·유지 및 안전관리에 관한 법률 시행령」상 특정소방대상물 중 근린생활시설로 옳지 않은 것은?

① 같은 건축물에 금융업소로 쓰는 바닥면적의 합계가 200제곱미터인 것
② 같은 건축물에 단란주점으로 쓰는 바닥면적의 합계가 300제곱미터인 것
③ 같은 건축물에 골프연습장으로 쓰는 바닥면적의 합계가 450제곱미터인 것
④ 같은 건축물에 미용원으로 쓰는 바닥면적의 합계가 800제곱미터인 것

TIP

② 단란주점은 같은 건축물에 해당 용도로 쓰는 바닥면적의 합계가 150㎡ 미만인 것만 해당한다(시행령 [별표 2] 제2호 참조).

❰정답 ②

기출PLUS

기출 2020. 6. 20. 소방공무원

「화재예방, 소방시설 설치·유지 및 안전관리에 관한 법률」 및 같은 법 시행령상 특정소방대상물에 관한 내용으로 옳은 것은?

① "특정소방대상물"이란 소방시설을 설치하여야 하는 소방대상물로서 행정안전부령으로 정하는 것을 말한다.
② 전력용의 전선배관을 집합수용하기 위하여 설치한 지하인공구조물로서 사람이 점검 또는 보수를 하기 위하여 폭 1.5m, 높이 1.8m, 길이 300m인 것은 지하구에 해당한다.
③ 하나의 건축물이 근린생활시설, 판매시설, 업무시설, 숙박시설 또는 위락시설의 용도와 주택의 용도로 함께 사용되는 것은 복합건축물에 해당한다.
④ 다중이용업 중 고시원업의 시설로서 독립된 주거의 형태를 갖추지 않은 것으로서 같은 건축물에 해당 용도로 쓰는 바닥면적의 합계가 450㎡인 고시원은 숙박시설에 해당한다.

TIP

① 특정소방대상물이란 소방시설을 설치하여야 하는 소방대상물로서 <u>대통령령</u>으로 정하는 것을 말한다(법 제2조 제3호).
② 지하구(시행령 별표2)
  ㉠ 전력·통신용의 전선이나 가스·냉난방용의 배관 또는 이와 비슷한 것을 집합수용하기 위하여 설치한 지하 인공구조물로서 사람이 점검 또는 보수를 하기 위하여 출입이 가능한 것 중 <u>폭 1.8m 이상이고 높이가 2m 이상이며 길이가 50m 이상(전력 또는 통신사업용인 것은 500m 이상)인 것</u>
  ㉡ 「국토의 계획 및 이용에 관한 법률」에 따른 공동구
④ 바닥면적의 합계가 <u>500㎡ 미만</u>인 고시원은 '근린생활시설'에 해당한다. 근린생활시설에 해당하지 않는 고시원은 '숙박시설'이다(시행령 별표2 참조).

‹ 정답 ③

차. 사진관, 표구점, 학원(같은 건축물에 해당 용도로 쓰는 바닥면적의 합계가 500㎡ 미만인 것만 해당하며, 자동차학원 및 무도학원은 제외), 독서실, 고시원(「다중이용업소의 안전관리에 관한 특별법」에 따른 다중이용업 중 고시원업의 시설로서 독립된 주거의 형태를 갖추지 않은 것으로서 같은 건축물에 해당 용도로 쓰는 바닥면적의 합계가 500㎡ 미만인 것을 말한다), 장의사, 동물병원, 총포판매사, 그 밖에 이와 비슷한 것 ✿ **2020 기출**
카. 의약품 판매소, 의료기기 판매소 및 자동차영업소로서 같은 건축물에 해당 용도로 쓰는 바닥면적의 합계가 1천㎡ 미만인 것

3. 문화 및 집회시설
가. 공연장으로서 근린생활시설에 해당하지 않는 것
나. 집회장 : 예식장, 공회당, 회의장, 마권(馬券) 장외 발매소, 마권 전화투표소, 그 밖에 이와 비슷한 것으로서 근린생활시설에 해당하지 않는 것
다. 관람장 : 경마장, 경륜장, 경정장, 자동차 경기장, 그 밖에 이와 비슷한 것과 체육관 및 운동장으로서 관람석의 바닥면적의 합계가 1천㎡ 이상인 것
라. 전시장 : 박물관, 미술관, 과학관, 문화관, 체험관, 기념관, 산업전시장, 박람회장, 견본주택, 그 밖에 이와 비슷한 것
마. 동·식물원 : 동물원, 식물원, 수족관, 그 밖에 이와 비슷한 것

4. 종교시설
가. 종교집회장으로서 근린생활시설에 해당하지 않는 것
나. 가목의 종교집회장에 설치하는 봉안당(奉安堂)

5. 판매시설
가. 도매시장 : 「농수산물 유통 및 가격안정에 관한 법률」에 따른 농수산물도매시장, 농수산물공판장, 그 밖에 이와 비슷한 것(그 안에 있는 근린생활시설을 포함한다)
나. 소매시장 : 시장, 「유통산업발전법」에 따른 대규모 점포, 그 밖에 이와 비슷한 것(그 안에 있는 근린생활시설을 포함한다)
다. 전통시장 : 「전통시장 및 상점가 육성을 위한 특별법」에 따른 전통시장(그 안에 있는 근린생활시설을 포함하며, 노점형 시장은 제외한다)
라. 상점 : 다음의 어느 하나에 해당하는 것(그 안에 있는 근린생활시설을 포함한다)
  1) 제2호 가목에 해당하는 용도로서 같은 건축물에 해당 용도로 쓰는 바닥면적 합계가 1천㎡ 이상인 것
  2) 제2호 자목에 해당하는 용도로서 같은 건축물에 해당 용도로 쓰는 바닥면적 합계가 500㎡ 이상인 것

6. 운수시설
가. 여객자동차터미널
나. 철도 및 도시철도 시설(정비창 등 관련 시설을 포함한다)
다. 공항시설(항공관제탑을 포함한다)
라. 항만시설 및 종합여객시설

7. 의료시설
가. 병원 : 종합병원, 병원, 치과병원, 한방병원, 요양병원
나. 격리병원 : 전염병원, 마약진료소, 그 밖에 이와 비슷한 것
다. 정신의료기관
라. 「장애인복지법」에 따른 장애인 의료재활시설

8. 교육연구시설

　가. 학교

　　1) 초등학교, 중학교, 고등학교, 특수학교, 그 밖에 이에 준하는 학교:「학교시설사업 촉진법」의 교사(校舍)(교실·도서실 등 교수·학습활동에 직접 또는 간접적으로 필요한 시설물을 말하되, 병설유치원으로 사용되는 부분은 제외한다. 이하 같다), 체육관, 「학교급식법」에 따른 급식시설, 합숙소(학교의 운동부, 기능선수 등이 집단으로 숙식하는 장소를 말한다.)

　　2) 대학, 대학교, 그 밖에 이에 준하는 각종 학교 : 교사 및 합숙소

　나. 교육원(연수원, 그 밖에 이와 비슷한 것을 포함한다)

　다. 직업훈련소

　라. 학원(근린생활시설에 해당하는 것과 자동차 운전학원·정비학원 및 무도학원은 제외한다)

　마. 연구소(연구소에 준하는 시험소와 계량계측소를 포함한다)

　바. 도서관

9. 노유자시설

　가. 노인 관련 시설:「노인복지법」에 따른 노인주거복지시설, 노인의료복지시설, 노인여가복지시설, 주·야간보호서비스나 단기보호서비스를 제공하는 재가노인복지시설(「노인장기요양보험법」에 따른 재가장기요양기관을 포함한다), 노인보호전문기관, 노인일자리지원기관, 학대피해노인 전용쉼터, 그 밖에 이와 비슷한 것

　나. 아동 관련 시설:「아동복지법」에 따른 아동복지시설, 「영유아보육법」에 따른 어린이집, 「유아교육법」에 따른 유치원(학교의 교사 중 병설유치원으로 사용되는 부분을 포함한다), 그 밖에 이와 비슷한 것

　다. 장애인 관련 시설:「장애인복지법」에 따른 장애인 거주시설, 장애인 지역사회재활시설(장애인 심부름센터, 한국수어통역센터, 점자도서 및 녹음서 출판시설 등 장애인이 직접 그 시설 자체를 이용하는 것을 주된 목적으로 하지 않는 시설은 제외한다), 장애인 직업재활시설, 그 밖에 이와 비슷한 것

　라. 정신질환자 관련 시설:「정신건강증진 및 정신질환자 복지서비스 지원에 관한 법률」에 따른 정신재활시설(생산품판매시설은 제외한다), 정신요양시설, 그 밖에 이와 비슷한 것

　마. 노숙인 관련 시설:「노숙인 등의 복지 및 자립지원에 관한 법률」에 따른 노숙인복지시설(노숙인일시보호시설, 노숙인자활시설, 노숙인재활시설, 노숙인요양시설 및 쪽방상담소만 해당한다), 노숙인종합지원센터 및 그 밖에 이와 비슷한 것

　바. 가목부터 마목까지에서 규정한 것 외에 「사회복지사업법」에 따른 사회복지시설 중 결핵환자 또는 한센인 요양시설 등 다른 용도로 분류되지 않는 것

10. 수련시설 ✿ 2018 기출

　가. 생활권 수련시설:「청소년활동 진흥법」에 따른 청소년수련관, 청소년문화의집, 청소년특화시설, 그 밖에 이와 비슷한 것

　나. 자연권 수련시설:「청소년활동 진흥법」에 따른 청소년수련원, 청소년야영장, 그 밖에 이와 비슷한 것

　다. 「청소년활동 진흥법」에 따른 유스호스텔

11. 운동시설

　가. 탁구장, 체육도장, 테니스장, 체력단련장, 에어로빅장, 볼링장, 당구장, 실내낚시터, 골프연습장, 물놀이형 시설, 그 밖에 이와 비슷한 것으로서 근린생활시설에 해당하지 않는 것

기출 2018. 10. 13. 소방공무원

「화재예방, 소방시설 설치·유지 및 안전관리에 관한 법률 시행령」상 특정소방대상물의 분류로 옳지 않은 것은?

① 근린생활시설 – 한의원, 치과의원

② 문화 및 집회시설 – 동물원, 식물원

③ 항공기 및 자동차 관련시설 – 항공기 격납고

④ 숙박시설 –「청소년활동 진흥법」에 따른 유스호스텔

「청소년활동 진흥법」에 따른 유스호스텔은 수련시설에 해당한다.

❮정답 ④

　나. 체육관으로서 관람석이 없거나 관람석의 바닥면적이 1천㎡ 미만인 것
　다. 운동장: 육상장, 구기장, 볼링장, 수영장, 스케이트장, 롤러스케이트장, 승마장, 사격장, 궁도장, 골프장 등과 이에 딸린 건축물로서 관람석이 없거나 관람석의 바닥면적이 1천㎡ 미만인 것

12. 업무시설
　가. 공공업무시설: 국가 또는 지방자치단체의 청사와 외국공관의 건축물로서 근린생활시설에 해당하지 않는 것
　나. 일반업무시설: 금융업소, 사무소, 신문사, 오피스텔(업무를 주로 하며, 분양하거나 임대하는 구획 중 일부의 구획에서 숙식을 할 수 있도록 한 건축물로서 국토교통부장관이 고시하는 기준에 적합한 것을 말한다), 그 밖에 이와 비슷한 것으로서 근린생활시설에 해당하지 않는 것
　다. 주민자치센터(동사무소), 경찰서, 지구대, 파출소, 소방서, 119안전센터, 우체국, 보건소, 공공도서관, 국민건강보험공단, 그 밖에 이와 비슷한 용도로 사용하는 것
　라. 마을회관, 마을공동작업소, 마을공동구판장, 그 밖에 이와 유사한 용도로 사용되는 것
　마. 변전소, 양수장, 정수장, 대피소, 공중화장실, 그 밖에 이와 유사한 용도로 사용되는 것

13. 숙박시설
　가. 일반형 숙박시설: 「공중위생관리법 시행령」 제4조 제1호 가목에 따른 숙박업의 시설
　나. 생활형 숙박시설: 「공중위생관리법 시행령」 제4조 제1호 나목에 따른 숙박업의 시설
　다. 고시원(근린생활시설에 해당하지 않는 것을 말한다)
　라. 그 밖에 가목부터 다목까지의 시설과 비슷한 것

14. 위락시설
　가. 단란주점으로서 근린생활시설에 해당하지 않는 것
　나. 유흥주점, 그 밖에 이와 비슷한 것
　다. 「관광진흥법」에 따른 유원시설업(遊園施設業)의 시설, 그 밖에 이와 비슷한 시설(근린생활시설에 해당하는 것은 제외한다)
　라. 무도장 및 무도학원
　마. 카지노영업소

15. 공장
　물품의 제조·가공[세탁·염색·도장(塗裝)·표백·재봉·건조·인쇄 등을 포함한다] 또는 수리에 계속적으로 이용되는 건축물로서 근린생활시설, 위험물 저장 및 처리 시설, 항공기 및 자동차 관련 시설, 분뇨 및 쓰레기 처리시설, 묘지 관련 시설 등으로 따로 분류되지 않는 것

16. 창고시설(위험물 저장 및 처리 시설 또는 그 부속용도에 해당하는 것은 제외한다)
　가. 창고(물품저장시설로서 냉장·냉동 창고를 포함한다)
　나. 하역장
　다. 「물류시설의 개발 및 운영에 관한 법률」에 따른 물류터미널
　라. 「유통산업발전법」에 따른 집배송시설

17. 위험물 저장 및 처리 시설
　가. 위험물 제조소 등

나. 가스시설 : 산소 또는 가연성 가스를 제조·저장 또는 취급하는 시설 중 지상에 노출된 산소 또는 가연성 가스 탱크의 저장용량의 합계가 100톤 이상이거나 저장용량이 30톤 이상인 탱크가 있는 가스시설로서 다음의 어느 하나에 해당하는 것

  1) 가스 제조시설

    ① 「고압가스 안전관리법」에 따른 고압가스의 제조허가를 받아야 하는 시설

    ② 「도시가스사업법」에 따른 도시가스사업허가를 받아야 하는 시설

  2) 가스 저장시설

    ① 「고압가스 안전관리법」에 따른 고압가스 저장소의 설치허가를 받아야 하는 시설

    ② 「액화석유가스의 안전관리 및 사업법」에 따른 액화석유가스 저장소의 설치허가를 받아야 하는 시설

  3) 가스 취급시설

    「액화석유가스의 안전관리 및 사업법」에 따른 액화석유가스 충전사업 또는 액화석유가스 집단공급사업의 허가를 받아야 하는 시설

18. **항공기 및 자동차 관련 시설**(건설기계 관련 시설을 포함한다)

가. 항공기 격납고 ✿ 2018기출

나. 차고, 주차용 건축물, 철골 조립식 주차시설(바닥면이 조립식이 아닌 것을 포함한다) 및 기계장치에 의한 주차시설

다. 세차장

라. 폐차장

마. 자동차 검사장

바. 자동차 매매장

사. 자동차 정비공장

아. 운전학원·정비학원

자. 다음의 건축물을 제외한 건축물의 내부(「건축물 시행령」에 따른 필로티와 건축물 지하를 포함)에 설치된 주차장

  • 「건축법 시행령」에 따른 단독주택

  • 「건축법 시행령」에 따른 공동주택 중 50세대 미만인 연립주택 또는 50세대 미만인 다세대주택

차. 「여객자동차 운수사업법」, 「화물자동차 운수사업법」 및 「건설기계관리법」에 따른 차고 및 주기장

19. **동물 및 식물 관련 시설**

가. 축사[부화장(孵化場)을 포함한다]

나. 가축시설 : 가축용 운동시설, 인공수정센터, 관리사(管理舍), 가축용 창고, 가축시장, 동물검역소, 실험동물 사육시설, 그 밖에 이와 비슷한 것

다. 도축장

라. 도계장

마. 작물 재배사(栽培舍)

바. 종묘배양시설

사. 화초 및 분재 등의 온실

아. 식물과 관련된 마목부터 사목까지의 시설과 비슷한 것(동·식물원은 제외한다)

20. **자원순환 관련 시설**

가. 하수 등 처리시설

나. 고물상

다. 폐기물재활용시설

라. 폐기물처분시설

마. 폐기물감량화시설

21. 교정 및 군사시설
    가. 보호감호소, 교도소, 구치소 및 그 지소
    나. 보호관찰소, 갱생보호시설, 그 밖에 범죄자의 갱생 · 보호 · 교육 · 보건 등의 용도로 쓰는 시설
    다. 치료감호시설
    라. 소년원 및 소년분류심사원
    마. 「출입국관리법」에 따른 보호시설
    바. 「경찰관 직무집행법」에 따른 유치장
    사. 국방 · 군사시설(「국방 · 군사시설 사업에 관한 법률」 제2조 제1호 가목부터 마목까지의 시설을 말한다)

22. 방송통신시설
    가. 방송국(방송프로그램 제작시설 및 송신 · 수신 · 중계시설을 포함한다)
    나. 전신전화국
    다. 촬영소
    라. 통신용 시설
    마. 그 밖에 가목부터 라목까지의 시설과 비슷한 것

23. 발전시설
    가. 원자력발전소
    나. 화력발전소
    다. 수력발전소(조력발전소를 포함한다)
    라. 풍력발전소
    마. 그 밖에 가목부터 라목까지의 시설과 비슷한 것(집단에너지 공급시설을 포함한다)

24. 묘지 관련 시설
    가. 화장시설
    나. 봉안당(제4호 나목의 봉안당은 제외)
    다. 묘지와 자연장지에 부수되는 건축물
    라. 동물화장시설, 동물건조장(乾燥葬)시설 및 동물 전용의 납골시설

25. 관광 휴게시설
    가. 야외음악당
    나. 야외극장
    다. 어린이회관
    라. 관망탑
    마. 휴게소
    바. 공원 · 유원지 또는 관광지에 부수되는 건축물

26. 장례시설
    가. 장례식장[의료시설의 부수시설(「의료법」 제36조 제1호에 따른 의료기관의 종류에 따른 시설)은 제외]
    나. 동물 전용의 장례식장

27. 지하가
    지하의 인공구조물 안에 설치되어 있는 상점, 사무실, 그 밖에 이와 비슷한 시설이 연속하여 지하도에 면하여 설치된 것과 그 지하도를 합한 것
    가. 지하상가
    나. 터널 : 차량(궤도차량용은 제외) 등의 통행을 목적으로 지하, 해저 또는 산을 뚫어서 만든 것

28. 지하구 ✿ 2020 기출 2019 기출
　가. 전력·통신용의 전선이나 가스·냉난방용의 배관 또는 이와 비슷한 것을 집합수
　　용하기 위하여 설치한 지하 인공구조물로서 사람이 점검 또는 보수를 하기 위하
　　여 출입이 가능한 것 중 다음의 하나에 해당하는 것
　　1) 전력 또는 통신사업용 지하 인공구조물로서 전력구(케이블 접속부가 없는 경
　　　우에는 제외한다) 또는 통신구 방식으로 설치된 것
　　2) 1)외의 지하 인공구조물로서 폭이 1.8미터 이상이고 높이가 2미터 이상이며
　　　길이가 50미터 이상인 것
　나. 「국토의 계획 및 이용에 관한 법률」에 따른 공동구

29. 문화재
　「문화재보호법」에 따라 문화재로 지정된 건축물

30. 복합건축물
　가. 하나의 건축물이 제1호부터 제27호까지의 것 중 둘 이상의 용도로 사용되는 것.
　　다만, 다음의 어느 하나에 해당하는 경우에는 복합건축물로 보지 않는다.
　　1) 관계 법령에서 주된 용도의 부수시설로서 그 설치를 의무화하고 있는 용도
　　　또는 시설
　　2) 「주택법」에 따라 주택 안에 부대시설 또는 복리시설이 설치되는 특정소방대
　　　상물
　　3) 건축물의 주된 용도의 기능에 필수적인 용도로서 다음의 어느 하나에 해당하
　　　는 용도
　　　① 건축물의 설비, 대피 또는 위생을 위한 용도, 그 밖에 이와 비슷한 용도
　　　② 사무, 작업, 집회, 물품저장 또는 주차를 위한 용도, 그 밖에 이와 비슷한
　　　　용도
　　　③ 구내 식당, 구내 세탁소, 구내 운동시설 등 종업원후생복리시설(기숙사는
　　　　제외한다) 또는 구내 소각시설의 용도, 그 밖에 이와 비슷한 용도
　나. 하나의 건축물이 근린생활시설, 판매시설, 업무시설, 숙박시설 또는 위락시설의
　　용도와 주택의 용도로 함께 사용되는 것 ✿ 2020 기출

※ 비고
1. 내화구조로 된 하나의 특정소방대상물이 개구부(건축물에서 채광·환기·통풍·출
　입 등을 위하여 만든 창이나 출입구를 말한다)가 없는 내화구조의 바닥과 벽으로
　구획되어 있는 경우에는 그 구획된 부분을 각각 별개의 특정소방대상물로 본다.
2. 둘 이상의 특정소방대상물이 다음 각 목의 어느 하나에 해당되는 구조의 복도 또는
　통로(이하 이 표에서 "연결통로"라 한다)로 연결된 경우에는 이를 하나의 소방대상
　물로 본다.
　가. 내화구조로 된 연결통로가 다음의 어느 하나에 해당되는 경우 ✿ 2021 기출
　　1) 벽이 없는 구조로서 그 길이가 6m 이하인 경우
　　2) 벽이 있는 구조로서 그 길이가 10m 이하인 경우. 다만, 벽 높이가 바닥에서 천
　　　장까지의 높이의 2분의 1 이상인 경우에는 벽이 있는 구조로 보고, 벽 높이가
　　　바닥에서 천장까지의 높이의 2분의 1 미만인 경우에는 벽이 없는 구조로 본다.
　나. 내화구조가 아닌 연결통로로 연결된 경우
　다. 컨베이어로 연결되거나 플랜트설비의 배관 등으로 연결되어 있는 경우
　라. 지하보도, 지하상가, 지하가로 연결된 경우
　마. 방화셔터 또는 갑종 방화문이 설치되지 않은 피트로 연결된 경우

기출PLUS

기출 2019. 4. 6. 소방공무원

「화재예방, 소방시설 설치·유지
및 안전관리에 관한 법률 시행령」상
특정소방대상물 중 지하구에 관한
설명이다. (　　) 안의 내용으로 옳
은 것은?

┌ 보기 ─────────
• 전력·통신용의 전선이나 가
　스·냉난방용의 배관 또는 이
　와 비슷한 것을 집합수용하기
　위하여 설치한 지하 인공구조
　물로서 사람이 점검 또는 보수
　를 하기 위하여 출입이 가능한
　것 중 폭 ___(가)___ 이상이고 높
　이가 ___(나)___ 이상이며 길이가
　___(다)___ 이상(전력 또는 통신사업
　용인 것은 ___(라)___ 이상인 것
• 「국토의 계획 및 이용에 관한 법
　률」 제2조 제9호에 따른 ___(마)___

　(가)　(나)　(다)　(라)　(마)
① 1.5m, 2m, 50m, 500m, 공동구
② 1.5m, 1.8m, 30m, 300m, 지하가
③ 1.8m, 2m, 50m, 500m, 공동구
④ 1.8m, 1.8m, 50m, 500m, 지하가

📢TIP

시행령 별표2 '지하구' 참조

◀정답 ③

기출PLUS

바. 지하구로 연결된 경우

3. 제2호에도 불구하고 연결통로 또는 지하구와 소방대상물의 양쪽에 다음의 어느 하나에 적합한 경우에는 각각 별개의 소방대상물로 본다.

　가. 화재 시 경보설비 또는 자동소화설비의 작동과 연동하여 자동으로 닫히는 방화셔터 또는 갑종 방화문이 설치된 경우

　나. 화재 시 자동으로 방수되는 방식의 드렌처설비 또는 개방형 스프링클러헤드가 설치된 경우

4. 특정소방대상물의 지하층이 지하가와 연결되어 있는 경우 해당 지하층의 부분을 지하가로 본다. 다만, 다음 지하가와 연결되는 지하층에 지하층 또는 지하가에 설치된 방화문이 자동폐쇄장치·자동화재탐지설비 또는 자동소화설비와 연동하여 닫히는 구조이거나 그 윗부분에 드렌처설비가 설치된 경우에는 지하가로 보지 않는다.

시행령 별표1 제1호 가목, 나목 및 마목

가. 소화기구
　1) 소화기
　2) 간이소화용구 : 에어로졸식 소화용구, 투척용 소화용구 및 소화약제 외의 것을 이용한 간이소화용구
　3) 자동확산소화기

나. 자동소화장치
　1) 주거용 주방자동소화장치
　2) 상업용 주방자동소화장치
　3) 캐비닛형 자동소화장치
　4) 가스 자동소화장치
　5) 분말 자동소화장치
　6) 고체에어로졸 자동소화장치

마. 물분무 등 소화설비
　1) 물 분무 소화설비
　2) 미분무소화설비
　3) 포소화설비
　4) 이산화탄소소화설비
　5) 할론소화설비
　6) 할로겐화합물 및 불활성기체 소화설비
　7) 분말소화설비
　8) 강화액소화설비
　9) 고체에어로졸소화설비

표3 〈대통령령에 의해 정의되는 소방용품〉

1. 소화설비를 구성하는 제품 또는 기기
　가. 별표1 제1호 가목의 소화기구(소화약제 외의 것을 이용한 간이소화용구는 제외)
　나. 별표1 제1호 나목의 자동소화장치
　다. 소화설비를 구성하는 소화전, 관창(菅槍), 소방호스, 스프링클러헤드, 기동용 수압개폐장치, 유수제어밸브 및 가스관선택밸브

2. 경보설비를 구성하는 제품 또는 기기
　가. 누전경보기 및 가스누설경보기
　나. 경보설비를 구성하는 발신기, 수신기, 중계기, 감지기 및 음향장치(경종만 해당한다)

3. 피난구조설비를 구성하는 제품 또는 기기
　가. 피난사다리, 구조대, 완강기(간이 완강기 및 지지대를 포함한다)
　나. 공기호흡기(충전기를 포함한다)
　다. 피난구 유도등, 통로 유도등, 객석 유도등 및 예비 전원이 내장된 비상조명등

4. 소화용으로 사용하는 제품 또는 기기
　가. 소화약제(별표1 제1호 나목 2)와 3)의 자동소화장치와 같은 호 마목 3)부터 8)까지의 소화설비용만 해당)
　나. 방염제(방염액·방염도료 및 방염성 물질을 말한다)

5. 그 밖에 행정안전부령으로 정하는 소방 관련 제품 또는 기기

(3) 국가 및 지방자치단체의 책무〈법 제2조의2〉

① 국가는 화재로부터 국민의 생명과 재산을 보호할 수 있도록 종합적인 화재안전정책을 수립·시행하여야 한다.

② 지방자치단체는 국가의 화재안전정책에 맞추어 지역의 실정에 부합하는 화재안전정책을 수립·시행하여야 한다.

③ 국가와 지방자치단체가 화재안전정책을 수립·시행할 때에는 과학적 합리성, 일관성, 사전 예방의 원칙이 유지되도록 하되, 국민의 생명·신체 및 재산보호를 최우선적으로 고려하여야 한다.

(4) 화재안전정책기본계획 등의 수립·시행〈법 제2조의3〉

① 국가는 화재안전 기반 확충을 위하여 화재안전정책에 관한 기본계획(이하 "기본계획"이라 한다)을 5년마다 수립·시행하여야 한다.

② 기본계획은 대통령령으로 정하는 바에 따라 소방청장이 관계 중앙행정기관의 장과 협의하여 수립한다.

> **POINT** 화재안전정책기본계획의 협의 및 수립〈시행령 제6조의2〉
> 소방청장은 법 제2조의3에 따른 화재안전정책에 관한 기본계획을 계획 시행 전년도 8월 31일까지 관계 중앙행정기관의 장과 협의를 마친 후 계획 시행 전년도 9월 30일까지 수립하여야 한다.

③ 기본계획에는 다음의 사항이 포함되어야 한다.

　㉠ 화재안전정책의 기본목표 및 추진방향

　㉡ 화재안전을 위한 법령·제도의 마련 등 기반 조성에 관한 사항

　㉢ 화재예방을 위한 대국민 홍보·교육에 관한 사항

　㉣ 화재안전 관련 기술의 개발·보급에 관한 사항

　㉤ 화재안전분야 전문인력의 육성·지원 및 관리에 관한 사항

　㉥ 화재안전분야 국제경쟁력 향상에 관한 사항

　㉦ 그 밖에 대통령령으로 정하는 화재안전 개선에 필요한 사항

> **POINT** 기본계획의 내용〈시행령 제6조의3〉
> 대통령령으로 정하는 화재안전 개선에 필요한 사항이란 다음 각 호의 사항을 말한다.
> ① 화재현황, 화재발생 및 화재안전정책의 여건 변화에 관한 사항
> ② 소방시설의 설치·유지 및 화재안전기준의 개선에 관한 사항

④ 소방청장은 기본계획을 시행하기 위하여 매년 시행계획을 수립·시행하여야 한다.

⑤ 소방청장은 수립된 기본계획 및 시행계획을 관계 중앙행정기관의 장, 특별시장·광역시장·특별자치시장·도지사·특별자치도지사(이하 이 조에서 "시·도지사"라 한다)에게 통보한다.

⑥ 기본계획과 시행계획을 통보받은 관계 중앙행정기관의 장 또는 시·도지사는 소관 사무의 특성을 반영한 세부 시행계획을 수립하여 시행하여야 하고, 시행결과를 소 방청장에게 통보하여야 한다.

⑦ 소방청장은 기본계획 및 시행계획을 수립하기 위하여 필요한 경우에는 관계 중앙행 정기관의 장 또는 시·도지사에게 관련 자료의 제출을 요청할 수 있다. 이 경우 자 료제출을 요청받은 관계 중앙행정기관의 장 또는 시·도지사는 특별한 사유가 없으 면 이에 따라야 한다.

⑧ 기본계획, 시행계획 및 세부시행계획 등의 수립·시행에 관하여 필요한 사항은 대통 령령으로 정한다.

> **POINT** 화재안전정책시행계획의 수립·시행〈시행령 제6조의4〉
> ① 소방청장은 기본계획을 시행하기 위한 시행계획(이하 "시행계획"이라 한다)을 계획 시행 전년도 10월 31일까지 수립하여야 한다.
> ② 시행계획에는 다음의 사항이 포함되어야 한다.
> ㉠ 기본계획의 시행을 위하여 필요한 사항
> ㉡ 그 밖에 화재안전과 관련하여 소방청장이 필요하다고 인정하는 사항

> **POINT** 화재안전정책 세부시행계획의 수립·시행〈시행령 제6조의5〉
> ① 관계 중앙행정기관의 장 또는 특별시장·광역시장·특별자치시장·도지사·특별자 치도지사(이하 "시·도지사"라 한다)는 세부 시행계획(이하 "세부시행계획"이라 한 다)을 계획 시행 전년도 12월 31일까지 수립하여야 한다.
> ② 세부시행계획에는 다음의 사항이 포함되어야 한다.
> ㉠ 기본계획 및 시행계획에 대한 관계 중앙행정기관 또는 특별시·광역시·특별자 치시·도·특별자치도(이하 "시·도"라 한다)의 세부 집행계획
> ㉡ 그 밖에 화재안전과 관련하여 관계 중앙행정기관의 장 또는 시·도지사가 필요 하다고 결정한 사항

(5) 다른 법률과의 관계〈법 제3조〉

특정소방대상물 가운데 「위험물안전관리법」에 의한 위험물 제조소 등의 안전관리와 위험물 제조소 등에 설치하는 소방시설 등의 설치기준에 관하여는 「위험물안전관리법」 에서 정하는 바에 따른다.

section 2 소방특별조사 등

(1) 소방특별조사〈법 제4조〉

① 소방청장, 소방본부장 또는 소방서장은 관할구역에 있는 소방대상물, 관계 지역 또는 관계인에 대하여 소방시설 등이 이 법 또는 소방 관계 법령에 적합하게 설치·유지·관리되고 있는지, 소방대상물에 화재, 재난·재해 등의 발생 위험이 있는지 등을 확인하기 위하여 관계 공무원으로 하여금 소방안전관리에 관한 특별조사(이하 "소방특별조사"라 한다)를 하게 할 수 있다. 다만, 개인의 주거에 대하여는 관계인의 승낙이 있거나 화재발생의 우려가 뚜렷하여 긴급한 필요가 있는 때에 한정한다.

② 소방특별조사는 다음의 어느 하나에 해당하는 경우에 실시한다.

ⓐ 관계인이 이 법 또는 다른 법령에 따라 실시하는 소방시설등, 방화시설, 피난시설 등에 대한 자체점검 등이 불성실하거나 불완전하다고 인정되는 경우

ⓑ 「소방기본법」에 따른 화재경계지구에 대한 소방특별조사 등 다른 법률에서 소방특별조사를 실시하도록 한 경우

ⓒ 국가적 행사 등 주요 행사가 개최되는 장소 및 그 주변의 관계 지역에 대하여 소방안전관리 실태를 점검할 필요가 있는 경우

ⓓ 화재가 자주 발생하였거나 발생할 우려가 뚜렷한 곳에 대한 점검이 필요한 경우

ⓔ 재난예측정보, 기상예보 등을 분석한 결과 소방대상물에 화재, 재난·재해의 발생 위험이 높다고 판단되는 경우

ⓕ ⓐ부터 ⓔ까지에서 규정한 경우 외에 화재, 재난·재해, 그 밖의 긴급한 상황이 발생할 경우 인명 또는 재산 피해의 우려가 현저하다고 판단되는 경우

③ 소방청장, 소방본부장 또는 소방서장은 객관적이고 공정한 기준에 따라 소방특별조사의 대상을 선정하여야 하며, 소방본부장은 소방특별조사의 대상을 객관적이고 공정하게 선정하기 위하여 필요하면 소방특별조사위원회를 구성하여 소방특별조사의 대상을 선정할 수 있다. ✿ 2018 기출

④ 소방청장은 소방특별조사를 할 때 필요하면 대통령령으로 정하는 바에 따라 중앙소방특별조사단을 편성하여 운영할 수 있다.*

⑤ 소방청장은 중앙소방특별조사단의 업무수행을 위하여 필요하다고 인정하는 경우 관계 기관의 장에게 그 소속 공무원 또는 직원의 파견을 요청할 수 있다. 이 경우 공무원 또는 직원의 파견요청을 받은 관계 기관의 장은 특별한 사유가 없으면 이에 협조하여야 한다.

⑥ 소방청장, 소방본부장 또는 소방서장은 소방특별조사를 실시하는 경우 다른 목적을 위하여 조사권을 남용하여서는 아니 된다.

기출PLUS

⑦ 소방특별조사의 세부 항목, 소방특별조사위원회의 구성 · 운영에 필요한 사항은 대통령령으로 정한다. 이 경우 소방특별조사의 세부 항목에는 소방시설 등의 관리 상황 및 소방대상물의 화재 등의 발생 위험과 관련된 사항이 포함되어야 한다.

POINT 소방특별조사의 항목 〈시행령 제7조〉

소방특별조사는 다음 각 호의 세부 항목에 대하여 실시한다. 다만, 소방특별조사의 목적을 달성하기 위하여 필요한 경우에는 소방시설, 피난시설 · 방화구획 · 방화시설 및 임시소방시설의 설치 · 유지 및 관리에 관한 사항을 조사할 수 있다.

① 법 제20조(특정소방대상물의 소방안전관리) 및 제24조(공공기관의 소방안전관리)에 따른 소방안전관리 업무 수행에 관한 사항
② 법 제20조(특정소방대상물의 소방안전관리) 제6항 제1호에 따라 작성한 소방계획서의 이행에 관한 사항
③ 법 제25조(소방시설등의 자체점검 등) 제1항에 따른 자체점검 및 정기적 점검 등에 관한 사항
④ 「소방기본법」에 따른 화재의 예방조치 등에 관한 사항
⑤ 「소방기본법」에 따른 불을 사용하는 설비 등의 관리와 특수가연물의 저장 · 취급에 관한 사항
⑥ 「다중이용업소의 안전관리에 관한 특별법」 제8조부터 제13조까지의 규정에 따른 안전관리에 관한 사항[*]
⑦ 「위험물안전관리법」 제5조(위험물의 저장 및 취급의 제한) · 제6조(위험물시설의 설치 및 변경 등) · 제14조(위험물시설의 유지 · 관리) · 제15조(위험물안전관리자) 및 제18조(정기점검 및 정기검사)에 따른 안전관리에 관한 사항

TIP
「다중이용업소의 안전관리에 관한 특별법」
• 제8조(소방안전교육)
• 제9조(다중이용업소의 안전관리기준 등)
• 제10조(다중이용업의 실내장식물)
• 제11조(피난시설, 방화구획 및 방화시설의 유지 · 관리)
• 제12조(피난안내도의 비치 또는 피난안내 영상물의 상영)
• 제13조(다중이용업주의 안전시설등에 대한 정기점검 등)

(2) 소방특별조사에의 전문가 참여〈법 제4조의2〉

① 소방청장, 소방본부장 또는 소방서장은 필요하면 소방기술사, 소방시설관리사, 그 밖에 소방 · 방재 분야에 관한 전문지식을 갖춘 사람을 소방특별조사에 참여하게 할 수 있다.
② 조사에 참여하는 외부 전문가에게는 예산의 범위에서 수당, 여비, 그 밖에 필요한 경비를 지급할 수 있다

(3) 소방특별조사의 방법 · 절차 등〈법 제4조의3〉

① 소방청장, 소방본부장 또는 소방서장은 소방특별조사를 하려면 7일 전에 관계인에게 조사대상, 조사기간 및 조사사유 등을 서면으로 알려야 한다. 다만, 다음의 어느 하나에 해당하는 경우에는 그러하지 아니하다.
  ㉠ 화재, 재난 · 재해가 발생할 우려가 뚜렷하여 긴급하게 조사할 필요가 있는 경우
  ㉡ 소방특별조사의 실시를 사전에 통지하면 조사목적을 달성할 수 없다고 인정되는 경우
② 소방특별조사는 관계인의 승낙 없이 해가 뜨기 전이나 해가 진 뒤에 할 수 없다. 다만, ①의 어느 하나에 해당하는 경우에는 그러하지 아니하다.

③ 통지를 받은 관계인은 천재지변이나 그 밖에 대통령령으로 정하는 사유로 소방특별조사를 받기 곤란한 경우에는 소방특별조사를 통지한 소방청장, 소방본부장 또는 소방서장에게 대통령령으로 정하는 바에 따라 소방특별조사를 연기하여 줄 것을 신청할 수 있다.

> **POINT** 소방특별조사의 연기〈시행령 제8조〉
>
> ① 소방특별조사의 연기 사유
>   ㉠ 태풍, 홍수 등 재난(「재난 및 안전관리 기본법」에 해당하는 재난을 말한다)이 발생하여 소방대상물을 관리하기가 매우 어려운 경우
>   ㉡ 관계인이 질병, 장기출장 등으로 소방특별조사에 참여할 수 없는 경우
>   ㉢ 권한 있는 기관에 자체점검기록부, 교육·훈련일지 등 소방특별조사에 필요한 장부·서류 등이 압수되거나 영치(領置)되어 있는 경우
> ② 소방특별조사의 연기를 신청하려는 관계인은 행정안전부령으로 정하는 연기신청서에 연기의 사유 및 기간 등을 적어 소방청장, 소방본부장 또는 소방서장에게 제출하여야 한다.
> ③ 소방청장, 소방본부장 또는 소방서장은 소방특별조사의 연기를 승인한 경우라도 연기기간이 끝나기 전에 연기사유가 없어졌거나 긴급히 조사를 하여야 할 사유가 발생하였을 때에는 관계인에게 통보하고 소방특별조사를 할 수 있다.

④ 연기신청을 받은 소방청장, 소방본부장 또는 소방서장은 연기신청 승인 여부를 결정하고 그 결과를 조사 개시 전까지 관계인에게 알려주어야 한다.

⑤ 소방청장, 소방본부장 또는 소방서장은 소방특별조사를 마친 때에는 그 조사결과를 관계인에게 서면으로 통지하여야 한다.

⑥ 규정한 사항 외에 소방특별조사의 방법 및 절차에 필요한 사항은 대통령령으로 정한다.

(4) 증표의 제시 및 비밀유지 의무 등〈법 제4조의4〉

① 소방특별조사 업무를 수행하는 관계 공무원 및 관계 전문가는 그 권한 또는 자격을 표시하는 증표를 지니고 이를 관계인에게 내보여야 한다.

② 소방특별조사 업무를 수행하는 관계 공무원 및 관계 전문가는 관계인의 정당한 업무를 방해하여서는 아니되며, 조사업무를 수행하면서 취득한 자료나 알게 된 비밀을 다른 자에게 제공 또는 누설하거나 목적 외의 용도로 사용하여서는 아니 된다.

(5) 소방특별조사 결과에 따른 조치명령〈법 제5조〉

① 소방청장, 소방본부장 또는 소방서장은 소방특별조사 결과 소방대상물의 위치·구조·설비 또는 관리의 상황이 화재나 재난·재해 예방을 위하여 보완될 필요가 있거나 화재가 발생하면 인명 또는 재산의 피해가 클 것으로 예상되는 때에는 행정안전부령으로 정하는 바에 따라 관계인에게 그 소방대상물의 개수(改修)·이전·제거, 사용의 금지 또는 제한, 사용폐쇄, 공사의 정지 또는 중지, 그 밖의 필요한 조치를 명할 수 있다.

기출PLUS

② 소방청장, 소방본부장 또는 소방서장은 소방특별조사 결과 소방대상물이 법령을 위반하여 건축 또는 설비되었거나 소방시설등, 피난시설·방화구획, 방화시설 등이 법령에 적합하게 설치·유지·관리되고 있지 아니한 경우에는 관계인에게 조치를 명하거나 관계 행정기관의 장에게 필요한 조치를 하여 줄 것을 요청할 수 있다.

③ 소방청장, 소방본부장 또는 소방서장은 관계인이 조치명령을 받고도 이를 이행하지 아니한 때에는 그 위반사실 등을 인터넷 등에 공개할 수 있다.

④ 위반사실 등의 공개 절차, 공개 기간, 공개 방법 등 필요한 사항은 대통령령으로 정한다.

(6) 손실 보상〈법 제6조〉

소방청장, 특별시장·광역시장·특별자치시장·도지사 또는 특별자치도지사(이하 "시·도지사"라 한다)는 제5조 제1항에 따른 명령으로 인하여 손실을 입은 자가 있는 경우에는 대통령령으로 정하는 바에 따라 보상하여야 한다.

section 3 소방시설의 설치 및 유지·관리 등

(1) 건축허가 등의 동의 등

① 건축허가 등의 동의〈법 제7조〉

㉠ 건축물 등의 신축·증축·개축·재축(再築)·이전·용도변경 또는 대수선(大修繕)의 허가·협의 및 사용승인(「주택법」에 따른 승인 및 사용검사, 「학교시설사업촉진법」에 따른 승인 및 사용승인을 포함하며, 이하 "건축허가 등"이라 한다)의 권한이 있는 행정기관은 건축허가 등을 할 때 미리 그 건축물 등의 시공지(施工地) 또는 소재지를 관할하는 소방본부장이나 소방서장의 동의를 받아야 한다.

㉡ 건축물 등의 대수선·증축·개축·재축 또는 용도변경의 신고를 수리(受理)할 권한이 있는 행정기관은 그 신고를 수리하면 그 건축물 등의 시공지 또는 소재지를 관할하는 소방본부장이나 소방서장에게 지체 없이 그 사실을 알려야 한다.

㉢ ㉠에 따른 건축허가 등의 권한이 있는 행정기관과 ㉡에 따른 신고를 수리할 권한이 있는 행정기관은 ㉠에 따라 건축허가 등의 동의를 받거나 ㉡에 따른 신고를 수리한 사실을 알릴 때 관할 소방본부장이나 소방서장에게 건축허가 등을 하거나 신고를 수리할 때 건축허가 등을 받으려는 자 또는 신고를 한 자가 제출한 설계도서 중 건축물의 내부구조를 알 수 있는 설계도면을 제출하여야 한다. 다만, 국가안보상 중요하거나 국가기밀에 속하는 건축물을 건축하는 경우로서 관계 법령에 따라 행정기관이 설계도면을 확보할 수 없는 경우에는 그러하지 아니하다. ✿ 2020 기출

기출 2020. 6. 20. 소방공무원

「화재예방, 소방시설 설치·유지 및 안전관리에 관한 법률」 및 같은 법 시행령상 건축허가등의 동의 등에 대한 설명으로 옳지 않은 것은?

① 건축허가등의 권한이 있는 행정기관은 건축허가등을 할 때 미리 그 건축물 등의 시공지 또는 소재지를 관할하는 소방본부장이나 소방서장의 동의를 받아야 한다.

② 건축허가등을 할 때에 소방본부장이나 소방서장의 동의를 받아야 하는 건축물 등의 범위는 행정안전부령으로 정한다.

③ 성능위주설계를 한 특정소방대상물은 소방본부장 또는 소방서장의 건축허가등의 동의대상에서 제외된다.

④ 관할 소방본부장이나 소방서장에게 건축허가등을 하거나 신고를 수리할 때 건축물의 내부구조를 알 수 있는 설계도면을 제출하여야 한다.

🔊TIP

건축허가등을 할 때에 소방본부장이나 소방서장의 동의를 받아야 하는 건축물 등의 범위는 대통령령으로 정한다.

❮정답 ②

ⓔ 소방본부장이나 소방서장은 동의를 요구받으면 그 건축물 등이 이 법 또는 이 법에 따른 명령을 따르고 있는지를 검토한 후 행정안전부령으로 정하는 기간 이내에 해당 행정기관에 동의 여부를 알려야 한다.

ⓜ 사용승인에 대한 동의를 할 때에는 「소방시설공사업법」에 따른 소방시설공사의 완공검사증명서를 교부하는 것으로 동의를 갈음할 수 있다. 이 경우 건축허가 등의 권한이 있는 행정기관은 소방시설공사의 완공검사증명서를 확인하여야 한다.

ⓗ 건축허가 등을 할 때에 소방본부장이나 소방서장의 동의를 받아야 하는 건축물 등의 범위는 대통령령으로 정한다. ✿ **2020 기출**

ⓢ 다른 법령에 따른 인가·허가 또는 신고 등(건축허가 등과 신고는 제외하며, 이하 이 항에서 "인허가 등"이라 한다)의 시설기준에 소방시설 등의 설치·유지 등에 관한 사항이 포함되어 있는 경우 해당 인허가 등의 권한이 있는 행정기관은 인허가 등을 할 때 미리 그 시설의 소재지를 관할하는 소방본부장이나 소방서장에게 그 시설이 이 법 또는 이 법에 따른 명령을 따르고 있는지를 확인하여 줄 것을 요청할 수 있다. 이 경우 요청을 받은 소방본부장 또는 소방서장은 행정안전부령으로 정하는 기간 이내에 확인 결과를 알려야 한다.

▶POINT 건축허가 등을 할 때 미리 소방본부장 또는 소방서장의 동의를 받아야 하는 건축물 등의 범위〈시행령 제12조 제1항〉 ✿ **2019 기출**

① 연면적(「건축법 시행령」에 따라 산정된 면적을 말한다.)이 400 제곱미터 이상인 건축물. 다만, 다음의 어느 하나에 해당하는 시설은 해당 목에서 정한 기준 이상인 건축물로 한다.
　ⓐ 「학교시설사업 촉진법」에 따라 건축 등을 하려는 학교시설 : 100 제곱미터
　ⓑ 노유자시설(老幼者施設) 및 수련시설 : 200 제곱미터
　ⓒ 「정신건강증진 및 정신질환자 복지서비스 지원에 관한 법률」에 따른 정신의료기관(입원실이 없는 정신건강의학과 의원은 제외) : 300 제곱미터
　ⓓ 「장애인복지법」에 따른 장애인 의료재활시설 : 300 제곱미터
② 층수(「건축법 시행령」에 따라 산정된 층수를 말한다.)가 6층 이상인 건축물
③ 차고·주차장 또는 주차용도로 사용되는 시설로서 다음의 어느 하나에 해당하는 것
　ⓐ 차고·주차장으로 사용되는 바닥 면적이 200 제곱미터 이상인 층이 있는 건축물이나 주차시설
　ⓑ 승강기 등 기계장치에 의한 주차시설로서 자동차 20대 이상을 주차할 수 있는 시설
④ 항공기 격납고, 관망탑, 항공관제탑, 방송용 송수신탑
⑤ 지하층 또는 무창층이 있는 건축물로서 바닥 면적이 150제곱미터(공연장의 경우에는 100제곱미터) 이상인 층이 있는 것
⑥ 특정소방대상물 중 위험물 저장 및 처리 시설, 지하구
⑦ ①에 해당하지 않는 노유자시설 중 다음의 어느 하나에 해당하는 시설. 다만, ⓛ~ⓗ 중 「건축법 시행령」의 단독주택 또는 공동주택에 설치되는 시설은 제외한다.
　ⓐ 노인 관련 시설 중 다음의 어느 하나에 해당하는 시설
　　• 「노인복지법」에 따른 노인주거복지시설·노인의료복지시설 및 재가노인복지시설
　　• 「노인복지법」에 따른 학대피해노인 전용쉼터

「화재예방, 소방시설 설치·유지 및 안전관리에 관한 법률 시행령」상 건축허가 등의 동의대상물의 범위에 해당되는 것으로 옳은 것은?

- 보기 -
ⓐ 항공기 격납고, 관망탑, 방송용 송수신탑
ⓛ 「학교시설사업 촉진법」 제5조의2 제1항에 따라 건축 등을 하려는 학교시설은 100제곱미터 이상인 건축물
ⓒ 차고·주차장으로 사용되는 바닥면적이 150제곱미터 이상인 층이 있는 건축물이나 주차시설
ⓓ 노유자시설 및 수련시설은 200제곱미터 이상인 건축물

① ⓐ, ⓛ, ⓒ
② ⓐ, ⓛ, ⓓ
③ ⓐ, ⓒ, ⓓ
④ ⓛ, ⓒ, ⓓ

차고·주차장으로 사용되는 바닥면적이 200제곱미터 이상인 층이 있는 건축물이나 주차시설이 해당된다.

◀정답 ②

  © 「아동복지법」에 따른 아동복지시설(아동상담소, 아동전용시설 및 지역아동센터
   는 제외)

  © 「장애인복지법」에 따른 장애인 거주시설

  © 정신질환자 관련 시설(「정신건강증진 및 정신질환자 복지서비스 지원에 관한
   법률」에 따른 공동생활가정을 제외한 재활훈련시설과 같은 법 시행령에 따른
   종합시설 중 24시간 주거를 제공하지 아니하는 시설은 제외한다)

  © 노숙인 관련 시설 중 노숙인 자활시설, 노숙인 재활시설 및 노숙인 요양시설

  © 결핵환자나 한센인이 24시간 생활하는 노유자시설

 ⑧ 「의료법」에 따른 요양병원. 다만, 정신의료기관 중 정신병원과 의료재활시설은 제
  외한다.

POINT 특정소방대상물 중 소방본부장 또는 소방서장의 건축허가 등의 동의 제외 대상〈시행
령 제12조 제2항〉

① 특정소방대상물에 설치되는 소화기구, 누전경보기, 피난기구, 방열복·방화복·공
 기호흡기 및 인공소생기, 유도등 또는 유도표지가 화재안전기준에 적합한 경우 그
 특정소방대상물

② 건축물의 증축 또는 용도변경으로 인하여 해당 특정소방대상물에 추가로 소방시설
 이 설치되지 아니하는 경우 그 특정소방대상물

③ 성능위주설계를 한 특정소방대상물 ✿ 2020 기출

POINT 건축허가 등의 동의 요구 시 첨부 서류(전자문서를 포함)〈시행규칙 제4조 제2항〉

① 「건축법 시행규칙」의 규정에 의한 건축허가신청서 및 건축허가서 또는 건축·대수
 선·용도변경신고서 등 건축허가 등을 확인할 수 있는 서류의 사본. 이 경우 동의 요
 구를 받은 담당공무원은 특별한 사정이 없는 한 「전자정부법」에 따른 행정정보의 공
 동이용을 통하여 건축허가서를 확인함으로써 첨부서류의 제출에 갈음하여야 한다.

② 다음의 설계도서. 다만, 설계도서는 「소방시설공사업법 시행령」에 따른 소방시설
 공사 착공신고대상에 해당되는 경우에 한한다.

  ㉮ 건축물의 단면도 및 주단면 상세도(내장 재료를 명시한 것에 한한다)

  ㉯ 소방시설(기계·전기 분야의 시설을 말한다)의 층별 평면도 및 층별 계통도(시
   설별 계산서를 포함)

  ㉰ 창호도

③ 소방시설 설치계획표

④ 임시소방시설 설치계획서(설치 시기·위치·종류·방법 등 임시소방시설의 설치와
 관련한 세부사항을 포함한다)

⑤ 소방시설설계업 등록증과 소방시설을 설계한 기술인력자의 기술자격증 사본

⑥ 「소방시설공사업법」에 따라 체결한 소방시설설계 계약서 사본 1부

② 전산시스템 구축 및 운영〈법 제7조의2〉

 ㉮ 소방청장, 소방본부장 또는 소방서장은 제7조 제3항에 따라 제출받은 설계도면
  의 체계적인 관리 및 공유를 위하여 전산시스템을 구축·운영하여야 한다.

 ㉯ 소방청장, 소방본부장 또는 소방서장은 전산시스템의 구축·운영에 필요한 자료
  의 제출 또는 정보의 제공을 관계 행정기관의 장에게 요청할 수 있다. 이 경우
  자료의 제출이나 정보의 제공을 요청받은 관계 행정기관의 장은 정당한 사유가
  없으면 이에 따라야 한다.

③ 주택에 설치하는 소방시설〈법 제8조〉 ✿ 2018 출

 ㉠ 다음의 주택의 소유자는 대통령령으로 정하는 소방시설을 설치하여야 한다.
  • 「건축법」의 단독주택
  • 「건축법」의 공동주택(아파트 및 기숙사는 제외한다)

 ㉡ 국가 및 지방자치단체는 ㉠에 따라 주택에 설치하여야 하는 소방시설(이하 "주택용 소방시설")의 설치 및 국민의 자율적인 안전관리를 촉진하기 위하여 필요한 시책을 마련하여야 한다.

 ㉢ 주택용 소방시설의 설치기준 및 자율적인 안전관리 등에 관한 사항은 특별시·광역시·특별자치시·도 또는 특별자치도의 조례로 정한다.

(2) 특정소방대상물에 설치하는 소방시설 등의 유지·관리 등

① 특정소방대상물에 설치하는 소방시설 등의 유지·관리 등〈법 제9조〉

 ㉠ 특정소방대상물의 관계인은 대통령령으로 정하는 소방시설을 소방청장이 정하여 고시하는 화재안전기준에 따라 설치 또는 유지·관리하여야 한다. 이 경우 「장애인·노인·임산부 등의 편의증진 보장에 관한 법률」에 따른 장애인 등이 사용하는 소방시설(경보설비 및 피난구조설비를 말한다)은 대통령령으로 정하는 바에 따라 장애인 등에 적합하게 설치 또는 유지·관리하여야 한다.

 ㉡ 소방본부장이나 소방서장은 소방시설이 화재안전기준에 따라 설치 또는 유지·관리되어 있지 아니할 때에는 해당 특정소방대상물의 관계인에게 필요한 조치를 명할 수 있다.

 ㉢ 특정소방대상물의 관계인은 소방시설을 유지·관리할 때 소방시설의 기능과 성능에 지장을 줄 수 있는 폐쇄(잠금을 포함한다. 이하 같다)·차단 등의 행위를 하여서는 아니 된다. 다만, 소방시설의 점검·정비를 위한 폐쇄·차단은 할 수 있다.

  🔊POINT 특정소방대상물의 수용인원 산정방법〈시행령 제15조 관련 별표 4〉
   1. 숙박시설이 있는 특정 소방대상물
    가. 침대가 있는 숙박시설 : 해당 특정소방물의 종사자 수에 침대 수(2인용 침대는 2개로 산정한다)를 합한 수
    나. 침대가 없는 숙박시설 : 해당 특정소방대상물의 종사자 수에 숙박시설 바닥면적의 합계를 3㎡로 나누어 얻은 수를 합한 수
   2. 제1호 외의 특정 소방대상물
    가. 강의실·교무실·상담실·실습실·휴게실 용도로 쓰이는 특정소방대상물 : 해당 용도로 사용하는 바닥면적의 합계를 1.9㎡로 나누어 얻은 수
    나. 강당, 문화 및 집회시설, 운동시설, 종교시설: 해당 용도로 사용하는 바닥면적의 합계를 4.6㎡로 나누어 얻은 수(관람석이 있는 경우 고정식 의자를 설치한 부분은 그 부분의 의자 수로 하고, 긴 의자의 경우에는 의자의 정면너비를 0.45m로 나누어 얻은 수로 한다)
    다. 그 밖의 특정 소방대상물 : 해당 용도로 사용하는 바닥면적의 합계를 3㎡로 나누어 얻은 수

기출PLUS

📢TIP
주택용 소방시설〈시행령 제13조〉
소화기 및 단독경보형감지기

기출 2018. 10. 13. 소방공무원
「화재예방, 소방시설 설치·유지 및 안전관리에 관한 법률」 및 같은 법 시행령상 다음에서 설명하는 '대통령령으로 정하는 소방시설로 옳은 것은?

┌ 보기 ┐
제8조(주택에 설치하는 소방시설) 다음 각 호의 주택의 소유자는 대통령령으로 정하는 소방시설을 설치하여야 한다.
1. 「건축법」 제2조 제2항 제1호의 단독주택
2. 「건축법」 제2조 제2항 제2호의 공동주택(아파트 및 기숙사는 제외한다)
└────────────┘

① 소화기 및 시각경보기
② 소화기 및 간이소화용구
③ 소화기 및 자동확산소화기
④ 소화기 및 단독경보형감지기

❮정답 ④

기출PLUS

※ 비고
1. 위 표에서 바닥면적을 산정할 때에는 복도(「건축법 시행령」에 따른 준불연재료 이상의 것을 사용하여 바닥에서 천장까지 벽으로 구획한 것을 말한다), 계단 및 화장실의 바닥면적을 포함하지 않는다.
2. 계산 결과 소수점 이하의 수는 반올림한다.

▶POINT 특정소방대상물의 관계인이 특정소방대상물의 규모·용도 및 수용인원 등을 고려하여 갖추어야 하는 소방시설의 종류(시행령 제15조 관련 별표5)

1. 소화설비
   가. 화재안전기준에 따라 소화기구를 설치하여야 하는 특정소방대상물은 다음의 어느 하나와 같다.
      1) 연면적 33㎡ 이상인 것. 다만, 노유자시설의 경우에는 투척용 소화용구 등을 화재안전기준에 따라 산정된 소화기 수량의 2분의 1 이상으로 설치할 수 있다.
      2) 1)에 해당하지 않는 시설로서 지정문화재 및 가스시설
      3) 터널
      4) 지하구
   나. 자동소화장치를 설치하여야 하는 특정소방대상물은 다음의 어느 하나와 같다.
      1) 주거용 주방자동소화장치를 설치하여야 하는 것 : 아파트 등 및 30층 이상 오피스텔의 모든 층
      2) 캐비닛형 자동소화장치, 가스자동소화장치, 분말자동소화장치 또는 고체에어로졸자동소화장치를 설치하여야 하는 것 : 화재안전기준에서 정하는 장소
   다. 옥내소화전설비를 설치하여야 하는 특정소방대상물(위험물 저장 및 처리 시설 중 가스시설, 지하구 및 방재실 등에서 스프링클러설비 또는 물분무등소화설비를 원격으로 조정할 수 있는 업무시설 중 무인변전소는 제외한다)은 다음의 어느 하나와 같다.
      1) 연면적 3천㎡ 이상(지하가 중 터널은 제외한다)이거나 지하층·무창층(축사는 제외한다) 또는 층수가 4층 이상인 것 중 바닥면적이 600㎡ 이상인 층이 있는 것은 모든 층
      2) 지하가 중 터널로서 다음에 해당하는 터널
         가) 길이가 1천미터 이상인 터널
         나) 예상교통량, 경사도 등 터널의 특성을 고려하여 총리령으로 정하는 터널
      3) 1)에 해당하지 않는 근린생활시설, 판매시설, 운수시설, 의료시설, 노유자시설, 업무시설, 숙박시설, 위락시설, 공장, 창고시설, 항공기 및 자동차 관련 시설, 교정 및 군사시설 중 국방·군사시설, 방송통신시설, 발전시설, 장례시설 또는 복합건축물로서 연면적 1천5백㎡ 이상이거나 지하층·무창층 또는 층수가 4층 이상인 층 중 바닥면적이 300㎡ 이상인 층이 있는 것은 모든 층
      4) 건축물의 옥상에 설치된 차고 또는 주차장으로서 차고 또는 주차의 용도로 사용되는 부분의 면적이 200㎡ 이상인 것
      5) 1) 및 3)에 해당하지 않는 공장 또는 창고시설로서 「소방기본법 시행령」 별표 2에서 정하는 수량의 750배 이상의 특수가연물을 저장·취급하는 것
   라. 스프링클러설비를 설치하여야 하는 특정소방대상물(위험물 저장 및 처리 시설 중 가스시설 또는 지하구는 제외한다)은 다음의 어느 하나와 같다.
      1) 문화 및 집회시설(동·식물원은 제외한다), 종교시설(주요구조부가 목조인 것은 제외한다), 운동시설(물놀이형 시설은 제외한다)로서 다음의 어느 하나에 해당하는 경우에는 모든 층

가) 수용인원이 100명 이상인 것

나) 영화상영관의 용도로 쓰이는 층의 바닥면적이 지하층 또는 무창층
인 경우에는 500㎡ 이상, 그 밖의 층의 경우에는 1천㎡ 이상인 것

다) 무대부가 지하층·무창층 또는 4층 이상의 층에 있는 경우에는 무
대부의 면적이 300㎡ 이상인 것

라) 무대부가 다) 외의 층에 있는 경우에는 무대부의 면적이 500㎡ 이
상인 것

2) 판매시설, 운수시설 및 창고시설(물류터미널에 한정한다)로서 바닥면적의
합계가 5천㎡ 이상이거나 수용인원이 500명 이상인 경우에는 모든 층

3) 층수가 6층 이상인 특정소방대상물의 경우에는 모든 층. 다만, 다음의
어느 하나에 해당하는 경우에는 제외한다.

가) 주택 관련 법령에 따라 기존의 아파트 등을 리모델링하는 경우로서
건축물의 연면적 및 층높이가 변경되지 않는 경우. 이 경우 해당
아파트 등의 사용검사 당시의 소방시설의 설치에 관한 대통령령 또
는 화재안전기준을 적용한다.

나) 스프링클러설비가 없는 기존의 특정소방대상물을 용도변경하는 경
우. 다만, 1)·2)·4)·5) 및 8)부터 12)까지의 규정에 해당하는 특
정소방대상물로 용도변경하는 경우에는 해당 규정에 따라 스프링클
러설비를 설치한다.

4) 다음의 어느 하나에 해당하는 용도로 사용되는 시설의 바닥면적의 합계
가 600㎡ 이상인 것은 모든 층

가) 의료시설 중 정신의료기관

나) 의료시설 중 종합병원, 병원, 치과병원, 한방병원 및 요양병원(정신
병원은 제외한다)

다) 노유자시설

라) 숙박이 가능한 수련시설

5) 창고시설(물류터미널은 제외한다)로서 바닥면적 합계가 5천㎡ 이상인
경우에는 모든 층

6) 천장 또는 반자(반자가 없는 경우에는 지붕의 옥내에 면하는 부분)의
높이가 10m를 넘는 랙식 창고(rack warehouse)(물건을 수납할 수 있
는 선반이나 이와 비슷한 것을 갖춘 것을 말한다)로서 바닥면적의 합계
가 1천5백㎡ 이상인 것

7) 1)부터 6)까지의 특정소방대상물에 해당하지 않는 특정소방대상물의 지
하층·무창층(축사는 제외한다) 또는 층수가 4층 이상인 층으로서 바닥
면적이 1천㎡ 이상인 층

8) 6)에 해당하지 않는 공장 또는 창고시설로서 다음의 어느 하나에 해당
하는 시설

가) 「소방기본법 시행령」 별표 2에서 정하는 수량의 1천 배 이상의 특
수가연물을 저장·취급하는 시설

나) 「원자력안전법 시행령」 제2조 제1호에 따른 중·저준위방사성폐기
물(이하 "중·저준위방사성폐기물"이라 한다)의 저장시설 중 소화수
를 수집·처리하는 설비가 있는 저장시설

9) 지붕 또는 외벽이 불연재료가 아니거나 내화구조가 아닌 공장 또는 창
고시설로서 다음의 어느 하나에 해당하는 것

가) 창고시설(물류터미널에 한정한다) 중 2)에 해당하지 않는 것으로서 바
닥면적의 합계가 2천5백㎡ 이상이거나 수용인원이 250명 이상인 것

나) 창고시설(물류터미널은 제외한다) 중 5)에 해당하지 않는 것으로서 바닥면적의 합계가 2천5백㎡ 이상인 것

다) 랙식 창고시설 중 6)에 해당하지 않는 것으로서 바닥면적의 합계가 750㎡ 이상인 것

라) 공장 또는 창고시설 중 7)에 해당하지 않는 것으로서 지하층·무창층 또는 층수가 4층 이상인 것 중 바닥면적이 500㎡ 이상인 것

마) 공장 또는 창고시설 중 8)가)에 해당하지 않는 것으로서 「소방기본법 시행령」 별표 2에서 정하는 수량의 500배 이상의 특수가연물을 저장·취급하는 시설

10) 지하가(터널은 제외한다)로서 연면적 1천㎡ 이상인 것

11) 기숙사(교육연구시설·수련시설 내에 있는 학생 수용을 위한 것을 말한다) 또는 복합건축물로서 연면적 5천㎡ 이상인 경우에는 모든 층

12) 교정 및 군사시설 중 다음의 어느 하나에 해당하는 경우에는 해당 장소

가) 보호감호소, 교도소, 구치소 및 그 지소, 보호관찰소, 갱생보호시설, 치료감호시설, 소년원 및 소년분류심사원의 수용거실

나) 「출입국관리법」 제52조 제2항에 따른 보호시설(외국인보호소의 경우에는 보호대상자의 생활공간으로 한정한다. 이하 같다)로 사용하는 부분. 다만, 보호시설이 임차건물에 있는 경우는 제외한다.

다) 「경찰관 직무집행법」 제9조에 따른 유치장

13) 1)부터 12)까지의 특정소방대상물에 부속된 보일러실 또는 연결통로 등

마. 간이스프링클러설비를 설치하여야 하는 특정소방대상물은 다음의 어느 하나와 같다.

1) 근린생활시설 중 다음의 어느 하나에 해당하는 것 ★ **2021 기출**

가) 근린생활시설로 사용하는 부분의 바닥면적 합계가 1천㎡ 이상인 것은 모든 층

나) 의원, 치과의원 및 한의원으로서 입원실이 있는 시설

2) 교육연구시설 내에 합숙소로서 연면적 100㎡ 이상인 것

3) 의료시설 중 다음의 어느 하나에 해당하는 시설

가) 종합병원, 병원, 치과병원, 한방병원 및 요양병원(정신병원과 의료재활시설은 제외한다)으로 사용되는 바닥면적의 합계가 600㎡ 미만인 시설

나) 정신의료기관 또는 의료재활시설로 사용되는 바닥면적의 합계가 300㎡ 이상 600㎡ 미만인 시설

다) 정신의료기관 또는 의료재활시설로 사용되는 바닥면적의 합계가 300㎡ 미만이고, 창살(철재·플라스틱 또는 목재 등으로 사람의 탈출 등을 막기 위하여 설치한 것을 말하며, 화재 시 자동으로 열리는 구조로 되어 있는 창살은 제외한다)이 설치된 시설

4) 노유자시설로서 다음의 어느 하나에 해당하는 시설

가) 제12조 제1항 제6호 각 목에 따른 시설(제12조 제1항 제6호 나목부터 바목까지의 시설 중 단독주택 또는 공동주택에 설치되는 시설은 제외하며, 이하 "노유자 생활시설"이라 한다)

나) 가)에 해당하지 않는 노유자시설로 해당 시설로 사용하는 바닥면적의 합계가 300㎡ 이상 600㎡ 미만인 시설

다) 가)에 해당하지 않는 노유자시설로 해당 시설로 사용하는 바닥면적의 합계가 300㎡ 미만이고, 창살(철재·플라스틱 또는 목재 등으로 사람의 탈출 등을 막기 위하여 설치한 것을 말하며, 화재 시 자동으로 열리는 구조로 되어 있는 창살은 제외한다)이 설치된 시설

5) 건물을 임차하여 「출입국관리법」 제52조 제2항에 따른 보호시설로 사용하는 부분

기출 2021. 4. 3. 소방공무원

「화재예방, 소방시설 설치·유지 및 안전관리에 관한 법률 시행령」상 간이스프링클러를 설치하여야 하는 특정소방대상물로 옳지 않은 것은?

① 한의원으로서 입원실이 있는 시설

② 교육연구시설 내에 합숙소로서 연면적 100㎡ 이상인 것

③ 생활형 숙박시설로서 해당 용도로 사용되는 바닥면적의 합계가 300㎡ 이상인 것

④ 건물을 임차하여 「출입국관리법」 제52조 제2항에 따른 보호시설로 사용하는 부분

TIP

③ 숙박시설 중 생활형 숙박시설로서 해당 용도로 사용되는 바닥면적의 합계가 600㎡ 이상인 것〈시행령 [별표5] 제1호 마목 참조〉

〈정답 ③

6) 숙박시설 중 생활형 숙박시설로서 해당 용도로 사용되는 바닥면적의 합계가 600㎡ 이상인 것

7) 복합건축물(별표 2 제30호 나목의 복합건축물만 해당한다)로서 연면적 1천㎡ 이상인 것은 모든 층

바. 물분무등소화설비를 설치하여야 하는 특정소방대상물(위험물 저장 및 처리 시설 중 가스시설 또는 지하구는 제외한다)은 다음의 어느 하나와 같다. ☆ 2018 기출

1) 항공기 및 자동차 관련 시설 중 항공기격납고

2) 차고, 주차용 건축물 또는 철골 조립식 주차시설. 이 경우 연면적 800㎡ 이상인 것만 해당한다.

3) 건축물 내부에 설치된 차고 또는 주차장으로서 차고 또는 주차의 용도로 사용되는 부분의 바닥면적이 200㎡ 이상인 층

4) 기계장치에 의한 주차시설을 이용하여 20대 이상의 차량을 주차할 수 있는 것

5) 특정소방대상물에 설치된 전기실·발전실·변전실(가연성 절연유를 사용하지 않는 변압기·전류차단기 등의 전기기기와 가연성 피복을 사용하지 않은 전선 및 케이블만을 설치한 전기실·발전실 및 변전실은 제외한다)·축전지실·통신기기실 또는 전산실, 그 밖에 이와 비슷한 것으로서 바닥면적이 300㎡ 이상인 것[하나의 방화구획 내에 둘 이상의 실(室)이 설치되어 있는 경우에는 이를 하나의 실로 보아 바닥면적을 산정한다]. 다만, 내화구조로 된 공정제어실 내에 설치된 주조정실로서 양압시설이 설치되고 전기기기에 220볼트 이하인 저전압이 사용되며 종업원이 24시간 상주하는 곳은 제외한다.

6) 소화수를 수집·처리하는 설비가 설치되어 있지 않은 중·저준위방사성폐기물의 저장시설. 다만, 이 경우에는 이산화탄소소화설비, 할론소화설비 또는 할로겐화합물 및 불활성기체 소화설비를 설치하여야 한다.

7) 지하가 중 예상 교통량, 경사도 등 터널의 특성을 고려하여 행정안전부령으로 정하는 터널. 다만, 이 경우에는 물분무소화설비를 설치하여야 한다.

8) 「문화재보호법」 제2조 제3항 제1호 및 제2호에 따른 지정문화재 중 소방청장이 문화재청장과 협의하여 정하는 것

사. 옥외소화전설비를 설치하여야 하는 특정소방대상물(아파트 등, 위험물 저장 및 처리 시설 중 가스시설, 지하구 또는 지하가 중 터널은 제외한다)은 다음의 어느 하나와 같다.

1) 지상 1층 및 2층의 바닥면적의 합계가 9천㎡ 이상인 것. 이 경우 같은 구(區) 내의 둘 이상의 특정소방대상물이 행정안전부령으로 정하는 연소(延燒) 우려가 있는 구조인 경우에는 이를 하나의 특정소방대상물로 본다.

2) 「문화재보호법」 제23조에 따라 보물 또는 국보로 지정된 목조건축물

3) 1)에 해당하지 않는 공장 또는 창고시설로서 「소방기본법 시행령」 별표 2에서 정하는 수량의 750배 이상의 특수가연물을 저장·취급하는 것

2. 경보설비

가. 비상경보설비를 설치하여야 할 특정소방대상물(지하구, 모래·석재 등 불연재료 창고 및 위험물 저장·처리 시설 중 가스시설은 제외한다)은 다음의 어느 하나와 같다.

1) 연면적 400㎡(지하가 중 터널 또는 사람이 거주하지 않거나 벽이 없는 축사 등 동·식물 관련시설은 제외한다) 이상이거나 지하층 또는 무창층의 바닥면적이 150㎡(공연장의 경우 100㎡) 이상인 것

기출PLUS

기출 2018. 10. 13. 소방공무원

「화재예방, 소방시설 설치·유지 및 안전관리에 관한 법률 시행령」상 물분무 등 소화설비를 설치하여야 하는 특정소방대상물로 옳지 않은 것은?

① 항공기 격납고
② 연면적 600㎡ 이상인 주차용 건축물
③ 특정소방대상물에 설치된 바닥면적 300㎡ 이상인 전산실
④ 20대 이상의 차량을 주차할 수 있는 기계장치에 의한 주차시설

TIP

주차용 건축물인 경우 연면적이 800㎡ 이상이어야 한다.

◀정답 ②

2) 지하가 중 터널로서 길이가 500m 이상인 것

3) 50명 이상의 근로자가 작업하는 옥내 작업장

나. 비상방송설비를 설치하여야 하는 특정소방대상물(위험물 저장 및 처리 시설 중 가스시설, 사람이 거주하지 않는 동물 및 식물 관련 시설, 지하가 중 터널, 축사 및 지하구는 제외한다)은 다음의 어느 하나와 같다.

1) 연면적 3천5백㎡ 이상인 것

2) 지하층을 제외한 층수가 11층 이상인 것

3) 지하층의 층수가 3층 이상인 것

다. 누전경보기는 계약전류용량(같은 건축물에 계약 종류가 다른 전기가 공급되는 경우에는 그 중 최대계약전류용량을 말한다)이 100암페어를 초과하는 특정소방대상물(내화구조가 아닌 건축물로서 벽·바닥 또는 반자의 전부나 일부를 불연재료 또는 준불연재료가 아닌 재료에 철망을 넣어 만든 것만 해당한다)에 설치하여야 한다. 다만, 위험물 저장 및 처리 시설 중 가스시설, 지하가 중 터널 또는 지하구의 경우에는 그러하지 아니하다.

라. 자동화재탐지설비를 설치하여야 하는 특정소방대상물은 다음의 어느 하나와 같다.

1) 근린생활시설(목욕장은 제외한다), 의료시설(정신의료기관 또는 요양병원은 제외한다), 숙박시설, 위락시설, 장례시설 및 복합건축물로서 연면적 600㎡ 이상인 것

2) 공동주택, 근린생활시설 중 목욕장, 문화 및 집회시설, 종교시설, 판매시설, 운수시설, 운동시설, 업무시설, 공장, 창고시설, 위험물 저장 및 처리 시설, 항공기 및 자동차 관련 시설, 교정 및 군사시설 중 국방·군사시설, 방송통신시설, 발전시설, 관광 휴게시설, 지하가(터널은 제외한다)로서 연면적 1천㎡ 이상인 것

3) 교육연구시설(교육시설 내에 있는 기숙사 및 합숙소를 포함한다), 수련시설(수련시설 내에 있는 기숙사 및 합숙소를 포함하며, 숙박시설이 있는 수련시설은 제외한다), 동물 및 식물 관련 시설(기둥과 지붕만으로 구성되어 외부와 기류가 통하는 장소는 제외한다), 분뇨 및 쓰레기 처리시설, 교정 및 군사시설(국방·군사시설은 제외한다) 또는 묘지 관련 시설로서 연면적 2천㎡ 이상인 것

4) 지하구

5) 지하가 중 터널로서 길이가 1천m 이상인 것

6) 노유자 생활시설

7) 6)에 해당하지 않는 노유자시설로서 연면적 400㎡ 이상인 노유자시설 및 숙박시설이 있는 수련시설로서 수용인원 100명 이상인 것

8) 2)에 해당하지 않는 공장 및 창고시설로서 「소방기본법 시행령」 별표 2에서 정하는 수량의 500배 이상의 특수가연물을 저장·취급하는 것

9) 의료시설 중 정신의료기관 또는 요양병원으로서 다음의 어느 하나에 해당하는 시설

가) 요양병원(정신병원과 의료재활시설은 제외한다)

나) 정신의료기관 또는 의료재활시설로 사용되는 바닥면적의 합계가 300㎡ 이상인 시설

다) 정신의료기관 또는 의료재활시설로 사용되는 바닥면적의 합계가 300㎡ 미만이고, 창살(철재·플라스틱 또는 목재 등으로 사람의 탈출 등을 막기 위하여 설치한 것을 말하며, 화재 시 자동으로 열리는 구조로 되어 있는 창살은 제외한다)이 설치된 시설

10) 판매시설 중 전통시장

마. 자동화재속보설비를 설치하여야 하는 특정소방대상물은 다음의 어느 하나와 같다.

　　1) 업무시설, 공장, 창고시설, 교정 및 군사시설 중 국방·군사시설, 발전시설(사람이 근무하지 않는 시간에는 무인경비시스템으로 관리하는 시설만 해당한다)로서 바닥면적이 1천5백㎡ 이상인 층이 있는 것. 다만, 사람이 24시간 상시 근무하고 있는 경우에는 자동화재속보설비를 설치하지 않을 수 있다.

　　2) 노유자 생활시설

　　3) 2)에 해당하지 않는 노유자시설로서 바닥면적이 500㎡ 이상인 층이 있는 것. 다만, 사람이 24시간 상시 근무하고 있는 경우에는 자동화재속보설비를 설치하지 않을 수 있다.

　　4) 수련시설(숙박시설이 있는 건축물만 해당한다)로서 바닥면적이 500㎡ 이상인 층이 있는 것. 다만, 사람이 24시간 상시 근무하고 있는 경우에는 자동화재속보설비를 설치하지 않을 수 있다.

　　5) 「문화재보호법」 제23조에 따라 보물 또는 국보로 지정된 목조건축물. 다만, 사람이 24시간 상시 근무하고 있는 경우에는 자동화재속보설비를 설치하지 않을 수 있다.

　　6) 근린생활시설 중 의원, 치과의원 및 한의원으로서 입원실이 있는 시설

　　7) 의료시설 중 다음의 어느 하나에 해당하는 것

　　　가) 종합병원, 병원, 치과병원, 한방병원 및 요양병원(정신병원과 의료재활시설은 제외한다)

　　　나) 정신병원 및 의료재활시설로 사용되는 바닥면적의 합계가 500㎡ 이상인 층이 있는 것

　　8) 판매시설 중 전통시장

　　9) 1)부터 8)까지에 해당하지 않는 특정소방대상물 중 층수가 30층 이상인 것

바. 단독경보형 감지기를 설치하여야 하는 특정소방대상물은 다음의 어느 하나와 같다.

　　1) 연면적 1천㎡ 미만의 아파트 등

　　2) 연면적 1천㎡ 미만의 기숙사

　　3) 교육연구시설 또는 수련시설 내에 있는 합숙소 또는 기숙사로서 연면적 2천㎡ 미만인 것

　　4) 연면적 600㎡ 미만의 숙박시설

　　5) 라목 7)에 해당하지 않는 수련시설(숙박시설이 있는 것만 해당한다)

　　6) 연면적 400㎡ 미만의 유치원

사. 시각경보기를 설치하여야 하는 특정소방대상물은 라목에 따라 자동화재탐지설비를 설치하여야 하는 특정소방대상물 중 다음의 어느 하나에 해당하는 것과 같다.

　　1) 근린생활시설, 문화 및 집회시설, 종교시설, 판매시설, 운수시설, 운동시설, 위락시설, 창고시설 중 물류터미널

　　2) 의료시설, 노유자시설, 업무시설, 숙박시설, 발전시설 및 장례시설

　　3) 교육연구시설 중 도서관, 방송통신시설 중 방송국

　　4) 지하가 중 지하상가

아. 가스누설경보기를 설치하여야 하는 특정소방대상물(가스시설이 설치된 경우만 해당한다)은 다음의 어느 하나와 같다.

　　1) 판매시설, 운수시설, 노유자시설, 숙박시설, 창고시설 중 물류터미널

2) 문화 및 집회시설, 종교시설, 의료시설, 수련시설, 운동시설, 장례시설
  자. 통합감시시설을 설치하여야 하는 특정소방대상물은 지하구로 한다.
3. 피난구조설비
  가. 피난기구는 특정소방대상물의 모든 층에 화재안전기준에 적합한 것으로 설치하여야 한다. 다만, 피난층, 지상 1층, 지상 2층(별표 2 제9호에 따른 노유자시설 중 피난층이 아닌 지상 1층과 피난층이 아닌 지상 2층은 제외한다) 및 층수가 11층 이상인 층과 위험물 저장 및 처리시설 중 가스시설, 지하가 중 터널 또는 지하구의 경우에는 그러하지 아니하다.
  나. 인명구조기구를 설치하여야 하는 특정소방대상물은 다음의 어느 하나와 같다.
    1) 방열복 또는 방화복(안전모, 보호장갑 및 안전화를 포함한다), 인공소생기 및 공기호흡기를 설치하여야 하는 특정소방대상물 : 지하층을 포함하는 층수가 7층 이상인 관광호텔
    2) 방열복 또는 방화복(안전모, 보호장갑 및 안전화를 포함한다) 및 공기호흡기를 설치하여야 하는 특정소방대상물 : 지하층을 포함하는 층수가 5층 이상인 병원
    3) 공기호흡기를 설치하여야 하는 특정소방대상물은 다음의 어느 하나와 같다.

✿ **2021 기출**

    가) 수용인원 100명 이상인 문화 및 집회시설 중 영화상영관
    나) 판매시설 중 대규모점포
    다) 운수시설 중 지하역사
    라) 지하가 중 지하상가
    마) 제1호 바목 및 화재안전기준에 따라 이산화탄소소화설비(호스릴이산화탄소소화설비는 제외한다)를 설치하여야 하는 특정소방대상물
  다. 유도등을 설치하여야 할 대상은 다음의 어느 하나와 같다.
    1) 피난구유도등, 통로유도등 및 유도표지는 별표 2의 특정소방대상물에 설치한다. 다만, 다음의 어느 하나에 해당하는 경우는 제외한다.
      가) 지하가 중 터널
      나) 별표 2 제19호에 따른 동물 및 식물 관련 시설 중 축사로서 가축을 직접 가두어 사육하는 부분
    2) 객석유도등은 다음의 어느 하나에 해당하는 특정소방대상물에 설치한다.
      가) 유흥주점영업시설(「식품위생법 시행령」 제21조 제8호 라목의 유흥주점영업 중 손님이 춤을 출 수 있는 무대가 설치된 카바레, 나이트클럽 또는 그 밖에 이와 비슷한 영업시설만 해당한다)
      나) 문화 및 집회시설
      다) 종교시설
      라) 운동시설
  라. 비상조명등을 설치하여야 하는 특정소방대상물(창고시설 중 창고 및 하역장, 위험물 저장 및 처리 시설 중 가스시설은 제외한다)은 다음의 어느 하나와 같다.
    1) 지하층을 포함하는 층수가 5층 이상인 건축물로서 연면적 3천㎡ 이상인 것
    2) 1)에 해당하지 않는 특정소방대상물로서 그 지하층 또는 무창층의 바닥면적이 450㎡ 이상인 경우에는 그 지하층 또는 무창층
    3) 지하가 중 터널로서 그 길이가 500m 이상인 것
  마. 휴대용 비상조명등을 설치하여야 하는 특정소방대상물은 다음의 어느 하나와 같다.
    1) 숙박시설
    2) 수용인원 100명 이상의 영화상영관, 판매시설 중 대규모점포, 철도 및 도시철도 시설 중 지하역사, 지하가 중 지하상가

4. 소화용수설비

상수도소화용수설비를 설치하여야 하는 특정소방대상물은 다음 각 목의 어느 하나와 같다. 다만, 상수도소화용수설비를 설치하여야 하는 특정소방대상물의 대지 경계선으로부터 180m 이내에 지름 75㎜ 이상인 상수도용 배수관이 설치되지 않은 지역의 경우에는 화재안전기준에 따른 소화수조 또는 저수조를 설치하여야 한다.

가. 연면적 5천㎡ 이상인 것. 다만, 위험물 저장 및 처리 시설 중 가스시설, 지하가 중 터널 또는 지하구의 경우에는 그러하지 아니하다.

나. 가스시설로서 지상에 노출된 탱크의 저장용량의 합계가 100톤 이상인 것

5. 소화활동설비

가. 제연설비를 설치하여야 하는 특정소방대상물은 다음의 어느 하나와 같다.

1) 문화 및 집회시설, 종교시설, 운동시설로서 무대부의 바닥면적이 200㎡ 이상 또는 문화 및 집회시설 중 영화상영관으로서 수용인원 100명 이상인 것

2) 지하층이나 무창층에 설치된 근린생활시설, 판매시설, 운수시설, 숙박시설, 위락시설, 의료시설, 노유자시설 또는 창고시설(물류터미널만 해당한다)로서 해당 용도로 사용되는 바닥면적의 합계가 1천㎡ 이상인 층

3) 운수시설 중 시외버스정류장, 철도 및 도시철도 시설, 공항시설 및 항만시설의 대기실 또는 휴게시설로서 지하층 또는 무창층의 바닥면적이 1천㎡ 이상인 것

4) 지하가(터널은 제외한다)로서 연면적 1천㎡ 이상인 것

5) 지하가 중 예상 교통량, 경사도 등 터널의 특성을 고려하여 행정안전부령으로 정하는 터널

6) 특정소방대상물(갓복도형 아파트 등은 제외한다)에 부설된 특별피난계단, 비상용 승강기의 승강장 또는 피난용 승강기의 승강장

나. 연결송수관설비를 설치하여야 하는 특정소방대상물(위험물 저장 및 처리 시설 중 가스시설 또는 지하구는 제외한다)은 다음의 어느 하나와 같다.

1) 층수가 5층 이상으로서 연면적 6천㎡ 이상인 것

2) 1)에 해당하지 않는 특정소방대상물로서 지하층을 포함하는 층수가 7층 이상인 것

3) 1) 및 2)에 해당하지 않는 특정소방대상물로서 지하층의 층수가 3층 이상이고 지하층의 바닥면적의 합계가 1천㎡ 이상인 것

4) 지하가 중 터널로서 길이가 1천m 이상인 것

다. 연결살수설비를 설치하여야 하는 특정소방대상물(지하구는 제외한다)은 다음의 어느 하나와 같다.

1) 판매시설, 운수시설, 창고시설 중 물류터미널로서 해당 용도로 사용되는 부분의 바닥면적의 합계가 1천㎡ 이상인 것

2) 지하층(피난층으로 주된 출입구가 도로와 접한 경우는 제외한다)으로서 바닥면적의 합계가 150㎡ 이상인 것. 다만, 「주택법 시행령」 제21조 제4항에 따른 국민주택규모 이하인 아파트 등의 지하층(대피시설로 사용하는 것만 해당한다)과 교육연구시설 중 학교의 지하층의 경우에는 700㎡ 이상인 것으로 한다.

3) 가스시설 중 지상에 노출된 탱크의 용량이 30톤 이상인 탱크시설

4) 1) 및 2)의 특정소방대상물에 부속된 연결통로

라. 비상콘센트설비를 설치하여야 하는 특정소방대상물(위험물 저장 및 처리 시설 중 가스시설 또는 지하구는 제외한다)은 다음의 어느 하나와 같다.

1) 층수가 11층 이상인 특정소방대상물의 경우에는 11층 이상의 층
2) 지하층의 층수가 3층 이상이고 지하층의 바닥면적의 합계가 1천㎡ 이상인 것은 지하층의 모든 층
3) 지하가 중 터널로서 길이가 500m 이상인 것

마. 무선통신보조설비를 설치하여야 하는 특정소방대상물(위험물 저장 및 처리 시설 중 가스시설은 제외한다)은 다음의 어느 하나와 같다.
1) 지하가(터널은 제외한다)로서 연면적 1천㎡ 이상인 것
2) 지하층의 바닥면적의 합계가 3천㎡ 이상인 것 또는 지하층의 층수가 3층 이상이고 지하층의 바닥면적의 합계가 1천㎡ 이상인 것은 지하층의 모든 층
3) 지하가 중 터널로서 길이가 500m 이상인 것
4) 「국토의 계획 및 이용에 관한 법률」 제2조 제9호에 따른 공동구
5) 층수가 30층 이상인 것으로서 16층 이상 부분의 모든 층

바. 연소방지설비는 지하구(전력 또는 통신사업용인 것만 해당한다)에 설치하여야 한다.

※ 비고
별표 2 제1호부터 제27호까지 중 어느 하나에 해당하는 시설(이하 이 표에서 "근린생활시설 등"이라 한다)의 소방시설 설치기준이 복합건축물의 소방시설 설치기준보다 강한 경우 복합건축물 안에 있는 해당 근린생활시설 등에 대해서는 그 근린생활시설 등의 소방시설 설치기준을 적용한다.

② 소방시설의 내진설계기준〈법 제9조의2〉…「지진·화산재해대책법」 제14조 제1항 각 호의 시설 중 대통령령으로 정하는 특정소방대상물에 대통령령으로 정하는 소방시설을 설치하려는 자는 지진이 발생할 경우 소방시설이 정상적으로 작동될 수 있도록 소방청장이 정하는 내진설계기준에 맞게 소방시설을 설치하여야 한다.

POINT 소방시설의 내진설계〈시행령 제15조의2 제2항〉

법 제9조의2에서 "대통령령으로 정하는 소방시설"이란 소방시설 중 옥내소화전설비, 스프링클러설비, 물분무 등 소화설비를 말한다.

③ 성능위주설계〈법 제9조의3〉
㉠ 대통령령으로 정하는 특정소방대상물(신축)에 소방시설을 설치하려는 자는 그 용도, 위치, 구조, 수용 인원, 가연물(可燃物)의 종류 및 양 등을 고려하여 설계(이하 "성능위주설계"라 한다)하여야 한다.
㉡ 성능위주설계의 기준과 그 밖에 필요한 사항은 소방청장이 정하여 고시한다.

POINT 성능위주설계를 하여야 하는 특정소방대상물의 범위〈시행령 제15조의3〉

✿ 2021 기출 2020 기출 2019 기출

① 연면적 20만 제곱미터 이상인 특정소방대상물. 다만, 공동주택 중 주택으로 쓰이는 층수가 5층 이상인 주택(이하 "아파트 등")은 제외한다.
② 다음의 어느 하나에 해당하는 특정소방대상물(아파트 등 제외)
㉠ 건축물의 높이가 100미터 이상인 특정소방대상물
㉡ 지하층을 포함한 층수가 30층 이상인 특정소방대상물
③ 연면적 3만 제곱미터 이상인 특정소방대상물로서 다음 각 목의 어느 하나에 해당하는 특정소방대상물
㉠ 철도 및 도시철도 시설
㉡ 공항시설
④ 하나의 건축물에 영화상영관이 10개 이상인 특정소방대상물

「화재예방, 소방시설 설치·유지 및 안전관리에 관한 법률」상 성능위주설계를 하여야 하는 특정소방대상물의 범위에 해당되는 것은? (단, 신축하는 것만 해당한다.)

① 연면적 30만 제곱미터의 아파트
② 연면적 2만 5천 제곱미터의 철도시설
③ 지하층을 포함한 층수가 30층인 복합건축물
④ 연면적 3만 제곱미터, 높이 90미터, 지하층 포함 25층인 종합병원

📢**TIP**

① 아파트는 제외된다.
② 연면적 3만 제곱미터 이상의 철도시설이어야 한다.
④ 높이 100미터 이상이거나 지하층 포함 30층 이상이어야 한다.

◀정답 ③

④ 특정소방대상물별로 설치하여야 하는 소방시설의 정비 등〈법 제9조의4〉 ✿ 2021 기출
  ㉠ 대통령령으로 소방시설을 정할 때에는 특정소방대상물의 규모·용도 및 수용인원 등을 고려하여야 한다.
  ㉡ 소방청장은 건축 환경 및 화재위험특성 변화사항을 효과적으로 반영할 수 있도록 ㉠에 따른 소방시설 규정을 3년에 1회 이상 정비하여야 한다.
  ㉢ 소방청장은 건축 환경 및 화재위험특성 변화 추세를 체계적으로 연구하여 ㉡에 따른 정비를 위한 개선방안을 마련하여야 한다.
  ㉣ ㉢에 따른 연구의 수행 등에 필요한 사항은 행정안전부령으로 정한다.

⑤ 소방용품의 내용연수 등〈법 제9조의5〉
  ㉠ 특정소방대상물의 관계인은 내용연수가 경과한 소방용품을 교체하여야 한다. 이 경우 내용연수를 설정하여야 하는 소방용품의 종류 및 그 내용연수 연한에 필요한 사항은 대통령령으로 정한다.
  ㉡ ㉠에도 불구하고 행정안전부령으로 정하는 절차 및 방법 등에 따라 소방용품의 성능을 확인받은 경우에는 그 사용기한을 연장할 수 있다.

⑥ 피난시설·방화구획 및 방화시설의 유지·관리〈법 제10조〉
  ㉠ 특정소방대상물의 관계인은 「건축법」에 따른 피난시설, 방화구획(防火區劃) 및 방화벽, 내부 마감재료 등(이하 "방화시설"이라 한다)에 대하여 다음의 행위를 하여서는 아니 된다.
    • 피난시설·방화구획 및 방화시설을 폐쇄하거나 훼손하는 등의 행위
    • 피난시설·방화구획 및 방화시설의 주위에 물건을 쌓아두거나 장애물을 설치하는 행위
    • 피난시설·방화구획 및 방화시설의 용도에 장애를 주거나 「소방기본법」의 규정에 따른 소방활동에 지장을 주는 행위
    • 그 밖에 피난시설·방화구획 및 방화시설을 변경하는 행위
  ㉡ 소방본부장이나 소방서장은 특정소방대상물의 관계인이 ㉠의 각 호의 행위를 한 경우에는 피난시설, 방화구획 및 방화시설의 유지·관리를 위하여 필요한 조치를 명할 수 있다.

⑦ 특정소방대상물의 공사 현장에 설치하는 임시소방시설의 유지·관리 등〈법 제10조의2〉
  ㉠ 특정소방대상물의 건축·대수선·용도변경 또는 설치 등을 위한 공사를 시공하는 자(이하 이 조에서 "시공자"라 한다)는 공사 현장에서 인화성(引火性) 물품을 취급하는 작업 등 대통령령으로 정하는 작업(이하 이 조에서 "화재위험작업"이라 한다)을 하기 전에 설치 및 철거가 쉬운 화재대비시설(이하 이 조에서 "임시소방시설"이라 한다)을 설치하고 유지·관리하여야 한다.
  ㉡ ㉠에도 불구하고 시공자가 화재위험작업 현장에 소방시설 중 임시소방시설과 기능 및 성능이 유사한 것으로서 대통령령으로 정하는 소방시설을 화재안전기준에 맞게 설치하고 유지·관리하고 있는 경우에는 임시소방시설을 설치하고 유지·관리한 것으로 본다.

기출**PLUS**

기출 2020. 6. 20. 소방공무원

연면적 2,500㎡인 신축공사 작업현장의 바닥면적 200㎡인 지하층에서 용접작업을 하려고 한다. 「화재예방, 소방시설 설치 · 유지 및 안전관리에 관한 법률 시행령」상 해당 작업 현장에 설치하여야 할 임시소방시설로 옳지 않은 것은?

① 소화기
② 간이소화장치
③ 비상경보장치
④ 간이피난유도선

📢TIP

간이소화장치를 설치해야 하는 경우('연면적 3천㎡ 이상'이거나 '바닥면적이 600㎡ 이상인 지하층, 무창층 또는 4층 이상의 층')에 해당하지 않는다.

기출 2020. 6. 20. 소방공무원

「화재예방, 소방시설 설치 · 유지 및 안전관리에 관한 법률」 및 같은 법 시행령상 임시소방시설을 설치하여야 하는 공사와 임시소방시설의 설치기준으로 옳지 않은 것은?

① 특정소방대상물의 용도변경을 위한 공사를 시공하는 자는 공사 현장에서 인화성(引火性) 물품을 취급하는 작업을 하기 전에 설치 및 철거가 쉬운 임시소방시설을 설치하고 유지 · 관리하여야 한다.
② 옥내소화전이 설치된 특정소방대상물의 용도변경을 위한 내부 인테리어 변경공사를 시공하는 자는 간이소화장치를 설치해야만 한다.
③ 무창층으로서 바닥면적 150㎡의 증축 작업현장에는 간이피난유도선을 설치해야 한다.
④ 소방서장은 용접 · 용단 등 불꽃을 발생시키거나 화기(火氣)를 취급하는 작업현장에 임시소방시설 또는 소방시설이 설치 또는 유지 · 관리되지 아니할 때에는 해당 시공자에게 필요한 조치를 하도록 명할 수 있다.

📢TIP

옥내소화전이 설치된 경우 간이소화장치를 설치한 것으로 본다(시행령 별표5의2 침조).

❮정답 ②, ②

© 소방본부장 또는 소방서장은 ③이나 ⓒ에 따라 임시소방시설 또는 소방시설이 설치 또는 유지 · 관리되지 아니할 때에는 해당 시공자에게 필요한 조치를 하도록 명할 수 있다. ☆ 2020 기출
② 임시소방시설을 설치하여야 하는 공사의 종류와 규모, 임시소방시설의 종류 등에 관하여 필요한 사항은 대통령령으로 정하고, 임시소방시설의 설치 및 유지 · 관리 기준은 소방청장이 정하여 고시한다.

🔖POINT ① 임시소방시설의 종류 및 설치기준 등〈시행령 제15조의5〉
  ⊙ 인화성(引火性) 물품을 취급하는 작업 등 대통령령으로 정하는 작업
    • 인화성 · 가연성 · 폭발성 물질을 취급하거나 가연성 가스를 발생시키는 작업
    • 용접 · 용단 등 불꽃을 발생시키거나 화기(火氣)를 취급하는 작업
    • 전열기구, 가열전선 등 열을 발생시키는 기구를 취급하는 작업
    • 소방청장이 정하여 고시하는 폭발성 부유분진을 발생시킬 수 있는 작업
    • 그 밖에 ⊙부터 ②까지와 비슷한 작업으로 소방청장이 정하여 고시하는 작업
  ⓒ 공사 현장에 설치하여야 하는 설치 및 철거가 쉬운 화재대비시설(이하 "임시소방시설"이라 한다)의 종류〈별표5의2 제1호 참조〉
    • 소화기
    • 간이소화장치 : 물을 방사(放射)하여 화재를 진화할 수 있는 장치로서 소방청장이 정하는 성능을 갖추고 있을 것
    • 비상경보장치 : 화재가 발생한 경우 주변에 있는 작업자에게 화재사실을 알릴 수 있는 장치로서 소방청장이 정하는 성능을 갖추고 있을 것
    • 간이피난유도선 : 화재가 발생한 경우 피난구 방향을 안내할 수 있는 장치로서 소방청장이 정하는 성능을 갖추고 있을 것
② 임시소방시설을 설치하여야 하는 공사의 종류 및 규모〈별표5의2 제2호 참조〉
☆ 2020 기출 2018 기출
  ⊙ 소화기 : 제12조제1항에 따라 건축허가등을 할 때 소방본부장 또는 소방서장의 동의를 받아야 하는 특정소방대상물의 건축 · 대수선 · 용도변경 또는 설치 등을 위한 공사 중 제15조의5제1항 각 호에 따른 작업을 하는 현장(이하 "작업현장"이라 한다)에 설치한다.
  ⓒ 간이소화장치 : 다음의 어느 하나에 해당하는 공사의 작업현장에 설치한다.
    • 연면적 3천㎡ 이상
    • 지하층, 무창층 또는 4층 이상의 층. 이 경우 해당 층의 바닥면적이 600㎡ 이상인 경우만 해당한다.
  © 비상경보장치 : 다음의 어느 하나에 해당하는 공사의 작업현장에 설치한다.
    • 연면적 400㎡ 이상
    • 지하층 또는 무창층. 이 경우 해당 층의 바닥면적이 150㎡ 이상인 경우만 해당한다.
  ② 간이피난유도선 : 바닥면적이 150㎡ 이상인 지하층 또는 무창층의 작업현장에 설치한다.
③ 임시소방시설과 기능과 성능이 유사한 소방시설로서 임시소방시설을 설치한 것으로 보는 소방시설〈별표5의2 제3호 참조〉
  ⊙ 간이소화장치를 설치한 것으로 보는 소방시설 : 옥내소화전 또는 소방청장이 정하여 고시하는 기준에 맞는 소화기 ☆ 2020 기출
  ⓒ 비상경보장치를 설치한 것으로 보는 소방시설 : 비상방송설비 또는 자동화재탐지설비
  © 간이피난유도선을 설치한 것으로 보는 소방시설 : 피난유도선, 피난구유도등, 통로유도등 또는 비상조명등

⑧ 소방시설기준 적용의 특례〈법 제11조〉

　　㉠ 소방본부장이나 소방서장은 대통령령 또는 화재안전기준이 변경되어 그 기준이 강화되는 경우 기존의 특정소방대상물(건축물의 신축·개축·재축·이전 및 대수선 중인 특정소방대상물을 포함한다)의 소방시설에 대하여는 변경 전의 대통령령 또는 화재안전기준을 적용한다. 다만, 다음의 어느 하나에 해당하는 소방시설의 경우에는 대통령령 또는 화재안전기준의 변경으로 강화된 기준을 적용한다.

　　　• 소화기구·비상경보설비·자동화재속보설비 및 피난구조설비 중 대통령령으로 정하는 것
　　　• 다음 각 목의 지하구에 설치하여야 하는 소방시설
　　　－「국토의 계획 및 이용에 관한 법률」 제2조 제9호에 따른 공동구
　　　－ 전력 또는 통신사업용 지하구
　　　• 노유자시설, 의료시설에 설치하여야 하는 소방시설 중 대통령령으로 정하는 것*

　　　⚙️ 2019 기출

　　㉡ 소방본부장이나 소방서장은 특정소방대상물에 설치하여야 하는 소방시설 가운데 기능과 성능이 유사한 물 분무 소화설비, 간이 스프링클러 설비, 비상경보설비 및 비상방송설비 등의 소방시설의 경우에는 대통령령으로 정하는 바에 따라 유사한 소방시설의 설치를 면제할 수 있다.[부록Ⅱ참조]

　　㉢ 소방본부장이나 소방서장은 기존의 특정소방대상물이 증축되거나 용도변경되는 경우에는 대통령령으로 정하는 바에 따라 증축 또는 용도변경 당시의 소방시설의 설치에 관한 대통령령 또는 화재안전기준을 적용한다.

　　㉣ 다음의 어느 하나에 해당하는 특정소방대상물 가운데 대통령령으로 정하는 특정소방대상물에는 대통령령으로 정하는 소방시설을 설치하지 아니할 수 있다.

　　　• 화재 위험도가 낮은 특정소방대상물
　　　• 화재안전기준을 적용하기가 어려운 특정소방대상물
　　　• 화재안전기준을 다르게 적용하여야 하는 특수한 용도 또는 구조를 가진 특정소방대상물
　　　•「위험물안전관리법」에 따른 자체소방대가 설치된 특정소방대상물

　　㉤ ㉣항의 어느 하나에 해당하는 특정소방대물에 구조 및 원리 등에서 공법이 특수한 설계로 인정된 소방시설을 설치하는 경우에는 중앙소방기술심의위원회의 심의를 거쳐 화재안전기준을 적용하지 아니할 수 있다.

　　▶POINT 특정소방대상물의 증축 또는 용도변경 시의 소방시설기준 적용의 특례〈시행령 제17조〉

　　　① 소방본부장 또는 소방서장은 특정소방대상물이 증축되는 경우에는 기존 부분을 포함한 특정소방대상물의 전체에 대하여 증축 당시의 소방시설의 설치에 관한 대통령령 또는 화재안전기준을 적용하여야 한다. 다만, 다음의 어느 하나에 해당하는 경우에는 기존 부분에 대해서는 증축 당시의 소방시설의 설치에 관한 대통령령 또는 화재안전기준을 적용하지 아니한다.

　　　　㉠ 기존 부분과 증축 부분이 내화구조(耐火構造)로 된 바닥과 벽으로 구획된 경우 ⚙️ 2019 기출
　　　　㉡ 기존 부분과 증축 부분이 「건축법 시행령」에 따른 갑종 방화문(국토교통부장관이 정하는 기준에 적합한 자동방화셔터를 포함한다)으로 구획되어 있는 경우

📢TIP

강화된 소방시설기준의 적용대상
〈시행령 제15조의6〉
1. 노유자(老幼者)시설에 설치하는 간이스프링클러설비, 자동화재탐지설비 및 단독경보형 감지기
2. 의료시설에 설치하는 스프링클러설비, 간이스프링클러설비, 자동화재탐지설비 및 자동화재속보설비

📋기출 2019. 4. 6. 소방공무원

「화재예방, 소방시설 설치·유지 및 안전관리에 관한 법률」 및 같은 법 시행령상 노유자시설 및 의료시설의 경우 강화된 소방시설기준의 적용대상이다. 이에 해당하는 소방설비의 연결이 옳지 않은 것은?

① 노유자시설에 설치하는 간이스프링클러설비
② 노유자시설에 설치하는 비상방송설비
③ 의료시설에 설치하는 스프링클러설비
④ 의료시설에 설치하는 자동화재탐지설비

📢TIP

노유자시설, 의료시설에 설치하여야 하는 소방시설 중 강화된 소방시설기준의 적용대상(시행령 제15조의6)
㉠ 노유자시설에 설치하는 간이스프링클러설비 및 자동화재탐지설비
㉡ 의료시설에 설치하는 스프링클러설비, 간이스프링클러설비, 자동화재탐지설비 및 자동화재속보설비

◀정답 ②

기출 2019. 4. 6. 소방공무원

「화재예방, 소방시설 설치 · 유지 및 안전관리에 관한 법률 시행령」상 밑줄 친 각 호에 해당되지 않는 것은?

┌─ 보기 ─────────

소방본부장 또는 소방서장은 특정소방대상물이 증축되는 경우에는 기존 부분을 포함한 특정소방대상물의 전체에 대하여 증축 당시의 소방시설의 설치에 관한 대통령령 또는 화재안전기준을 적용하여야 한다. 다만, 다음 <u>각 호</u>의 어느 하나에 해당하는 경우에는 기존 부분에 대해서는 증축 당시의 소방시설의 설치에 관한 대통령령 또는 화재안전기준을 적용하지 아니한다.

└─────────────

① 기존 부분과 증축 부분이 내화구조로 된 바닥과 벽으로 구획된 경우
② 기존 부분과 증축 부분이 「건축법 시행령」 제64조에 따른 갑종 방화문(국토교통부장관이 정하는 기준에 적합한 자동방화셔터를 포함한다)으로 구획되어 있는 경우
③ 자동차 생산공장 등 화재 위험이 낮은 특정소방대상물내부에 연면적 100제곱미터 이하의 직원 휴게실을 증축하는 경우
④ 자동차 생산공장 등 화재 위험이 낮은 특정소방대상물에 캐노피(3면 이상에 벽이 없는 구조의 캐노피를 말한다)를 설치하는 경우

📢**TIP**

'자동차 생산공장 등 화재 위험이 낮은 특정소방대상물 내부에 연면적 33제곱미터 이하의 직원 휴게실을 증축하는 경우'가 해당된다.

◀**정답 ③**

© 자동차 생산공장 등 화재 위험이 낮은 특정소방대상물 내부에 연면적 33제곱미터 이하의 직원 휴게실을 증축하는 경우
② 자동차 생산공장 등 화재 위험이 낮은 특정소방대상물에 캐노피(기둥으로 받치거나 매달아 놓은 덮개를 말하며, 3면 이상에 벽이 없는 구조의 것을 말한다)를 설치하는 경우

② 소방본부장 또는 소방서장은 특정소방대상물이 용도변경되는 경우에는 용도변경되는 부분에 대해서만 용도변경 당시의 소방시설의 설치에 관한 대통령령 또는 화재안전기준을 적용한다. 다만, 다음의 어느 하나에 해당하는 경우에는 특정소방대상물 전체에 대하여 용도변경 전에 해당 특정소방대상물에 적용되던 소방시설의 설치에 관한 대통령령 또는 화재안전기준을 적용한다.
  ㉠ 특정소방대상물의 구조 · 설비가 화재연소 확대 요인이 적어지거나 피난 또는 화재진압활동이 쉬워지도록 변경되는 경우
  ㉡ 문화 및 집회시설 중 공연장 · 집회장 · 관람장, 판매시설, 운수시설, 창고시설 중 물류터미널이 불특정 다수인이 이용하는 것이 아닌 일정한 근무자가 이용하는 용도로 변경되는 경우
  ㉢ 용도변경으로 인하여 천장 · 바닥 · 벽 등에 고정되어 있는 가연성 물질의 양이 줄어드는 경우
  ㉣ 「다중이용업소의 안전관리에 관한 특별법」에 따른 다중이용업의 영업소, 문화 및 집회시설, 종교시설, 판매시설, 운수시설, 의료시설, 노유자시설, 수련시설, 운동시설, 숙박시설, 위락시설, 창고시설 중 물류터미널, 위험물 저장 및 처리 시설 중 가스시설, 장례식장이 각각 이 호에 규정된 시설 외의 용도로 변경되는 경우

⑨ **소방기술심의위원회**〈법 제11조의2〉
  ㉠ 다음의 사항을 심의하기 위하여 소방청에 중앙소방기술심의위원회(이하 "중앙위원회"라 한다)를 둔다. ✿**2018 기출**
    • 화재안전기준에 관한 사항
    • 소방시설의 구조 및 원리 등에서 공법이 특수한 설계 및 시공에 관한 사항
    • 소방시설의 설계 및 공사감리의 방법에 관한 사항
    • 소방시설공사의 하자를 판단하는 기준에 관한 사항
    • 그 밖에 소방기술 등에 관하여 대통령령으로 정하는 사항
  ㉡ 다음의 사항을 심의하기 위하여 특별시 · 광역시 · 특별자치시 · 도 및 특별자치도에 지방소방기술심의위원회(이하 "지방위원회"라 한다)를 둔다.
    • 소방시설에 하자가 있는지의 판단에 관한 사항
    • 그 밖에 소방기술 등에 관하여 대통령령으로 정하는 사항
  ㉢ ㉠, ㉡에 따른 중앙위원회 및 지방위원회의 구성 · 운영에 필요한 사항은 대통령령으로 정한다.

▶**POINT** 소방기술심의위원회의 심의사항〈시행령 제18조의2〉 ✿**2018 기출**
① 법 제11조의2 ㉠에서 "대통령령으로 정하는 사항"이란 다음 각 호의 사항을 말한다.
  ㉠ 연면적 10만 제곱미터 이상의 특정소방대상물에 설치된 소방시설의 설계 · 시공 · 감리의 하자 유무에 관한 사항
  ㉡ 새로운 소방시설과 소방용품 등의 도입 여부에 관한 사항
  ㉢ 그 밖에 소방기술과 관련하여 소방청장이 심의에 부치는 사항

② 법 제11조의2 ⓛ에서 "대통령령으로 정하는 사항"이란 다음 각 호의 사항을 말한다.
　　㉠ 연면적 10만 제곱미터 미만의 특정소방대상물에 설치된 소방시설의 설계·시공·감리의 하자 유무에 관한 사항 ✿ 2019 기출
　　㉡ 소방본부장 또는 소방서장이 화재안전기준 또는 위험물 제조소 등(「위험물 안전관리법」에 따른 제조소 등을 말한다. 이하 같다)의 시설기준의 적용에 관하여 기술검토를 요청하는 사항
　　㉢ 그 밖에 소방기술과 관련하여 시·도지사가 심의에 부치는 사항

▶POINT 소방기술심의위원회의 구성 등〈시행령 제18조의3〉
① 중앙소방기술심의위원회(이하 "중앙위원회"라 한다)는 성별을 고려하여 위원장을 포함한 60명 이내의 위원으로 구성한다.
② 지방소방기술심의위원회(이하 "지방위원회"라 한다)는 위원장을 포함하여 5명 이상 9명 이하의 위원으로 구성한다.
③ 중앙위원회의 회의는 위원장과 위원장이 회의마다 지정하는 6명 이상 12명 이하의 위원으로 구성하고, 중앙위원회는 분야별 소위원회를 구성·운영할 수 있다.

(3) 방염(防炎)

① 소방대상물의 방염 등〈법 제12조〉
　㉠ 대통령령으로 정하는 특정소방대상물에 실내장식 등의 목적으로 설치 또는 부착하는 물품으로서 대통령령으로 정하는 물품(이하 "방염대상물품"이라 한다)은 방염성능기준 이상의 것으로 설치하여야 한다.

▶POINT 방염성능기준 이상의 실내장식물 등을 설치하여야 하는 특정소방대상물〈시행령 제19조〉 ✿ 2020 기출
1. 근린생활시설 중 의원, 체력단련장, 공연장 및 종교집회장
2. 건축물의 옥내에 있는 시설로서 다음 각 목의 시설
　가. 문화 및 집회시설
　나. 종교시설
　다. 운동시설(수영장은 제외한다)
3. 의료시설
4. 교육연구시설 중 합숙소
5. 노유자시설
6. 숙박이 가능한 수련시설
7. 숙박시설
8. 방송통신시설 중 방송국 및 촬영소
9. 다중이용업소
10. 제1호부터 제9호까지의 시설에 해당하지 않는 것으로서 층수가 11층 이상인 것(아파트는 제외한다)

　㉡ 소방본부장이나 소방서장은 방염대상물품이 방염성능기준에 미치지 못하거나 방염성능검사를 받지 아니한 것이면 소방대상물의 관계인에게 방염대상물품을 제거하도록 하거나 방염성능검사를 받도록 하는 등 필요한 조치를 명할 수 있다.
　㉢ 방염성능기준은 대통령령으로 정한다.

기출PLUS

POINT 방염대상물품 및 방염성능기준〈시행령 제20조〉

① 방염대상물품
  ㉠ 제조 또는 가공 공정에서 방염처리를 한 물품(합판·목재류의 경우에는 설치 현장에서 방염처리를 한 것을 포함한다)으로서 다음의 어느 하나에 해당하는 것

  ✿ **2018 기출**
  • 창문에 설치하는 커튼류(블라인드를 포함한다)
  • 카펫, 두께가 2밀리미터 미만인 벽지류(종이벽지는 제외한다)
  • 전시용 합판 또는 섬유판, 무대용 합판 또는 섬유판
  • 암막·무대막(「영화 및 비디오물의 진흥에 관한 법률」에 따른 영화상영관에 설치하는 스크린과 「다중이용업소의 안전관리에 관한 특별법 시행령」에 따른 가상체험 체육시설업에 설치하는 스크린을 포함한다)
  • 섬유류 또는 합성수지류 등을 원료로 하여 제작된 소파·의자(「다중이용업소의 안전관리에 관한 특별법 시행령」에 따른 단란주점영업, 유흥주점영업 및 노래연습장업의 영업장에 설치하는 것만 해당한다)

  ㉡ 건축물 내부의 천장이나 벽에 부착하거나 설치하는 것으로서 다음의 어느 하나에 해당하는 것. 다만, 가구류(옷장, 찬장, 식탁, 식탁용 의자, 사무용 책상, 사무용 의자, 계산대 및 그 밖에 이와 비슷한 것을 말한다.이하 같다)와 너비 10센티미터 이하인 반자돌림대 등과 「건축법」에 따른 내부마감재료는 제외한다.
  • 종이류(두께 2밀리미터 이상인 것을 말한다)·합성수지류 또는 섬유류를 주원료로 한 물품
  • 합판이나 목재
  • 공간을 구획하기 위하여 설치하는 간이 칸막이(접이식 등 이동 가능한 벽체나 천장 또는 반자가 실내에 접하는 부분까지 구획하지 아니하는 벽체를 말한다)
  • 흡음(吸音)이나 방음(防音)을 위하여 설치하는 흡음재(흡음용 커튼을 포함한다) 또는 방음재(방음용 커튼을 포함한다)

② 방염성능기준 : 다음의 기준을 따르되, 방염대상물품의 종류에 따른 구체적인 방염성능기준은 다음의 범위에서 소방청장이 정하여 고시하는 바에 따른다.

  ✿ **2020 기출** **2018 기출**
  ㉠ 버너의 불꽃을 제거한 때부터 불꽃을 올리며 연소하는 상태가 그칠 때까지 시간은 20초 이내일 것
  ㉡ 버너의 불꽃을 제거한 때부터 불꽃을 올리지 아니하고 연소하는 상태가 그칠 때까지 시간은 30초 이내일 것
  ㉢ 탄화(炭化)한 면적은 50제곱센티미터 이내, 탄화한 길이는 20센티미터 이내일 것
  ㉣ 불꽃에 의하여 완전히 녹을 때까지 불꽃의 접촉 횟수는 3회 이상일 것
  ㉤ 소방청장이 정하여 고시한 방법으로 발연량(發煙量)을 측정하는 경우 최대연기밀도는 400 이하일 것

③ 소방본부장 또는 소방서장은 제1항에 따른 물품 외에 다음 각 호의 어느 하나에 해당하는 물품의 경우에는 방염처리된 물품을 사용하도록 권장할 수 있다.
  ㉠ 다중이용업소, 의료시설, 노유자시설, 숙박시설 또는 장례식장에서 사용하는 침구류·소파 및 의자
  ㉡ 건축물 내부의 천장 또는 벽에 부착하거나 설치하는 가구류

② 방염성능의 검사〈법 제13조〉
  ㉠ 특정소방대상물에서 사용하는 방염대상물품은 소방청장(대통령령으로 정하는 방염대상물품의 경우에는 시·도지사를 말한다)이 실시하는 방염성능검사를 받은 것이어야 한다.

기출 2020. 6. 20. 소방공무원

「화재예방, 소방시설 설치·유지 및 안전관리에 관한 법률 시행령」상 방염성능기준에 대한 설명이다. ( ) 안에 들어갈 숫자로 옳은 것은?

─ 보기 ─
• 버너의 불꽃을 제거한 때부터 불꽃을 올리며 연소하는 상태가 그칠 때까지 시간은 (가)초 이내일 것
• 버너의 불꽃을 제거한 때부터 불꽃을 올리지 아니하고 연소하는 상태가 그칠 때까지 시간은 (나)초 이내일 것

	(가)	(나)
①	10	30
②	10	50
③	20	30
④	20	50

 TIP
시행령 제20조 제2항 참조

〈정답 ③

© 방염처리업의 등록을 한 자는 방염성능검사를 할 때에 거짓 시료(試料)를 제출하여서는 아니 된다.

© 방염성능검사의 방법과 검사 결과에 따른 합격 표시 등에 필요한 사항은 행정안전부령으로 정한다.

section 4 소방대상물의 안전관리

(1) 특정소방대상물의 소방안전관리〈법 제20조〉

① 특정소방대상물의 관계인은 그 특정소방대상물에 대하여 제6항에 따른 소방안전관리 업무를 수행하여야 한다.

② 대통령령으로 정하는 특정소방대상물(이하 이 조에서 "소방안전관리대상물"이라 한다)의 관계인은 소방안전관리 업무를 수행하기 위하여 대통령령으로 정하는 자를 행정안전부령으로 정하는 바에 따라 소방안전관리자 및 소방안전관리보조자로 선임하여야 한다. 이 경우 소방안전관리보조자의 최소인원 기준 등 필요한 사항은 대통령령으로 정하고, ④, ⑤ 및 ⑦은 소방안전관리보조자에 대하여 준용한다.

> **POINT** 소방안전관리보조자를 두어야 하는 특정소방대상물〈시행령 제22조의2〉
>
> ① 소방안전관리보조자를 선임하여야 하는 특정소방대상물은 소방안전관리자를 두어야 하는 특정소방대상물 중 다음 각 호의 어느 하나에 해당하는 특정소방대상물로 한다. 다만, 제3호에 해당하는 특정소방대상물로서 해당 특정소방대상물이 소재하는 지역을 관할하는 소방서장이 야간이나 휴일에 해당 특정소방대상물이 이용되지 아니한다는 것을 확인한 경우에는 소방안전관리보조자를 선임하지 아니할 수 있다.
>
> 1. 「건축법 시행령」 별표1 제2호 가목에 따른 아파트(300세대 이상인 아파트만 해당한다)
> 2. 제1호에 따른 아파트를 제외한 연면적이 1만 5천 제곱미터 이상인 특정소방대상물
> 3. 제1호 및 제2호에 따른 특정소방대상물을 제외한 특정소방대상물 중 다음 각 목의 어느 하나에 해당하는 특정소방대상물
>   가. 공동주택 중 기숙사
>   나. 의료시설
>   다. 노유자시설
>   라. 수련시설
>   마. 숙박시설(숙박시설로 사용되는 바닥면적의 합계가 1천 500제곱미터 미만이고 관계인이 24시간 상시 근무하고 있는 숙박시설은 제외한다)
>
> ② 보조자선임대상 특정소방대상물의 관계인이 선임하여야 하는 소방안전관리보조자의 최소 선임기준은 다음 각 호와 같다.
>
> 1. 제1항 제1호의 경우 : 1명. 다만, 초과되는 300세대마다 1명 이상을 추가로 선임하여야 한다.

2. 제1항 제2호의 경우 : 1명. 다만, 초과되는 연면적 1만 5천 제곱미터마다(특정소방대상물의 방재실에 자위소방대가 24시간 상시 근무하고 「소방장비관리법 시행령」 별표 1 제1호 가목에 따른 소방자동차 중 소방펌프차, 소방물탱크차, 소방화학차 또는 무인방수차를 운용하는 경우에는 3만 제곱미터로 한다) 1명 이상을 추가로 선임하여야 한다.

3. 제1항 제3호의 경우 : 1명

③ 대통령령으로 정하는 소방안전관리대상물의 관계인은 ②에도 불구하고 소방시설관리업을 등록한 자(이하 "관리업자"라 한다)로 하여금 소방안전관리 업무 중 대통령령으로 정하는 업무를 대행하게 할 수 있으며, 이 경우 소방안전관리 업무를 대행하는 자를 감독할 수 있는 자를 소방안전관리자로 선임할 수 있다.

④ 소방안전관리대상물의 관계인이 소방안전관리자를 선임한 경우에는 행정안전부령으로 정하는 바에 따라 선임한 날부터 14일 이내에 소방본부장이나 소방서장에게 신고하고, 소방안전관리대상물의 출입자가 쉽게 알 수 있도록 소방안전관리자의 성명과 그 밖에 행정안전부령으로 정하는 사항을 게시하여야 한다.

⑤ 소방안전관리대상물의 관계인이 소방안전관리자를 해임한 경우에는 그 관계인 또는 해임된 소방안전관리자는 소방본부장이나 소방서장에게 그 사실을 알려 해임한 사실의 확인을 받을 수 있다.

⑥ 특정소방대상물(소방안전관리대상물은 제외한다)의 관계인과 소방안전관리대상물의 소방안전관리자의 업무는 다음과 같다. 다만, ㉠, ㉡ 및 ㉣의 업무는 소방안전관리대상물의 경우에만 해당한다. ✿ 2020 기출

㉠ 피난계획에 관한 사항과 대통령령으로 정하는 사항이 포함된 소방계획서의 작성 및 시행

㉡ 자위소방대(自衛消防隊) 및 초기대응체계의 구성 · 운영 · 교육

㉢ 피난시설, 방화구획 및 방화시설의 유지 · 관리

㉣ 소방훈련 및 교육

㉤ 소방시설이나 그 밖의 소방 관련 시설의 유지 · 관리

㉥ 화기(火氣) 취급의 감독

㉦ 그 밖에 소방안전관리에 필요한 업무

⑦ 소방안전관리대상물의 관계인은 소방안전관리자가 소방안전관리 업무를 성실하게 수행할 수 있도록 지도 · 감독하여야 한다.

⑧ 소방안전관리자는 인명과 재산을 보호하기 위하여 소방시설 · 피난시설 · 방화시설 및 방화구획 등이 법령에 위반된 것을 발견한 때에는 지체 없이 소방안전관리대상물의 관계인에게 소방대상물의 개수 · 이전 · 제거 · 수리 등 필요한 조치를 할 것을 요구하여야 하며, 관계인이 시정하지 아니하는 경우 소방본부장 또는 소방서장에게 그 사실을 알려야 한다. 이 경우 소방안전관리자는 공정하고 객관적으로 그 업무를 수행하여야 한다.

기출 2020. 6. 20. 소방공무원

「화재예방, 소방시설 설치 · 유지 및 안전관리에 관한 법률」상 특정소방대상물(소방안전관리대상물은 제외한다) 관계인의 업무로 옳지 않은 것은?

① 소방계획서의 작성 및 시행
② 화기(火氣) 취급의 감독
③ 소방시설이나 그 밖의 소방 관련 시설의 유지 · 관리
④ 피난시설, 방화구획 및 방화시설의 유지 · 관리

TIP

소방계획서의 작성 및 시행은 소방안전관리대상물의 소방안전관리자의 업무이다.

◀ 정답 ①

⑨ 소방안전관리자로부터 조치요구 등을 받은 소방안전관리대상물의 관계인은 지체 없이 이에 따라야 하며 조치요구 등을 이유로 소방안전관리자를 해임하거나 보수(報酬)의 지급을 거부하는 등 불이익한 처우를 하여서는 아니 된다.

⑩ 소방안전관리 업무를 관리업자에게 대행하게 하는 경우의 대가(代價)는 「엔지니어링산업 진흥법」에 따른 엔지니어링사업의 대가 기준 가운데 행정안전부령으로 정하는 방식에 따라 산정한다.

⑪ 자위소방대와 초기대응체계의 구성, 운영 및 교육 등에 관하여 필요한 사항은 행정안전부령으로 정한다.

⑫ 소방본부장 또는 소방서장은 ②에 따른 소방안전관리자를 선임하지 아니한 소방안전관리대상물의 관계인에게 소방안전관리자를 선임하도록 명할 수 있다.

⑬ 소방본부장 또는 소방서장은 ⑥에 따른 업무를 다하지 아니하는 특정소방대상물의 관계인 또는 소방안전관리자에게 그 업무를 이행하도록 명할 수 있다.

> **POINT** 소방안전관리자의 선임신고 등〈시행규칙 제14조〉
>
> ㉠ 특정소방대상물의 관계인은 소방안전관리자를 다음의 어느 하나에 해당하는 날부터 30일 이내에 선임하여야 한다.
> - 신축·증축·개축·재축·대수선 또는 용도변경으로 해당 특정소방대상물의 소방안전관리자를 신규로 선임하여야 하는 경우 : 해당 특정소방대상물의 완공일(건축물의 경우에는 「건축법」에 따라 건축물을 사용할 수 있게 된 날을 말한다)
> - 증축 또는 용도변경으로 인하여 특정소방대상물이 영 제22조 제1항에 따른 소방안전관리대상물로 된 경우 : 증축공사의 완공일 또는 용도변경 사실을 건축물관리대장에 기재한 날
> - 특정소방대상물을 양수하거나 「민사집행법」에 의한 경매, 「채무자 회생 및 파산에 관한 법률」에 의한 환가, 「국세징수법」·「관세법」 또는 「지방세기본법」에 의한 압류재산의 매각 그 밖에 이에 준하는 절차에 의하여 관계인의 권리를 취득한 경우 : 해당 권리를 취득한 날 또는 관할 소방서장으로부터 소방안전관리자 선임 안내를 받은 날. 다만, 새로 권리를 취득한 관계인이 종전의 특정소방대상물의 관계인이 선임신고한 소방안전관리자를 해임하지 아니하는 경우를 제외한다.
> - 특정소방대상물의 경우 : 소방본부장 또는 소방서장이 공동 소방안전관리 대상으로 지정한 날
> - 소방안전관리자를 해임한 경우 : 소방안전관리자를 해임한 날
> - 소방안전관리업무를 대행하는 자를 감독하는 자를 소방안전관리자로 선임한 경우로서 그 업무대행 계약이 해지 또는 종료된 경우 : 소방안전관리업무 대행이 끝난 날
>
> ㉡ 2급 또는 3급 소방안전관리대상물의 관계인은 소방안전관리자에 대한 강습교육이나 2급 또는 3급 소방안전관리에 대한 시험이 소방안전관리자 선임 기간 내에 있지 아니하여 소방안전관리자를 선임할 수 없는 경우에는 소방안전관리자 선임의 연기를 신청할 수 있다.
>
> ㉢ 소방안전관리자 선임의 연기를 신청하려는 2급 또는 3급 소방안전관리대상물의 관계인은 선임 연기신청서에 소방안전관리 강습교육접수증 사본 또는 2급 소방안전관리자 시험응시표 사본을 첨부하여 소방본부장 또는 소방서장에게 신청하여야 한다. 이 경우 2급 또는 3급 소방안전관리대상물의 관계인은 소방안전관리자가 선임될 때까지 소방안전관리 업무를 수행하여야 한다.

② 소방본부장 또는 소방서장은 ⓒ에 따른 신청을 받은 때에는 소방안전관리자 선임기간을 지정하여 2급 또는 3급 소방안전관리대상물의 관계인에게 통보하여야 한다.

⑩ 소방안전관리대상물의 관계인은 소방안전관리자 및 공동 소방안전관리자(「기업활동 규제완화에 관한 특별조치법」에 따라 소방안전관리자를 겸임하거나 공동으로 선임되는 자를 포함한다)를 선임한 때에는 소방안전관리자 선임신고서(전자문서로 된 신고서를 포함한다)에 다음의 어느 하나에 해당하는 서류(전자문서를 포함한다)를 첨부하여 소방본부장 또는 소방서장에게 제출하여야 한다. 이 경우 담당 공무원은 「전자정부법」에 따른 행정정보의 공동이용을 통하여 선임된 소방안전관리자의 국가기술자격증을 확인하여야 하며, 신고인이 확인에 동의하지 아니하는 경우에는 그 서류(국가기술자격증의 경우에는 그 사본을 말한다)를 제출하도록 하여야 한다.

• 소방시설관리사증
• 소방안전관리자수첩
• 소방안전관리대상물의 소방안전관리에 관한 업무를 감독할 수 있는 직위에 있는 자임을 증명하는 서류(소방안전관리대상물의 관계인이 소방안전관리 업무를 대행하게 하는 경우만 해당한다) 1부
• 「위험물안전관리법」에 따른 자체소방대장임을 증명하는 서류 또는 소방시설관리업자에게 소방안전관리 업무를 대행하게 한 사실을 증명할 수 있는 서류(소방대상물의 자체소방대장 또는 소방시설관리업자에게 소방안전관리 업무를 대행하게 한 경우에 한한다) 1부
• 「기업활동 규제완화에 관한 특별조치법」에 따라 해당 특정소방대상물의 소방안전관리자를 겸임할 수 있는 안전관리자로 선임된 사실을 증명할 수 있는 서류 또는 선임사항이 기록된 자격수첩

ⓑ 소방본부장 또는 소방서장은 특정소방대상물의 관계인이 소방안전관리자를 선임하여 신고하는 경우에는 신고인에게 소방안전관리자 선임증을 발급하여야 한다.

ⓢ 특정소방대상물의 관계인은 「전자정부법」에 따라 소방청장이 설치한 전산시스템을 이용하여 소방안전관리자의 선임신고를 할 수 있으며, 이 경우 소방본부장 또는 소방서장은 소방안전관리자 선임증을 발급하여야 한다.

(2) 소방안전 특별관리시설물의 안전관리〈법 제20조의2〉

① 소방청장은 화재 등 재난이 발생할 경우 사회·경제적으로 피해가 큰 다음의 시설(이하 이 조에서 "소방안전 특별관리시설물"이라 한다)에 대하여 소방안전 특별관리를 하여야 한다. ✿ **2021 기출**

㉠ 「공항시설법」의 공항시설
㉡ 「철도산업발전기본법」의 철도시설
㉢ 「도시철도법」의 도시철도시설
㉣ 「항만법」의 항만시설
㉤ 「문화재보호법」의 지정문화재인 시설(시설이 아닌 지정문화재를 보호하거나 소장하고 있는 시설을 포함한다)
㉥ 「산업기술단지 지원에 관한 특례법」의 산업기술단지
㉦ 「산업입지 및 개발에 관한 법률」의 산업단지

ⓞ 「초고층 및 지하연계 복합건축물 재난관리에 관한 특별법」의 초고층 건축물 및 지하연계 복합건축물

ⓩ 「영화 및 비디오물의 진흥에 관한 법률」의 영화상영관 중 수용인원 1,000명 이상인 영화상영관

ⓩ 전력용 및 통신용 지하구

ⓚ 「한국석유공사법」의 석유비축시설

ⓔ 「한국가스공사법」의 천연가스 인수기지 및 공급망

ⓟ 「전통시장 및 상점가 육성을 위한 특별법」의 전통시장으로서 대통령령으로 정하는 전통시장

ⓗ 그 밖에 대통령령으로 정하는 시설물

② 소방청장은 특별관리를 체계적이고 효율적으로 하기 위하여 시·도지사와 협의하여 소방안전 특별관리기본계획을 수립하여 시행하여야 한다.

③ 시·도지사는 소방안전 특별관리기본계획에 저촉되지 아니하는 범위에서 관할 구역에 있는 소방안전 특별관리시설물의 안전관리에 적합한 소방안전 특별관리시행계획을 수립하여 시행하여야 한다.

④ 그 밖에 소방안전 특별관리기본계획 및 소방안전 특별관리시행계획의 수립·시행에 필요한 사항은 대통령령으로 정한다.

POINT 소방안전 특별관리기본계획·시행계획의 수립·시행〈시행령 제24조의3〉

① 소방청장은 소방안전 특별관리기본계획(이하 이 조에서 "특별관리기본계획"이라 한다)을 5년마다 수립·시행하여야 하고, 계획 시행 전년도 10월 31일까지 수립하여 시·도에 통보한다.

② 특별관리기본계획에는 다음의 사항이 포함되어야 한다.
• 화재예방을 위한 중기·장기 안전관리정책
• 화재예방을 위한 교육·홍보 및 점검·진단
• 화재대응을 위한 훈련
• 화재대응 및 사후조치에 관한 역할 및 공조체계
• 그 밖에 화재 등의 안전관리를 위하여 필요한 사항

③ 시·도지사는 특별관리기본계획을 시행하기 위하여 매년 소방안전 특별관리시행계획(이하 이 조에서 "특별관리시행계획"이라 한다)을 계획 시행 전년도 12월 31일까지 수립하여야 하고, 시행 결과를 계획 시행 다음 연도 1월 31일까지 소방청장에게 통보하여야 한다.

④ 특별관리시행계획에는 다음의 사항이 포함되어야 한다.
• 특별관리기본계획의 집행을 위하여 필요한 사항
• 시·도에서 화재 등의 안전관리를 위하여 필요한 사항

⑤ 소방청장 및 시·도지사는 특별관리기본계획 및 특별관리시행계획을 수립하는 경우 성별, 연령별, 재해약자(장애인·노인·임산부·영유아·어린이 등 이동이 어려운 사람을 말한다)별 화재 피해현황 및 실태 등에 관한 사항을 고려하여야 한다.

기출PLUS

기출 2021. 4. 3. 소방공무원

「화재예방, 소방시설 설치·유지 및 안전관리에 관한 법률」 및 같은 법 시행령상 특정소방대상물로서 그 관리의 권원(權原)이 분리되어 있는 것 가운데 소방본부장이나 소방서장이 공동 소방안전관리자를 선임하도록 지정할 수 있는 대상물로 옳지 않은 것은?

① 판매시설 중 전통시장

② 복합건축물로서 연면적이 5천 제곱미터 이상인 것

③ 고층 건축물(지하층을 제외한 층수가 11층 이상인 건축물만 해당)

④ 지하가(지하의 인공구조물 안에 설치된 상점 및 사무실, 그 밖에 이와 비슷한 시설이 연속하여 지하도에 접하여 설치된 것과 그 지하도를 합한 것을 말한다)

TIP

법 제21조(공동 소방안전관리), 시행령 제25조(공동 소방안전관리자 선임대상 특정소방대상물) 참조

◀정답 ①

(3) 공동 소방안전관리〈법 제21조〉

다음의 어느 하나에 해당하는 특정소방대상물로서 그 관리의 권원(權原)이 분리되어 있는 것 가운데 소방본부장이나 소방서장이 지정하는 특정소방대상물의 관계인은 행정안전부령으로 정하는 바에 따라 대통령령으로 정하는 자를 공동 소방안전관리자로 선임하여야 한다. ✿ **2021 기출**

① 고층 건축물(지하층을 제외한 층수가 11층 이상인 건축물만 해당한다)

② 지하가(지하의 인공구조물 안에 설치된 상점 및 사무실, 그 밖에 이와 비슷한 시설이 연속하여 지하도에 접하여 설치된 것과 그 지하도를 합한 것을 말한다)

③ 그 밖에 대통령령으로 정하는 특정소방대상물

> **POINT** 공동 소방안전관리자 선임대상 특정소방대상물〈시행령 제25조〉
> 법 제21조 제3호에서 "대통령령으로 정하는 특정소방대상물"이란 다음의 하나에 해당하는 특정소방대상물을 말한다.
> ① 복합건축물로서 연면적이 5천 제곱미터 이상인 것 또는 층수가 5층 이상인 것
> ② 판매시설 중 도매시장 및 소매시장
> ③ 특정소방대상물 중 소방본부장 또는 소방서장이 지정하는 것

(4) 피난계획의 수립 및 시행〈법 제21조의2〉

① 소방안전관리대상물의 관계인은 그 장소에 근무하거나 거주 또는 출입하는 사람들이 화재가 발생한 경우에 안전하게 피난할 수 있도록 피난계획을 수립하여 시행하여야 한다.

② 피난계획에는 그 특정소방대상물의 구조, 피난시설 등을 고려하여 설정한 피난경로가 포함되어야 한다.

③ 소방안전관리대상물의 관계인은 피난시설의 위치, 피난경로 또는 대피요령이 포함된 피난유도 안내정보를 근무자 또는 거주자에게 정기적으로 제공하여야 한다.

④ 피난계획의 수립·시행, 피난유도 안내정보 제공에 필요한 사항은 행정안전부령으로 정한다.

> **POINT** 피난계획의 수립·시행〈시행규칙 제14조의4〉
> ① 피난계획(이하 "피난계획"이라 한다)에는 다음의 사항이 포함되어야 한다.
> ㉠ 화재경보의 수단 및 방식
> ㉡ 층별, 구역별 피난대상 인원의 현황
> ㉢ 장애인, 노인, 임산부, 영유아 및 어린이 등 이동이 어려운 사람(이하 "재해약자"라 한다)의 현황
> ㉣ 각 거실에서 옥외(옥상 또는 피난안전구역을 포함한다)로 이르는 피난경로
> ㉤ 재해약자 및 재해약자를 동반한 사람의 피난동선과 피난방법
> ㉥ 피난시설, 방화구획, 그 밖에 피난에 영향을 줄 수 있는 제반 사항
> ② 소방안전관리대상물의 관계인은 해당 소방안전관리대상물의 구조·위치, 소방시설 등을 고려하여 피난계획을 수립하여야 한다.
> ③ 소방안전관리대상물의 관계인은 해당 소방안전관리대상물의 피난시설이 변경된 경우에는 그 변경사항을 반영하여 피난계획을 정비하여야 한다.
> ④ ①부터 ③까지에서 규정한 사항 외에 피난계획의 수립·시행에 필요한 세부사항은 소방청장이 정하여 고시한다.

POINT 피난유도 안내정보의 제공〈시행규칙 제14조의5〉

① 피난유도 안내정보 제공은 다음의 어느 하나에 해당하는 방법으로 하여야 한다.

1. 연 2회 피난안내 교육을 실시하는 방법
2. 분기별 1회 이상 피난안내방송을 실시하는 방법
3. 피난안내도를 층마다 보기 쉬운 위치에 게시하는 방법
4. 엘리베이터, 출입구 등 시청이 용이한 지역에 피난안내영상을 제공하는 방법

② ①에서 규정한 사항 외에 피난유도 안내정보의 제공에 필요한 세부사항은 소방청장이 정하여 고시한다.

(5) 특정소방대상물의 근무자 및 거주자에 대한 소방훈련 등〈법 제22조〉

① 대통령령으로 정하는 특정소방대상물의 관계인은 그 장소에 상시 근무하거나 거주하는 사람에게 소화·통보·피난 등의 훈련(이하 "소방훈련"이라 한다)과 소방안전관리에 필요한 교육을 하여야 한다. 이 경우 피난훈련은 그 소방대상물에 출입하는 사람을 안전한 장소로 대피시키고 유도하는 훈련을 포함하여야 한다.

② 소방본부장이나 소방서장은 특정소방대상물의 관계인이 실시하는 소방훈련을 지도·감독할 수 있다.

③ 소방훈련과 교육의 횟수 및 방법 등에 관하여 필요한 사항은 행정안전부령으로 정한다.

POINT 특정소방대상물의 근무자 및 거주자에 대한 소방훈련과 교육〈시행규칙 제15조〉

① 특정소방대상물의 관계인은 소방훈련과 교육을 연 1회 이상 실시하여야 한다. 다만, 소방서장이 화재예방을 위하여 필요하다고 인정하여 2회의 범위 안에서 추가로 실시할 것을 요청하는 경우에는 소방훈련과 교육을 실시하여야 한다.

② 소방서장은 특급 및 1급 소방안전관리대상물의 관계인으로 하여금 소방훈련을 소방기관과 합동으로 실시하게 할 수 있다.

③ 소방훈련을 실시하여야 하는 관계인은 소방훈련에 필요한 장비 및 교재 등을 갖추어야 한다.

④ 소방안전관리대상물의 관계인은 소방훈련과 교육을 실시하였을 때에는 그 실시 결과를 소방훈련·교육 실시 결과 기록부에 기록하고, 이를 소방훈련과 교육을 실시한 날의 다음 날부터 2년간 보관하여야 한다.

(6) 특정소방대상물의 관계인에 대한 소방안전교육〈법 제23조〉

① 소방본부장이나 소방서장은 제22조를 적용받지 아니하는 특정소방대상물의 관계인에 대하여 특정소방대상물의 화재 예방과 소방안전을 위하여 행정안전부령으로 정하는 바에 따라 소방안전교육을 하여야 한다.

② 교육대상자 및 특정소방대상물의 범위 등에 관하여 필요한 사항은 행정안전부령으로 정한다.

POINT 소방안전교육 대상자 등〈시행규칙 제16조〉

① 소방본부장 또는 소방서장은 법 제23조 제1항의 규정에 의하여 소방안전교육을 실시하고자 하는 때에는 교육일시 · 장소 등 교육에 필요한 사항을 명시하여 교육일 10일 전까지 교육대상자에게 통보하여야 한다.

② 법 제23조 제2항에 따른 소방안전교육대상자는 다음의 어느 하나에 해당하는 특정소방대상물의 관계인으로서 관할 소방서장이 교육이 필요하다고 인정하는 사람으로 한다.

㉠ 소규모의 공장 · 작업장 · 점포 등이 밀집한 지역 안에 있는 특정소방대상물

㉡ 주택으로 사용하는 부분 또는 층이 있는 특정소방대상물

㉢ 목조 또는 경량철골조 등 화재에 취약한 구조의 특정소방대상물

㉣ 그 밖에 화재에 대하여 취약성이 높다고 관할 소방본부장 또는 소방서장이 인정하는 특정소방대상물

(7) 공공기관의 소방안전관리〈법 제24조〉

① 국가, 지방자치단체, 국공립학교 등 대통령령으로 정하는 공공기관의 장은 소관 기관의 근무자 등의 생명 · 신체와 건축물 · 인공구조물 및 물품 등을 화재로부터 보호하기 위하여 화재 예방, 자위소방대의 조직 및 편성, 소방시설의 자체점검과 소방훈련 등의 소방안전관리를 하여야 한다.

② 공공기관에 대한 다음의 사항에 관하여는 제20조부터 제23조까지의 규정에도 불구하고 대통령령으로 정하는 바에 따른다.

㉠ 소방안전관리자의 자격, 책임 및 선임 등

㉡ 소방안전관리의 업무대행

㉢ 자위소방대의 구성, 운영 및 교육

㉣ 근무자 등에 대한 소방훈련 및 교육

㉤ 그 밖에 소방안전관리에 필요한 사항

(8) 소방시설 등의 자체점검 등〈법 제25조〉

① 특정소방대상물의 관계인은 그 대상물에 설치되어 있는 소방시설 등에 대하여 정기적으로 자체점검을 하거나 관리업자 또는 행정안전부령으로 정하는 기술자격자로 하여금 정기적으로 점검하게 하여야 한다.

② 특정소방대상물의 관계인 등이 점검을 한 경우에는 관계인이 그 점검 결과를 행정안전부령으로 정하는 바에 따라 소방본부장이나 소방서장에게 보고하여야 한다.

③ 점검의 구분과 그 대상, 점검인력의 배치기준 및 점검자의 자격, 점검 장비, 점검방법 및 횟수 등 필요한 사항은 행정안전부령으로 정한다.

⊗POINT 소방시설 등 자체점검의 구분 및 대상〈시행규칙 제18조〉
① 소방시설 등의 자체점검의 구분 · 대상 · 점검자의 자격 · 점검방법 및 점검횟수는 별표 1과 같고, 소방시설관리업자 또는 소방안전관리자로 선임된 소방시설관리사 및 소방기술사가 점검하는 경우 점검인력의 배치기준은 별표 2와 같다.

② 소방시설별 점검 장비는 별표 2의2와 같다.

③ 소방시설관리업자는 점검을 실시한 경우 점검이 끝난 날부터 10일 이내에 별표 2에 따른 점검인력 배치 상황을 포함한 소방시설 등에 대한 자체점검 실적(별표 1 제4호에 따른 외관점검은 제외한다)을 소방시설관리업자에 대한 평가 등에 관한 업무를 위탁받은 법인 또는 단체(이하 "평가기관"이라 한다)에 통보하여야 한다.

④ ①의 규정에 의한 자체점검 구분에 따른 점검사항·소방시설등점검표·점검 인원 및 세부점검방법 그 밖의 자체점검에 관하여 필요한 사항은 소방청장이 이를 정하여 고시한다.

④ 관리업자나 기술자격자로 하여금 점검하게 하는 경우의 점검 대가는 「엔지니어링산업 진흥법」에 따른 엔지니어링사업의 대가의 기준 가운데 행정안전부령으로 정하는 방식에 따라 산정한다.

(9) 우수 소방대상물 관계인에 대한 포상 등〈법 제25조의2〉

① 소방청장은 소방대상물의 자율적인 안전관리를 유도하기 위하여 안전관리 상태가 우수한 소방대상물을 선정하여 우수 소방대상물 표지를 발급하고, 소방대상물의 관계인을 포상할 수 있다.

② 우수 소방대상물의 선정 방법, 평가 대상물의 범위 및 평가 절차 등 필요한 사항은 행정안전부령으로 정한다.

section 5 소방시설관리사 및 소방시설관리업

(1) 소방시설관리사

① 소방시설관리사〈법 제26조〉

㉠ 소방시설관리사(이하 "관리사"라 한다)가 되려는 사람은 소방청장이 실시하는 관리사시험에 합격하여야 한다.

㉡ 관리사시험의 응시자격, 시험 방법, 시험 과목, 시험 위원, 그 밖에 관리사시험에 필요한 사항은 대통령령으로 정한다.

㉢ 소방기술사 등 대통령령으로 정하는 사람에 대하여는 관리사시험 과목 가운데 일부를 면제할 수 있다.

㉣ 소방청장은 관리사시험에 합격한 사람에게는 행정안전부령으로 정하는 바에 따라 소방시설관리사증을 발급하여야 한다.

㉤ 소방시설관리사증을 발급받은 사람은 소방시설관리사증을 잃어버렸거나 못 쓰게 된 경우에는 행정안전부령으로 정하는 바에 따라 소방시설관리사증을 재발급 받을 수 있다.

㉥ 관리사는 소방시설관리사증을 다른 자에게 빌려주어서는 아니 된다.

　ⓢ 관리사는 동시에 둘 이상의 업체에 취업하여서는 아니 된다.

　ⓞ 기술자격자 및 관리업의 기술 인력으로 등록된 관리사는 성실하게 자체점검 업무를 수행하여야 한다.

② **부정행위자에 대한 제재**〈법 제26조의2〉… 소방청장은 시험에서 부정한 행위를 한 응시자에 대하여는 그 시험을 정지 또는 무효로 하고, 그 처분이 있은 날부터 2년간 시험 응시자격을 정지한다.

③ **관리사의 결격사유**〈법 제27조〉

　㉠ 피성년후견인

　㉡ 이 법, 「소방기본법」, 「소방시설공사업법」 또는 「위험물안전관리법」에 따른 금고 이상의 실형을 선고받고 그 집행이 끝나거나(집행이 끝난 것으로 보는 경우를 포함한다) 집행이 면제된 날부터 2년이 지나지 아니한 사람

　㉢ 이 법, 「소방기본법」, 「소방시설공사업법」 또는 「위험물안전관리법」에 따른 금고 이상의 형의 집행유예를 선고받고 그 유예기간 중에 있는 사람

　㉣ 자격이 취소된 날부터 2년이 지나지 아니한 사람

④ **자격의 취소·정지**〈법 제28조〉… 소방청장은 관리사가 다음의 어느 하나에 해당할 때에는 행정안전부령으로 정하는 바에 따라 그 자격을 취소하거나 2년 이내의 기간을 정하여 그 자격의 정지를 명할 수 있다. 다만, ㉠, ㉣, ㉤ 또는 ㉦에 해당하면 그 자격을 취소하여야 한다.

　㉠ 거짓, 그 밖의 부정한 방법으로 시험에 합격한 경우

　㉡ 소방안전관리 업무를 하지 아니하거나 거짓으로 한 경우

　㉢ 점검을 하지 아니하거나 거짓으로 한 경우

　㉣ 소방시설관리사증을 다른 자에게 빌려준 경우

　㉤ 동시에 둘 이상의 업체에 취업한 경우

　㉥ 성실하게 자체점검 업무를 수행하지 아니한 경우

　㉦ 결격사유에 해당하게 된 경우

(2) 소방시설관리업

① **소방시설관리업의 등록 등**〈법 제29조〉

　㉠ 소방안전관리 업무의 대행 또는 소방시설 등의 점검 및 유지·관리의 업을 하려는 자는 시·도지사에게 소방시설관리업(이하 "관리업"이라 한다)의 등록을 하여야 한다.

　㉡ 기술 인력·장비 등 관리업의 등록기준에 관하여 필요한 사항은 대통령령으로 정한다.

　㉢ 관리업의 등록신청과 등록증·등록수첩의 발급·재발급 신청, 그 밖에 관리업의 등록에 필요한 사항은 행정안전부령으로 정한다.

POINT 소방시설관리업의 등록증 및 등록수첩 발급 등〈시행규칙 제22조〉

① 시·도지사는 소방시설관리업의 등록신청 내용이 소방시설관리업의 등록기준에 적합하다고 인정되면 신청인에게 소방시설관리업등록증과 소방시설관리업등록수첩을 발급하고, 소방시설관리업등록대장을 작성하여 관리하여야 한다. 이 경우 시·도지사는 제출된 소방기술인력의 기술자격증(자격수첩을 포함한다)에 해당 소방기술인력이 그 소방시설관리업자 소속임을 기록하여 내주어야 한다.

② 시·도지사는 제출된 서류를 심사한 결과 다음의 1에 해당하는 때에는 10일 이내의 기간을 정하여 이를 보완하게 할 수 있다.

㉠ 첨부서류가 미비되어 있는 때

㉡ 신청서 및 첨부서류의 기재내용이 명확하지 아니한 때

③ 시·도지사는 소방시설관리업등록증을 교부하거나 등록의 취소 또는 영업정지처분을 한 때에는 이를 시·도의 공보에 공고하여야 한다.

② **등록의 결격사유**〈법 제30조〉

㉠ 피성년후견인

㉡ 이 법, 「소방기본법」, 「소방시설공사업법」 또는 「위험물안전관리법」에 따른 금고 이상의 실형을 선고받고 그 집행이 끝나거나(집행이 끝난 것으로 보는 경우를 포함한다) 집행이 면제된 날부터 2년이 지나지 아니한 사람

㉢ 이 법, 「소방기본법」, 「소방시설공사업법」 또는 「위험물안전관리법」에 따른 금고 이상의 형의 집행유예를 선고받고 그 유예기간 중에 있는 사람

㉣ 관리업의 등록이 취소(㉠에 해당하여 등록이 취소된 자 제외)된 날부터 2년이 지나지 아니한 자

㉤ 임원 중에 ㉠에서 ㉣까지의 어느 하나에 해당하는 사람이 있는 법인

③ **등록사항의 변경신고**〈법 제31조〉… 관리업자는 등록한 사항 중 행정안전부령으로 정하는 중요 사항이 변경되었을 때에는 행정안전부령으로 정하는 바에 따라 시·도지사에게 변경사항을 신고하여야 한다.

POINT 등록사항의 변경신고 등〈시행규칙 제25조〉

① 소방시설관리업자는 등록사항의 변경이 있는 때에는 변경일부터 30일 이내에 소방시설관리업 등록사항변경신고서(전자문서로 된 신고서를 포함한다)에 그 변경사항별로 다음의 구분에 의한 서류(전자문서를 포함한다)를 첨부하여 시·도지사에게 제출하여야 한다.

㉠ 명칭·상호 또는 영업소소재지를 변경하는 경우: 소방시설관리업등록증 및 등록수첩

㉡ 대표자를 변경하는 경우: 소방시설관리업등록증 및 등록수첩

㉢ 기술인력을 변경하는 경우

• 소방시설관리업등록수첩

• 변경된 기술인력의 기술자격증(자격수첩)

• 기술인력연명부

② 신고서를 제출받은 담당 공무원은 「전자정부법」에 따라 법인등기부 등본(법인인 경우에 한한다) 또는 사업자등록증 사본(개인인 경우에 한한다)을 확인하여야 한다. 다만, 신고인이 확인에 동의하지 아니하는 경우에는 이를 첨부하도록 하여야 한다.

③ 시 · 도지사는 규정에 의하여 변경신고를 받은 때에는 5일 이내에 소방시설관리업등
록증 및 등록수첩을 새로 교부하거나 ①의 규정에 의하여 제출된 소방시설관리업등
록증 및 등록수첩과 기술인력의 기술자격증(자격수첩)에 그 변경된 사항을 기재하
여 교부하여야 한다.

④ 시 · 도지사는 변경신고를 받은 때에는 소방시설관리업등록대장에 변경사항을 기재
하고 관리하여야 한다.

④ **소방시설관리업자의 지위승계**〈법 제32조〉

㉠ 다음의 어느 하나에 해당하는 자는 관리업자의 지위를 승계한다.

• 관리업자가 사망한 경우 그 상속인

• 관리업자가 그 영업을 양도한 경우 그 양수인

• 법인인 관리업자가 합병한 경우 합병 후 존속하는 법인이나 합병으로 설립되는 법인

㉡ 「민사집행법」에 따른 경매, 「채무자 회생 및 파산에 관한 법률」에 따른 환가, 「국
세징수법」 · 「관세법」 또는 「지방세기본법」에 따른 압류재산의 매각과 그 밖에
이에 준하는 절차에 따라 관리업의 시설 및 장비의 전부를 인수한 자는 그 관리
업자의 지위를 승계한다.

㉢ 관리업자의 지위를 승계한 자는 행정안전부령으로 정하는 바에 따라 시 · 도지사
에게 신고하여야 한다.

㉣ 지위승계에 관하여는 제30조를 준용한다. 다만, 상속인이 등록의 결격사유(제30
조)에 해당하는 경우에는 상속받은 날부터 3개월 동안은 그러하지 아니하다.

⑤ **관리업의 운영**〈법 제33조〉

㉠ 관리업자는 관리업의 등록증 또는 등록수첩을 다른 자에게 빌려주어서는 아니된다.

㉡ 관리업자는 다음의 어느 하나에 해당하면 소방안전관리 업무를 대행하게 하거나
소방시설 등의 점검업무를 수행하게 한 특정소방대상물의 관계인에게 지체 없이
그 사실을 알려야 한다.

• 관리업자의 지위를 승계한 경우

• 관리업의 등록취소 또는 영업정지처분을 받은 경우

• 휴업 또는 폐업을 한 경우

㉢ 관리업자는 자체점검을 할 때에는 행정안전부령으로 정하는 바에 따라 기술인력
을 참여시켜야 한다.

⑥ **점검능력 평가 및 공시 등**〈법 제33조의2〉

㉠ 소방청장은 관계인 또는 건축주가 적정한 관리업자를 선정할 수 있도록 하기 위
하여 관리업자의 신청이 있는 경우 해당 관리업자의 점검능력을 종합적으로 평
가하여 공시할 수 있다.

㉡ 점검능력 평가를 신청하려는 관리업자는 소방시설 등의 점검실적을 증명하는 서
류 등 행정안전부령으로 정하는 서류를 소방청장에게 제출하여야 한다.

㉢ 점검능력 평가 및 공시방법, 수수료 등 필요한 사항은 행정안전부령으로 정한다.

㉣ 소방청장은 점검능력을 평가하기 위하여 관리업자의 기술인력 및 장비 보유현
황, 점검실적, 행정처분이력 등 필요한 사항에 대하여 데이터베이스를 구축할
수 있다.

⑦ 점검실명제〈법 제33조의3〉

　　㉠ 관리업자가 소방시설 등의 점검을 마친 경우 점검일시, 점검자, 점검업체 등 점검과 관련된 사항을 점검기록표에 기록하고 이를 해당 특정소방대상물에 부착하여야 한다.

　　㉡ 점검기록표에 관한 사항은 행정안전부령으로 정한다.

⑧ 등록의 취소와 영업정지 등〈법 제34조〉 ✿ 2021 기출

　　㉠ 시 · 도지사는 관리업자가 다음의 어느 하나에 해당할 때에는 행정안전부령으로 정하는 바에 따라 그 등록을 취소하거나 6개월 이내의 기간을 정하여 이의 시정이나 그 영업의 정지를 명할 수 있다. 다만, 거짓이나 부정한 방법으로 등록하거나 등록의 결격사유에 해당하거나 또는 다른 자에게 등록증이나 등록수첩을 빌려준 경우에 해당할 때에는 등록을 취소하여야 한다.

　　　• 거짓, 그 밖의 부정한 방법으로 등록을 한 경우

　　　• 제25조(소방시설등의 자체점검) 제1항에 따른 점검을 하지 아니하거나 거짓으로 한 경우

　　　• 등록기준에 미달하게 된 경우

　　　• 법 제30조의 등록의 결격사유에 해당하게 된 경우. 다만, 임원 중에 등록 결격사유가 있는 법인으로서 결격사유에 해당하게 된 날부터 2개월 이내에 그 임원을 결격사유가 없는 임원으로 바꾸어 선임한 경우는 제외한다.

　　　• 다른 자에게 등록증이나 등록수첩을 빌려준 경우

　　㉡ 관리업자의 지위를 승계한 상속인이 등록의 결격사유(제30조)에 해당하는 경우에는 상속을 개시한 날부터 6개월 동안은 등록의 결격사유에 대한 규정을 적용하지 아니한다.

⑨ 과징금처분〈법 제35조〉

　　㉠ 시 · 도지사는 영업정지를 명하는 경우로서 그 영업정지가 국민에게 심한 불편을 주거나 그 밖에 공익을 해칠 우려가 있을 때에는 영업정지처분을 갈음하여 3천만 원 이하의 과징금을 부과할 수 있다.

　　㉡ 과징금을 부과하는 위반행위의 종류와 위반 정도 등에 따른 과징금의 금액, 그 밖의 필요한 사항은 행정안전부령으로 정한다.

　　㉢ 시 · 도지사는 과징금을 내야 하는 자가 납부기한까지 내지 아니하면 「지방행정제재 · 부과금의 징수 등에 관한 법률」에 따라 징수한다.

section 6 소방용품의 품질관리

(1) 소방용품의 형식승인 등〈법 제36조〉

① 대통령령으로 정하는 소방용품을 제조하거나 수입하려는 자는 소방청장의 형식승인을 받아야 한다. 다만, 연구개발 목적으로 제조하거나 수입하는 소방용품은 그러하지 아니하다.

> **▶POINT** 대통령령으로 정하는 형식승인대상 소방용품〈시행령 제37조 및 별표3 참조〉
>
> ㉠ 소화설비를 구성하는 제품 또는 기기
> - 소화기구(소화약제 외의 것을 이용한 간이 소화용구는 제외)
> - 자동소화장치
> - 소화설비를 구성하는 소화전, 관창(菅槍), 소방호스, 스프링클러헤드, 기동용 수압 개폐장치, 유수제어밸브 및 가스관선택밸브
>
> ㉡ 경보설비를 구성하는 제품 또는 기기
> - 누전경보기 및 가스누설경보기
> - 경보설비를 구성하는 발신기, 수신기, 중계기, 감지기 및 음향장치(경종만 해당)
>
> ㉢ 피난구조설비를 구성하는 제품 또는 기기
> - 피난사다리, 구조대, 완강기(간이 완강기 및 지지대 포함)
> - 공기호흡기(충전기 포함)
> - 피난구유도등, 통로유도등, 객석유도등 및 예비 전원이 내장된 비상조명등
>
> ㉣ 소화용으로 사용하는 제품 또는 기기
> - 소화약제(별표1 제1호 나목 2)와 3)의 자동소화장치와 같은 호 마목 3)부터 8)까지의 소화설비용만 해당한다)
> - 방염제(방염액 · 방염도료 및 방염성물질을 말한다)
> * 별표1 제1호 나목 2) 상업용 주방자동소화장치, 3) 캐비닛형 자동소화장치
> * 별표1 제1호 마목 3) 포소화설비, 4) 이산화탄소소화설비, 5) 할론소화설비, 6) 할로겐화합물 및 불활성기체 소화설비, 7) 분말소화설비, 8) 강화액소화설비

② 형식승인을 받으려는 자는 행정안전부령으로 정하는 기준에 따라 형식승인을 위한 시험시설을 갖추고 소방청장의 심사를 받아야 한다. 다만, 소방용품을 수입하는 자가 판매를 목적으로 하지 아니하고 자신의 건축물에 직접 설치하거나 사용하려는 경우 등 행정안전부령으로 정하는 경우에는 시험시설을 갖추지 아니할 수 있다.

③ 형식승인을 받은 자는 그 소방용품에 대하여 소방청장이 실시하는 제품검사를 받아야 한다.

④ 형식승인의 방법 · 절차 등과 제품검사의 구분 · 방법 · 순서 · 합격표시 등에 관한 사항은 행정안전부령으로 정한다.

⑤ 소방용품의 형상 · 구조 · 재질 · 성분 · 성능 등(이하 "형상 등"이라 한다)의 형식승인 및 제품검사의 기술기준 등에 관한 사항은 소방청장이 정하여 고시한다.

⑥ 누구든지 다음의 어느 하나에 해당하는 소방용품을 판매하거나 판매 목적으로 진열하거나 소방시설공사에 사용할 수 없다.
- ㉠ 형식승인을 받지 아니한 것
- ㉡ 형상 등을 임의로 변경한 것
- ㉢ 제품검사를 받지 아니하거나 합격표시를 하지 아니한 것

⑦ 소방청장, 소방본부장 또는 소방서장은 ⑥을 위반한 소방용품에 대하여는 그 제조자 · 수입자 · 판매자 또는 시공자에게 수거 · 폐기 또는 교체 등 행정안전부령으로 정하는 필요한 조치를 명할 수 있다.

⑧ 소방청장은 소방용품의 작동기능, 제조방법, 부품 등이 소방청장이 고시하는 형식 승인 및 제품검사의 기술기준에서 정하고 있는 방법이 아닌 새로운 기술이 적용된 제품의 경우에는 관련 전문가의 평가를 거쳐 행정안전부령으로 정하는 바에 따라 ④에 따른 방법 및 절차와 다른 방법 및 절차로 형식승인을 할 수 있으며, 외국의 공인기관으로부터 인정받은 신기술 제품은 형식승인을 위한 시험 중 일부를 생략하여 형식승인을 할 수 있다.

⑨ 다음의 어느 하나에 해당하는 소방용품의 형식승인 내용에 대하여 공인기관의 평가 결과가 있는 경우 형식승인 및 제품검사 시험 중 일부만을 적용하여 형식승인 및 제품검사를 할 수 있다.
　㉠ 「군수품관리법」에 따른 군수품
　㉡ 주한외국공관 또는 주한외국군 부대에서 사용되는 소방용품
　㉢ 외국의 차관이나 국가 간의 협약 등에 의하여 건설되는 공사에 사용되는 소방용 품으로서 사전에 합의된 것
　㉣ 그 밖에 특수한 목적으로 사용되는 소방용품으로서 소방청장이 인정하는 것

⑩ 하나의 소방용품에 두 가지 이상의 형식승인 사항 또는 형식승인과 성능인증 사항 이 결합된 경우에는 두 가지 이상의 형식승인 또는 형식승인과 성능인증 시험을 함 께 실시하고 하나의 형식승인을 할 수 있다.

⑪ ⑨, ⑩항에 따른 형식승인의 방법 및 절차 등에 관하여는 행정안전부령으로 정한다.

(2) 형식승인의 변경〈법 제37조〉

① 형식승인을 받은 자가 해당 소방용품에 대하여 형상 등의 일부를 변경하려면 소방 청장의 변경승인을 받아야 한다.

② 변경승인의 대상·구분·방법 및 절차 등에 관하여 필요한 사항은 행정안전부령으 로 정한다.

(3) 형식승인의 취소 등〈법 제38조〉

① 소방청장은 소방용품의 형식승인을 받았거나 제품검사를 받은 자가 다음의 어느 하 나에 해당될 때에는 행정안전부령으로 정하는 바에 따라 그 형식승인을 취소하거나 6개월 이내의 기간을 정하여 제품검사의 중지를 명할 수 있다. 다만, ㉠·㉢ 또는 ㉤의 경우에는 형식승인을 취소하여야 한다.
　㉠ 거짓이나 그 밖의 부정한 방법으로 형식승인을 받은 경우
　㉡ 시험시설의 시설기준에 미달되는 경우
　㉢ 거짓이나 그 밖의 부정한 방법으로 제품검사를 받은 경우
　㉣ 제품검사 시 기술기준에 미달되는 경우

ⓜ 변경승인을 받지 아니하거나 거짓이나 그 밖의 부정한 방법으로 변경승인을 받은 경우

② 소방용품의 형식승인이 취소된 자는 그 취소된 날부터 2년 이내에는 형식승인이 취소된 동일 품목에 대하여 형식승인을 받을 수 없다.

(4) 소방용품의 성능인증 등〈법 제39조〉

① 소방청장은 제조자 또는 수입자 등의 요청이 있는 경우 소방용품에 대하여 성능인증을 할 수 있다.

② 성능인증을 받은 자는 그 소방용품에 대하여 소방청장의 제품검사를 받아야 한다.

③ 성능인증의 대상 · 신청 · 방법 및 성능인증서 발급에 관한 사항과 제품검사의 구분 · 대상 · 절차 · 방법 · 합격표시 및 수수료 등에 관한 사항은 행정안전부령으로 정한다.

④ 성능인증 및 제품검사의 기술기준 등에 관한 사항은 소방청장이 정하여 고시한다.

⑤ 제품검사에 합격하지 아니한 소방용품에는 성능인증을 받았다는 표시를 하거나 제품검사에 합격하였다는 표시를 하여서는 아니 되며, 제품검사를 받지 아니하거나 합격표시를 하지 아니한 소방용품을 판매 또는 판매 목적으로 진열하거나 소방시설 공사에 사용하여서는 아니 된다.

⑥ 하나의 소방용품에 성능인증 사항이 두 가지 이상 결합된 경우에는 해당 성능인증 시험을 모두 실시하고 하나의 성능인증을 할 수 있다.

⑦ ⑥에 따른 성능인증의 방법 및 절차 등에 관하여는 행정안전부령으로 정한다.

(5) 성능인증의 변경〈법 제39조의2〉

① 성능인증을 받은 자가 해당 소방용품에 대하여 형상 등의 일부를 변경하려면 소방청장의 변경인증을 받아야 한다.

② 변경인증의 대상 · 구분 · 방법 및 절차 등에 필요한 사항은 행정안전부령으로 정한다.

(6) 성능인증의 취소 등〈법 제39조의3〉

① 소방청장은 소방용품의 성능인증을 받았거나 제품검사를 받은 자가 다음의 어느 하나에 해당되는 때에는 행정안전부령으로 정하는 바에 따라 해당 소방용품의 성능인증을 취소하거나 6개월 이내의 기간을 정하여 해당 소방용품의 제품검사 중지를 명할 수 있다. 다만, ㉠, ㉡ 또는 ㉣에 해당하는 경우에는 해당 소방용품의 성능인증을 취소하여야 한다.

㉠ 거짓이나 그 밖의 부정한 방법으로 성능인증을 받은 경우

㉡ 서짓이나 그 밖의 부정한 방법으로 제품검사를 받은 경우

㉢ 제품검사 시 기술기준에 미달되는 경우

② 제39조 제5항(소방용품 성능인증)을 위반한 경우

⑩ 변경인증을 받지 아니하고 해당 소방용품에 대하여 형상 등의 일부를 변경하거나 거짓이나 그 밖의 부정한 방법으로 변경인증을 받은 경우

② 소방용품의 성능인증이 취소된 자는 그 취소된 날부터 2년 이내에 성능인증이 취소된 소방용품과 동일한 품목에 대하여는 성능인증을 받을 수 없다.

(7) 우수품질 제품에 대한 인증〈법 제40조〉

① 소방청장은 형식승인의 대상이 되는 소방용품 중 품질이 우수하다고 인정하는 소방용품에 대하여 인증(이하 "우수품질인증"이라 한다)을 할 수 있다.

② 우수품질인증을 받으려는 자는 행정안전부령으로 정하는 바에 따라 소방청장에게 신청하여야 한다.

③ 우수품질인증을 받은 소방용품에는 우수품질인증 표시를 할 수 있다.

④ 우수품질인증의 유효기간은 5년의 범위에서 행정안전부령으로 정한다.

⑤ 소방청장은 다음의 어느 하나에 해당하는 경우에는 우수품질인증을 취소할 수 있다. 다만, ㉠에 해당하는 경우에는 우수품질인증을 취소하여야 한다.

㉠ 거짓이나 그 밖의 부정한 방법으로 우수품질인증을 받은 경우

㉡ 우수품질인증을 받은 제품이 「발명진흥법」에 따른 산업재산권 등 타인의 권리를 침해하였다고 판단되는 경우

⑥ ①부터 ⑤까지에서 규정한 사항 외에 우수품질인증을 위한 기술기준, 제품의 품질관리 평가, 우수품질인증의 갱신, 수수료, 인증표시 등 우수품질인증에 관하여 필요한 사항은 행정안전부령으로 정한다.

(8) 우수품질인증 소방용품에 대한 지원 등〈법 제40조의2〉

다음의 어느 하나에 해당하는 기관 및 단체는 건축물의 신축·증축 및 개축 등으로 소방용품을 변경 또는 신규 비치하여야 하는 경우 우수품질인증 소방용품을 우선 구매·사용하도록 노력하여야 한다.

① 중앙행정기관

② 지방자치단체

③ 「공공기관의 운영에 관한 법률」에 따른 공공기관

④ 그 밖에 대통령령으로 정하는 기관

(9) 소방용품의 수집검사 등〈법 제40조의3〉

① 소방청장은 소방용품의 품질관리를 위하여 필요하다고 인정할 때에는 유통 중인 소방용품을 수집하여 검사할 수 있다.

② 소방청장은 수집검사 결과 행정안전부령으로 정하는 중대한 결함이 있다고 인정되는 소방용품에 대하여는 그 제조자 및 수입자에게 행정안전부령으로 정하는 바에 따라 회수 · 교환 · 폐기 또는 판매중지를 명하고, 형식승인 또는 성능인증을 취소할 수 있다.

③ 소방청장은 회수 · 교환 · 폐기 또는 판매중지를 명하거나 형식승인 또는 성능인증을 취소한 때에는 행정안전부령으로 정하는 바에 따라 그 사실을 소방청 홈페이지 등에 공표할 수 있다.

section 7 보칙

(1) 소방안전관리자 등에 대한 교육〈법 제41조〉

① 다음의 어느 하나에 해당하는 자는 화재 예방 및 안전관리의 효율화, 새로운 기술의 보급과 안전의식의 향상을 위하여 행정안전부령으로 정하는 바에 따라 소방청장이 실시하는 강습 또는 실무 교육을 받아야 한다.
　㉠ 제20조(특정소방대상물의 소방안전관리) 제2항에 따라 선임된 소방안전관리자 및 소방안전관리보조자
　㉡ 제20조(특정소방대상물의 소방안전관리) 제3항에 따라 선임된 소방안전관리자
　㉢ 소방안전관리자의 자격을 인정받으려는 자로서 대통령령으로 정하는 자

② 소방본부장이나 소방서장은 소방안전관리자나 소방안전관리 업무 대행자가 정하여진 교육을 받지 아니하면 교육을 받을 때까지 행정안전부령으로 정하는 바에 따라 그 소방안전관리자나 소방안전관리 업무 대행자에 대하여 소방안전관리 업무를 제한할 수 있다.

(2) 제품검사 전문기관의 지정 등〈법 제42조〉

① 소방청장은 제36조(소방용품의 형식승인 등) 제3항 및 제39조(소방용품의 성능인증 등) 제2항에 따른 제품검사를 전문적 · 효율적으로 실시하기 위하여 다음의 요건을 모두 갖춘 기관을 제품검사 전문기관(이하 "전문기관"이라 한다)으로 지정할 수 있다.
　㉠ 다음의 어느 하나에 해당하는 기관일 것
　　•「과학기술분야 정부출연연구기관 등의 설립 · 운영 및 육성에 관한 법률」에 따라 설립된 연구기관
　　•「공공기관의 운영에 관한 법률」에 따라 지정된 공공기관
　　• 소방용품의 시험 · 검사 및 연구를 주된 업무로 하는 비영리 법인

ⓛ 「국가표준기본법」에 따라 인정을 받은 시험·검사기관일 것

ⓒ 행정안전부령으로 정하는 검사인력 및 검사설비를 갖추고 있을 것

ⓡ 기관의 대표자가 제27조(관리사의 결격사유) 제1호부터 제3호까지의 어느 하나에 해당하지 아니할 것

ⓜ 전문기관의 지정이 취소된 경우에는 지정이 취소된 날부터 2년이 경과하였을 것

② 전문기관 지정의 방법 및 절차 등에 관하여 필요한 사항은 행정안전부령으로 정한다.

③ 소방청장은 전문기관을 지정하는 경우에는 소방용품의 품질 향상, 제품검사의 기술 개발 등에 드는 비용을 부담하게 하는 등 필요한 조건을 붙일 수 있다. 이 경우 그 조건은 공공의 이익을 증진하기 위하여 필요한 최소한도에 한정하여야 하며, 부당한 의무를 부과하여서는 아니 된다.

④ 전문기관은 행정안전부령으로 정하는 바에 따라 제품검사 실시 현황을 소방청장에게 보고하여야 한다.

⑤ 소방청장은 전문기관을 지정한 경우에는 행정안전부령으로 정하는 바에 따라 전문기관의 제품검사 업무에 대한 평가를 실시할 수 있으며, 제품검사를 받은 소방용품에 대하여 확인검사를 할 수 있다.

⑥ 소방청장은 전문기관에 대한 평가를 실시하거나 확인검사를 실시한 때에는 그 평가결과 또는 확인검사결과를 행정안전부령으로 정하는 바에 따라 공표할 수 있다.

⑦ 소방청장은 확인검사를 실시하는 때에는 행정안전부령으로 정하는 바에 따라 전문기관에 대하여 확인검사에 드는 비용을 부담하게 할 수 있다.

(3) 전문기관의 지정취소 등〈법 제43조〉

소방청장은 전문기관이 다음의 어느 하나에 해당할 때에는 그 지정을 취소하거나 6개월 이내의 기간을 정하여 그 업무의 정지를 명할 수 있다. 다만, ①에 해당할 때에는 그 지정을 취소하여야 한다.

① 거짓, 그 밖의 부정한 방법으로 지정을 받은 경우

② 정당한 사유 없이 1년 이상 계속하여 제품검사 또는 실무교육 등 지정받은 업무를 수행하지 아니한 경우

③ 제품검사 전문기관의 요건(제42조 제1항의 각 호)을 갖추지 못하거나 제42조(제품검사 전문기관의 지정 등) 제3항에 따른 조건을 위반한 때

④ 제46조(감독) 제1항 제7호에 따른 감독 결과 이 법이나 다른 법령을 위반하여 전문기관으로서의 업무를 수행하는 것이 부적당하다고 인정되는 경우

기출PLUS

기출 2021. 4. 3. 소방공무원

「화재예방, 소방시설 설치 · 유지 및 안전관리에 관한 법률」상 청문 사유로 옳지 않은 것은?

① 성능인증의 취소
② 전문기관의 지정취소 및 업무정지
③ 소방용품의 형식승인 취소 및 제품검사 중지
④ 소방시설 설계업 및 방염업의 등록취소 및 영업정지

법 제44조(청문) 참조

(4) 청문〈법 제44조〉 ✡ 2021 기출

소방청장 또는 시 · 도지사는 다음의 어느 하나에 해당하는 처분을 하려면 청문을 하여야 한다.

① 관리사 자격의 취소 및 정지
② 관리업의 등록취소 및 영업정지
③ 소방용품의 형식승인 취소 및 제품검사 중지
④ 성능인증의 취소
⑤ 우수품질인증의 취소
⑥ 전문기관의 지정취소 및 업무정지

(5) 권한의 위임 · 위탁 등〈법 제45조〉

① 이 법에 따른 소방청장 또는 시 · 도지사의 권한은 그 일부를 대통령령으로 정하는 바에 따라 시 · 도지사, 소방본부장 또는 소방서장에게 위임할 수 있다.

② 소방청장은 다음의 업무를 「소방산업의 진흥에 관한 법률」에 따른 한국소방산업기술원(이하 "기술원"이라 한다)에 위탁할 수 있다. 이 경우 소방청장은 기술원에 소방시설 및 소방용품에 관한 기술개발 · 연구 등에 필요한 경비의 일부를 보조할 수 있다.
  ㉠ 방염성능검사 중 대통령령으로 정하는 검사
  ㉡ 소방용품의 형식승인
  ㉢ 형식승인의 변경승인
  ㉣ 형식승인의 취소
  ㉤ 성능인증 및 성능인증의 취소
  ㉥ 성능인증의 변경승인
  ㉦ 우수품질인증 및 그 취소

③ 소방청장은 소방안전관리자 등에 대한 교육 업무를 「소방기본법」에 따른 한국소방안전원(이하 "안전원"라 한다)에 위탁할 수 있다.

④ 소방청장은 제품검사 업무를 기술원 또는 전문기관에 위탁할 수 있다.

⑤ 위탁받은 업무를 수행하는 안전원, 기술원 및 전문기관이 갖추어야 하는 시설기준 등에 관하여 필요한 사항은 행정안전부령으로 정한다.

⑥ 소방청장은 다음 각 호의 업무를 대통령령으로 정하는 바에 따라 소방기술과 관련된 법인 또는 단체에 위탁할 수 있다.
  ㉠ 소방시설관리사증의 발급 · 재발급에 관한 업무
  ㉡ 점검능력 평가 및 공시에 관한 업무
  ㉢ 데이터베이스 구축에 관한 업무

◀ 정답 ④

⑦ 소방청장은 건축 환경 및 화재위험특성 변화 추세 연구에 관한 업무를 대통령령이 정하는 바에 따라 화재안전 관련 전문 연구기관에 위탁할 수 있다. 이 경우 소방청장은 연구에 필요한 경비를 지원할 수 있다.

⑧ 위탁받은 업무에 종사하고 있거나 종사하였던 사람은 업무를 수행하면서 알게 된 비밀을 이 법에서 정한 목적 외의 용도로 사용하거나 다른 사람 또는 기관에 제공하거나 누설하여서는 아니 된다.

(6) 벌칙 적용 시의 공무원 의제〈법 제45조의2〉

소방특별조사위원회의 위원 중 공무원이 아닌 사람, 소방특별조사에 참여하는 전문가, 위탁받은 업무를 수행하는 안전원·기술원 및 전문기관, 법인 또는 단체의 담당임직원은 「형법」 제129조부터 제132조까지의 규정을 적용할 때에는 공무원으로 본다.

(7) 감독〈법 제46조〉

① 소방청장, 시·도지사, 소방본부장 또는 소방서장은 다음의 어느 하나에 해당하는 자, 사업체 또는 소방대상물 등의 감독을 위하여 필요하면 관계인에게 필요한 보고 또는 자료제출을 명할 수 있으며, 관계 공무원으로 하여금 소방대상물·사업소·사무소 또는 사업장에 출입하여 관계 서류·시설 및 제품 등을 검사하거나 관계인에게 질문하게 할 수 있다.

   ㉠ 제29조(소방시설관리업의 등록 등) 제1항에 따른 관리업자

   ㉡ 관리업자가 점검한 특정소방대상물

   ㉢ 제26조(소방시설관리사)에 따른 관리사

   ㉣ 소방용품의 형식승인, 제품검사 및 시험시설의 심사를 받은 자

   ㉤ 변경승인을 받은 자

   ㉥ 성능인증 및 제품검사를 받은 자

   ㉦ 제42조(제품검사 전문기관의 지정 등) 제1항에 따라 지정을 받은 전문기관

   ㉧ 소방용품을 판매하는 자

② 출입·검사 업무를 수행하는 관계 공무원은 그 권한을 표시하는 증표를 지니고 이를 관계인에게 내보여야 한다.

③ 출입·검사 업무를 수행하는 관계 공무원은 관계인의 정당한 업무를 방해하거나 출입·검사 업무를 수행하면서 알게 된 비밀을 다른 사람에게 누설하여서는 아니 된다.

(8) 수수료 등〈법 제47조〉

다음의 어느 하나에 해당하는 자는 행정안전부령으로 정하는 수수료 또는 교육비를 내야 한다.

기출PLUS

형법 제129조~제132조
• 제129조(수뢰, 사전수뢰)
• 제130조(제삼자 뇌물제공)
• 제131조(수뢰 후 부정처사, 사후수뢰)
• 제132조(알선수뢰)

① 방염성능검사를 받으려는 자

② 관리사시험에 응시하려는 사람

③ 소방시설관리사증을 발급받거나 재발급 받으려는 자

④ 관리업의 등록을 하려는 자

⑤ 관리업의 등록증이나 등록수첩을 재발급 받으려는 자

⑥ 관리업자의 지위승계를 신고하는 자

⑦ 소방용품의 형식승인을 받으려는 자

⑧ 시험시설의 심사를 받으려는 자

⑨ 형식승인을 받은 소방용품의 제품검사를 받으려는 자

⑩ 형식승인의 변경승인을 받으려는 자

⑪ 소방용품의 성능인증을 받으려는 자

⑫ 성능인증을 받은 소방용품의 제품검사를 받으려는 자

⑬ 성능인증의 변경인증을 받으려는 자

⑭ 우수품질인증을 받으려는 자

⑮ 강습교육이나 실무교육을 받으려는 자

⑯ 전문기관으로 지정을 받으려는 자

(9) 조치명령 등의 기간연장〈법 제47조의2〉

① 다음에 따른 조치명령 · 선임명령 또는 이행명령(이하 "조치명령 등"이라 한다)을 받은 관계인 등은 천재지변이나 그 밖에 대통령령으로 정하는 사유로 조치명령 등을 그 기간 내에 이행할 수 없는 경우에는 조치명령 등을 명령한 소방청장, 소방본부장 또는 소방서장에게 대통령령으로 정하는 바에 따라 조치명령 등을 연기하여 줄 것을 신청할 수 있다.
  ㉠ 소방특별조사에 따른 소방대상물의 개수 · 이전 · 제거, 사용의 금지 또는 제한, 사용폐쇄, 공사의 정지 또는 중지, 그 밖의 필요한 조치명령
  ㉡ 소방청장 고시 화재안전기준에 따른 소방시설에 대한 조치명령
  ㉢ 피난시설, 방화구획 및 방화시설에 대한 조치명령
  ㉣ 제12조(소방대상물의 방염 등) 제2항에 따른 방염성대상물품의 제거 또는 방염성능검사 조치명령
  ㉤ 제20조(특정소방대상물의 소방안전관리) 제12항에 따른 소방안전관리자 선임명령
  ㉥ 제20조(특정소방대싱물의 소방안전관리) 제13항에 따른 소방안전관리업무 이행명령
  ㉦ 형식승인을 받지 아니한 소방용품의 수거 · 폐기 또는 교체 등의 조치명령

◎ 제40조의3(소방용품의 수집검사 등) 제2항에 따른 중대한 결함이 있는 소방용품의 회수·교환·폐기 조치명령

② 연기신청을 받은 소방청장, 소방본부장 또는 소방서장은 연기신청 승인 여부를 결정하고 그 결과를 조치명령 등의 이행 기간 내에 관계인 등에게 알려주어야 한다.

⑽ 위반행위 신고 및 신고포상금의 지급〈법 제47조의3〉

① 누구든지 소방본부장 또는 소방서장에게 다음의 어느 하나에 해당하는 행위를 한 자를 신고할 수 있다.

  ㉠ 화재안전기준(제9조 제1항)을 위반하여 소방시설을 설치 또는 유지·관리한 자

  ㉡ 화재안전기준에 의해 설치된 소방시설의 기능과 성능에 지장을 줄 수 있는 폐쇄·차단 등의 행위 금지(제9조 제3항)를 위반하여 폐쇄·차단 등의 행위를 한 자

  ㉢ 피난시설, 방화구획 및 방화시설의 유지·관리 규정(제10조 제1항)의 어느 하나에 해당하는 행위를 한 자

② 소방본부장 또는 소방서장은 ①에 따른 신고를 받은 경우 신고 내용을 확인하여 이를 신속하게 처리하고, 그 처리결과를 행정안전부령으로 정하는 방법 및 절차에 따라 신고자에게 통지하여야 한다.

③ 소방본부장 또는 소방서장은 신고를 한 사람에게 예산의 범위에서 포상금을 지급할 수 있다.

④ 신고포상금의 지급대상, 지급기준, 지급절차 등에 필요한 사항은 특별시·광역시·특별자치시·도 또는 특별자치도의 조례로 정한다.

section 8 벌칙

(1) 벌칙〈법 제48조〉

① 특정소방대상물의 관계인은 소방시설을 유지·관리할 때 소방시설의 기능과 성능에 지장을 줄 수 있는 폐쇄(잠금)·차단 등의 행위를 하여서는 아니 된다는 규정(제9조 제3항 본문)을 위반하여 소방시설에 폐쇄·차단 등의 행위를 한 자는 5년 이하의 징역 또는 5천만 원 이하의 벌금에 처한다.

② ①의 죄를 범하여 사람을 상해에 이르게 한 때에는 7년 이하의 징역 또는 7천만 원 이하의 벌금에 처하며, 사망에 이르게 한 때에는 10년 이하의 징역 또는 1억 원 이하의 벌금에 처한다.

(2) 3년 이하의 징역 또는 3천만 원 이하의 벌금〈제48조의2〉

① 제5조(소방특별조사 결과에 따른 조치명령) 제1항 · 제2항, 제9조(특정소방대상물에 설치하는 소방시설의 유지 · 관리 등) 제2항, 제10조(피난시설, 방화구획 및 방화시설의 유지 · 관리) 제2항, 제10조의2(특정소방대상물의 공사 현장에 설치하는 임시소방시설의 유지 · 관리 등) 제3항, 제12조(소방대상물의 방염 등) 제2항, 제20조(특정소방대상물의 소방안전관리) 제12항 · 제13항, 제36조(소방용품의 형식승인 등) 제7항 또는 제40조의3(소방용품의 수집검사 등) 제2항에 따른 명령을 정당한 사유 없이 위반한 자

② 제29조(소방시설관리업의 등록 등) 제1항을 위반하여 관리업의 등록을 하지 아니하고 영업을 한 자

③ 소방용품의 형식승인을 받지 아니하고 소방용품을 제조하거나 수입한 자

④ 제품검사를 받지 아니한 자

⑤ 제36조(소방용품의 형식승인 등) 제6항을 위반하여 같은 항 각 호의 어느 하나에 해당하는 소방용품을 판매 · 진열하거나 소방시설공사에 사용한 자

⑥ 제품검사를 받지 아니하거나 합격표시를 하지 아니한 소방용품을 판매 · 진열하거나 소방시설공사에 사용한 자

⑦ 거짓이나 그 밖의 부정한 방법으로 전문기관으로 지정을 받은 자

(3) 1년 이하의 징역 또는 1천만 원 이하의 벌금〈제49조〉

① 소방특별조사 시 관계공무원 또는 관계전문가의 의무규정[제4조의4(증표의 제시 및 비밀유지 의무 등) 제2항 또는 제46조(감독) 제3항]을 위반하여 관계인의 정당한 업무를 방해한 자, 조사 · 검사 업무를 수행하면서 알게 된 비밀을 제공 또는 누설하거나 목적 외의 용도로 사용한 자

② 소방시설 관리업의 등록증이나 등록수첩을 다른 자에게 빌려준 자

③ 소방시설관리업의 영업정지처분을 받고 그 영업정지기간 중에 관리업의 업무를 한 자

④ 소방시설 등에 대한 자체점검을 하지 아니하거나 관리업자 등으로 하여금 정기적으로 점검하게 하지 아니한 자

⑤ 소방시설관리사증을 다른 자에게 빌려주거나 동시에 둘 이상의 업체에 취업한 사람

⑥ 소방용품 형식승인 제품검사에 합격하지 아니한 제품에 합격표시를 하거나 합격표시를 위조 또는 변조하여 사용한 자

⑦ 형식승인의 변경승인을 받지 아니한 자

⑧ 제품검사에 합격하지 아니한 소방용품에 성능인증을 받았다는 표시 또는 제품검사에 합격하였다는 표시를 하거나 성능인증을 받았다는 표시 또는 제품검사에 합격하였다는 표시를 위조 또는 변조하여 사용한 자

⑨ 성능인증의 변경인증을 받지 아니한 자

⑩ 우수품질인증을 받지 아니한 제품에 우수품질인증 표시를 하거나 우수품질인증 표시를 위조하거나 변조하여 사용한 자

(4) 300만 원 이하의 벌금〈제50조〉 ✿ 2020 기출 2019 기출 2018 기출

① 소방특별조사를 정당한 사유 없이 거부·방해 또는 기피한 자

② 방염성능검사에 합격하지 아니한 물품에 합격표시를 하거나 합격표시를 위조하거나 변조하여 사용한 자

③ 방염성능검사 시 거짓 시료를 제출한 자

④ 제20조(특정소방대상물의 소방안전관리) 제2항을 위반하여 소방안전관리자 또는 소방안전관리보조자를 선임하지 아니한 자

⑤ 고층건축물, 지하가 등(제21조)에 공동 소방안전관리자를 선임하지 아니한 자

⑥ 소방시설·피난시설·방화시설 및 방화구획 등이 법령에 위반된 것을 발견하였음에도 필요한 조치를 할 것을 요구하지 아니한 소방안전관리자

⑦ 제20조(특정소방대상물의 소방안전관리) 제9항을 위반하여 소방안전관리자에게 불이익한 처우를 한 관계인

⑧ 점검 실명제 규정(제33조의3 제1항)을 위반하여 점검기록표를 거짓으로 작성하거나 해당 특정소방대상물에 부착하지 아니한 자

⑨ 제45조(특권한의 위임·위탁 등) 제8항을 위반하여 업무를 수행하면서 알게 된 비밀을 이 법에서 정한 목적 외의 용도로 사용하거나 다른 사람 또는 기관에 제공하거나 누설한 사람

(5) 양벌규정〈제52조〉

법인의 대표자나 법인 또는 개인의 대리인, 사용인, 그 밖의 종업원이 그 법인 또는 개인의 업무에 관하여 벌칙의 어느 하나에 해당하는 위반행위를 하면 그 행위자를 벌하는 외에 그 법인 또는 개인에게도 해당 조문의 벌금형을 과(科)한다. 다만, 법인 또는 개인이 그 위반행위를 방지하기 위하여 해당 업무에 관하여 상당한 주의와 감독을 게을리 하지 아니한 경우에는 그러하지 아니다.

「화재예방, 소방시설 설치·유지 및 안전관리에 관한 법률」상 과태료 부과대상으로 옳은 것은?

① 소방시설·피난시설 등이 법령에 위반된 것을 발견하였음에도 필요한 조치를 할 것을 요구하지 아니한 소방안전관리자
② 특정소방대상물에 소방안전관리자 또는 소방안전관리 보조자를 선임하지 아니한 자
③ 특정소방대상물에 화재안전기준을 위반하여 소방시설을 설치 또는 유지·관리한 자
④ 방염성능검사에 합격하지 아니한 물품에 합격표시를 하거나 합격표시를 위조하거나 변조하여 사용한 자

TIP
③ 300만 원 이하의 과태료 부과 대상이다.
①②④ 300만 원 이하의 벌금 부과 대상이다(법 제50조 참조).

◀정답 ③

(6) 과태료〈제53조〉

① 300만 원 이하의 과태료
 ㉠ 소방청장이 고시하는 화재안전기준을 위반하여 소방시설을 설치 또는 유지·관리한 자
 ㉡ 특정소방대상물의 관계인이 피난시설, 방화구획 또는 방화시설의 폐쇄·훼손·변경 등의 행위를 한 자 ✿ **2019 기출**
 ㉢ 특정소방대상물의 공사 현장에 설치하는 임시소방시설을 설치·유지·관리하지 아니한 자

② 200만 원 이하의 과태료
 ㉠ 방염대상물품은 방염성능기준 이상의 것으로 설치하여야 한다는 규정(제12조 제1항)을 위반한 자
 ㉡ 특정소방대상물의 소방안전관리자의 신고 및 변경에 따른 신고(제20조 제4항, 제31조 또는 제32조 제3항)를 하지 아니한 자 또는 거짓으로 신고한 자
 ㉢ 특정소방대상물의관계인의 의무규정(제20조 제1항)을 위반하여 소방안전관리 업무를 수행하지 아니한 자
 ㉣ 제20조(특정소방대상물의 소방안전관리) 제6항에 따른 소방안전관리 업무를 하지 아니한 특정소방대상물의 관계인 또는 소방안전관리대상물의 소방안전관리자
 ㉤ 소방안전관리대상물의 관계인이 소방안전관리자의 성실하게 업무 수행을 할 수 있도록 관리해야 하는 업무(제20조 제7항)를 위반하여 지도와 감독을 하지 아니한 자
 ㉥ 제21조의2(피난계획의 수립 및 시행) 제3항을 위반하여 피난유도 안내정보를 제공하지 아니한 자
 ㉦ 제22조(특정소방대상물의 근무자 및 거주자에 대한 소방훈련 등) 제1항을 위반하여 소방훈련 및 교육을 하지 아니한 자
 ㉧ 공공기관의 소방안전관리 규정(제24조 제1항)에 따라 소방안전관리 업무를 하지 아니한 자
 ㉨ 소방시설 등의 점검결과를 보고하지 아니한 자 또는 거짓으로 보고한 자
 ㉩ 지위승계, 행정처분 또는 휴업·폐업의 사실을 특정 소방대상물의 관계인에게 알리지 아니하거나 거짓으로 알린 관리업자
 ㉪ 기술인력의 참여 없이 자체점검을 한 자
 ㉫ 점검능력 평가 및 공시(제33조의2 제2항)에 따른 서류를 거짓으로 제출한 자
 ㉬ 명령을 위반하여 보고 또는 자료제출을 하지 아니하거나 거짓으로 보고 또는 자료제출을 한 자 또는 정당한 사유없이 관계 공무원의 출입 또는 조사·검사를 거부·방해 또는 기피한 자

③ 100만 원 이하의 과태료
소방안전관리자의 교육 등의 규정(제41조 제1항 제1호 또는 제2호)을 위반하여 실무 교육을 받지 아니한 소방안전관리자 및 소방안전관리보조자에게는 100만 원 이하의 과태료를 부과한다.

④ 과태료는 대통령령으로 정하는 바에 따라 소방청장, 관할 시·도지사, 소방본부장 또는 소방서장이 부과·징수한다.

부록 – 별표

Ⅰ. **소방시설을 설치하지 아니할 수 있는 특정소방대상물 및 소방시설의 범위**〈시행령 별표7〉(시행령 제18조 관련)

구분	특정소방대상물	소방시설
1. 화재 위험도가 낮은 특정소방대상물	석재, 불연성금속, 불연성 건축재료 등의 가공공장·기계조립공장·주물공장 또는 불연성 물품을 저장하는 창고	옥외소화전 및 연결살수설비
	「소방기본법」에 따른 소방대(消防隊)가 조직되어 24시간 근무하고 있는 청사 및 차고	옥내소화전설비, 스프링클러설비, 물분무등소화설비, 비상방송설비, 피난기구, 소화용수설비, 연결송수관설비, 연결살수설비
2. 화재안전기준을 적용하기 어려운 특정소방대상물	펄프공장의 작업장, 음료수공장의 세정 또는 충전을 하는 작업장, 그 밖에 이와 비슷한 용도로 사용하는 것	스프링클러설비, 상수도소화용수설비 및 연결살수설비
	정수장, 수영장, 목욕장, 농예·축산·어류양식용 시설, 그 밖에 이와 비슷한 용도로 사용되는 것	자동화재탐지설비, 상수도소화용수설비 및 연결살수설비
3. 화재안전기준을 달리 적용하여야 하는 특수한 용도 또는 구조를 가진 특정소방대상물	원자력발전소, 핵폐기물처리시설	연결송수관설비 및 연결살수설비
4. 「위험물안전관리법」에 따른 자체소방대가 설치된 특정소방대상물	자체소방대가 설치된 위험물 제조소등에 부속된 사무실	옥내소화전설비, 소화용수설비, 연결살수설비 및 연결송수관설비

기출PLUS

기출 2018. 10. 13. 소방공무원

「화재예방, 소방시설 설치·유지 및 안전관리에 관한 법률 시행령」상 '유사한 소방시설의 설치 면제의 기준에 대한 설명이다. ( ) 안의 내용으로 옳게 연결된 것은?

─ 보기 ─
간이스프링클러를 설치하여야 하는 특정소방대상물에 (㉠), (㉡), 또는 미분무소화설비를 화재안전기준에 적합하게 설치한 경우에는 그 설비의 유효범위에서 설치가 면제된다.

① ㉠ 스프링클러설비
　 ㉡ 옥내소화전설비
② ㉠ 포소화설비
　 ㉡ 물분무소화설비
③ ㉠ 스프링클러설비
　 ㉡ 물분무소화설비
④ ㉠ 포소화설비
　 ㉡ 옥내소화전설비

시행령 별표6 간이스프링클러설비 참조

별표 5 제5호 가목 6)
특정 소방대상물(갓복도형 아파트 등 제외)에 부설된 특별피난계단 또는 비상용 승강기의 승강장

II. 특정소방대상물의 소방시설 설치의 면제기준〈시행령 별표6〉(시행령 제16조 관련)

설치가 면제되는 소방시설	설치면제 기준
스프링클러설비	스프링클러설비를 설치하여야 하는 특정소방대상물에 물분무 등 소화설비를 화재안전기준에 적합하게 설치한 경우에는 그 설비의 유효범위(해당 소방시설이 화재를 감지·소화 또는 경보할 수 있는 부분을 말한다. 이하 같다)에서 설치가 면제된다.
물분무 등 소화설비	물분무 등 소화설비를 설치하여야 하는 차고·주차장에 스프링클러설비를 화재안전기준에 적합하게 설치한 경우에는 그 설비의 유효범위에서 설치가 면제된다.
간이 스프링클러설비 ✪ 2020 기출 2018 기출	간이 스프링클러설비를 설치하여야 하는 특정소방대상물에 스프링클러설비, 물분무소화설비 또는 미분무소화설비를 화재안전기준에 적합하게 설치한 경우에는 그 설비의 유효범위에서 설치가 면제된다.
비상경보설비 또는 단독경보형 감지기	비상경보설비 또는 단독경보형 감지기를 설치하여야 하는 특정소방대상물에 자동화재탐지설비를 화재안전기준에 적합하게 설치한 경우에는 그 설비의 유효범위에서 설치가 면제된다.
비상경보설비 ✪ 2020 기출	비상경보설비를 설치하여야 할 특정소방대상물에 단독경보형 감지기를 2개 이상의 단독경보형 감지기와 연동하여 설치하는 경우에는 그 설비의 유효범위에서 설치가 면제된다.
비상방송설비	비상방송설비를 설치하여야 하는 특정소방대상물에 자동화재탐지설비 또는 비상경보설비와 같은 수준 이상의 음향을 발하는 장치를 부설한 방송설비를 화재안전기준에 적합하게 설치한 경우에는 그 설비의 유효범위에서 설치가 면제된다.
피난구조설비	피난구조설비를 설치하여야 하는 특정소방대상물에 그 위치·구조 또는 설비의 상황에 따라 피난상 지장이 없다고 인정되는 경우에는 화재안전기준에서 정하는 바에 따라 설치가 면제된다.
연결살수설비	가. 연결살수설비를 설치하여야 하는 특정소방대상물에 송수구를 부설한 스프링클러설비, 간이스프링클러설비, 물분무소화설비 또는 미분무소화설비를 화재안전기준에 적합하게 설치한 경우에는 그 설비의 유효범위에서 설치가 면제된다. 나. 가스 관계 법령에 따라 설치되는 물분무장치 등에 소방대가 사용할 수 있는 연결송수구가 설치되거나 물분무장치 등에 6시간 이상 공급할 수 있는 수원이 확보된 경우에는 설치가 면제된다.
제연설비	가. 제연설비를 설치하여야 하는 특정소방대상물(별표5 제5호 가목 6)은 제외한다)에 다음의 어느 하나에 해당하는 설비를 설치한 경우에는 설치가 면제된다. 1) 공기조화설비를 화재안전기준의 제연설비기준에 적합하게 설치하고 공기조화설비가 화재 시 제연설비기능으로 자동전환되는 구조로 설치되어 있는 경우

◀정답 ③

제연설비	2) 직접 외부 공기와 통하는 배출구의 면적의 합계가 해당 제연구역[제연경계(제연설비의 일부인 천장을 포함한다)에 의하여 구획된 건축물 내의 공간을 말한다] 바닥면적의 100분의 1 이상이고, 배출구부터 각 부분까지의 수평거리가 30m 이내이고, 공기유입구가 화재안전기준에 적합하게(외부 공기를 직접 자연 유입할 경우에 유입구의 크기는 배출구의 크기 이상이어야 한다) 설치되어 있는 경우 나. 별표5 제5호 가목 6)에 따라 제연설비를 설치하여야 하는 특정소방대상물 중 노대(露臺)와 연결된 특별피난계단, 노대가 설치된 비상용 승강기의 승강장 또는 「건축법 시행령」 제91조 제5호의 기준에 따라 배연설비가 설치된 피난용 승강기의 승강장에는 설치가 면제된다.
비상조명등 ✿ 2020 기출	비상조명등을 설치하여야 하는 특정소방대상물에 피난구유도등 또는 통로유도등을 화재안전기준에 적합하게 설치한 경우에는 그 유도등의 유효범위에서 설치가 면제된다.
누전경보기 ✿ 2020 기출	누전경보기를 설치하여야 하는 특정소방대상물 또는 그 부분에 아크경보기(옥내 배전선로의 단선이나 선로 손상 등으로 인하여 발생하는 아크를 감지하고 경보하는 장치를 말한다) 또는 전기 관련 법령에 따른 지락차단장치를 설치한 경우에는 그 설비의 유효범위에서 설치가 면제된다.
무선통신보조설비	무선통신보조설비를 설치하여야 하는 특정소방대상물에 이동통신 구내 중계기 선로설비 또는 무선이동중계기(「전파법」에 따른 적합성평가를 받은 제품만 해당한다) 등을 화재안전기준의 무선통신보조설비기준에 적합하게 설치한 경우에는 설치가 면제된다.
상수도소화용수설비	가. 상수도소화용수설비를 설치하여야 하는 특정소방대상물의 각 부분으로부터 수평거리 140미터 이내에 공공의 소방을 위한 소화전이 화재안전기준에 적합하게 설치되어 있는 경우에는 설치가 면제된다. 나. 소방본부장 또는 소방서장이 상수도소화용수설비의 설치가 곤란하다고 인정하는 경우로서 화재안전기준에 적합한 소화수조 또는 저수조가 설치되어 있거나 이를 설치하는 경우에는 그 설비의 유효범위에서 설치가 면제된다.
연소방지설비	연소방지설비를 설치하여야 하는 특정소방대상물에 스프링클러설비, 물분무소화설비 또는 미분무소화설비를 화재안전기준에 적합하게 설치한 경우에는 그 설비의 유효범위에서 설치가 면제된다.
연결송수관설비	연결송수관설비를 설치하여야 하는 소방대상물에 옥외에 연결송수구 및 옥내에 방수구가 부설된 옥내소화전설비·스프링클러설비·간이스프링클러설비 또는 연결살수설비를 화재안전기준에 적합하게 설치한 경우에는 그 설비의 유효범위에서 설치가 면제된다. 다만, 지표면에서 최상층 방수구의 높이가 70m 이상인 경우에는 설치하여야 한다.
자동화재탐지설비	자동화재탐지설비의 기능(감지·수신·경보기능을 말한다)과 성능을 가진 스프링클러설비 또는 물분무등소화설비를 화재안전기준에 적합하게 설치한 경우에는 그 설비의 유효범위에서 설치가 면제된다.

기출 2020. 6. 20. 소방공무원

「화재예방, 소방시설 설치·유지 및 안전관리에 관한 법률 시행령」상 특정소방대상물의 소방시설 설치면제 기준으로 옳지 않은 것은?

① 간이스프링클러설비를 설치하여야 하는 특정소방대상물에 분말소화설비를 화재안전기준에 적합하게 설치한 경우에는 그 설비의 유효범위에서 설치가 면제된다.

② 비상경보설비를 설치하여야 할 특정소방대상물에 단독경보형 감지기를 2개 이상의 단독경보형 감지기와 연동하여 설치하는 경우에는 그 설비의 유효범위에서 설치가 면제된다.

③ 비상조명등을 설치하여야 하는 특정소방대상물에 피난구유도등 또는 통로유도등을 화재안전기준에 적합하게 설치한 경우에는 그 유도등의 유효범위에서 설치가 면제된다.

④ 누전경보기를 설치하여야 하는 특정소방대상물 또는 그 부분에 아크경보기 또는 전기 관련 법령에 따른 지락차단장치를 설치한 경우에는 그 설비의 유효범위에서 설치가 면제된다.

📢TIP

스프링클러설비, 물분무소화설비 또는 미분무소화설비를 화재안전기준에 적합하게 설치한 경우에 설치가 면제된다.

❮정답 ①

01. 중요핵심이론 **151**

기출PLUS

옥외소화전설비	옥외소화전설비를 설치하여야 하는 보물 또는 국보로 지정된 목조문화재에 상수도소화용수설비를 옥외소화전설비의 화재안전기준에서 정하는 방수압력 · 방수량 · 옥외소화전함 및 호스의 기준에 적합하게 설치한 경우에는 설치가 면제된다.
옥내소화전설비	소방본부장 또는 소방서장이 옥내소화전설비의 설치가 곤란하다고 인정하는 경우로서 호스릴 방식의 미분무소화설비 또는 옥외소화전설비를 화재안전기준에 적합하게 설치한 경우에는 그 설비의 유효범위에서 설치가 면제된다.
자동소화장치	자동소화장치(주거용 주방자동소화장치는 제외한다)를 설치하여야 하는 특정소방대상물에 물분무등소화설비를 화재안전기준에 적합하게 설치한 경우에는 그 설비의 유효범위에서 설치가 면제된다.

Ⅲ. 소방시설관리업의 등록기준〈시행령 별표9〉(시행령 제36조 제1항 관련)

1. 인력기준

① **주된 기술인력**: 소방시설관리사 1명 이상
② **보조 기술인력**: 다음의 어느 하나에 해당하는 사람 2명 이상. 다만, ⓒ부터 ⓔ까지의 어느 하나에 해당하는 사람은 「소방시설공사업법」에 따른 소방기술 인정 자격수첩을 발급받은 사람이어야 한다.
　ⓐ 소방설비기사 또는 소방설비산업기사
　ⓑ 소방공무원으로 3년 이상 근무한 사람
　ⓒ 소방 관련 학과의 학사학위를 취득한 사람
　ⓔ 행정안전부령으로 정하는 소방기술과 관련된 자격 · 경력 및 학력이 있는 사람

Ⅳ. 과태료의 부과기준〈시행령 별표10〉(시행령 제40조 관련)

1. 일반기준

① 과태료 부과권자는 다음의 어느 하나에 해당하는 경우에는 개별기준에 따른 과태료 금액의 2분의 1까지 그 금액을 줄여 부과할 수 있다. 다만, 과태료를 체납하고 있는 위반행위자에 대해서는 그러하지 아니하다.
　ⓐ 위반행위자가 「질서위반행위규제법 시행령」 과태료 감경사유의 어느 하나에 해당하는 경우
　ⓑ 위반행위자가 처음 위반행위를 하는 경우로서 3년 이상 해당 업종을 모범적으로 영위한 사실이 인정되는 경우
　ⓒ 위반행위자가 화재 등 재난으로 재산에 현저한 손실을 입거나 사업 여건의 악화로 그 사업이 중대한 위기에 처하는 등 사정이 있는 경우
　ⓔ 위반행위가 사소한 부주의나 오류 등 과실로 인한 것으로 인정되는 경우
　ⓜ 위반행위자가 같은 위반행위로 다른 법률에 따라 과태료 · 벌금 · 영업정지 등의 처분을 받은 경우
　ⓗ 위반행위자가 위법행위로 인한 결과를 시정하거나 해소한 경우
　ⓢ 그 밖에 위반행위의 정도, 위반행위의 동기와 그 결과 등을 고려하여 과태료를 줄일 필요가 있다고 인정되는 경우

② 위반행위의 횟수에 따른 과태료의 가중된 부과기준은 최근 1년간 같은 위반행위로 과태료 부과처분을 받은 경우에 적용한다. 이 경우 기간의 계산은 위반행위에 대하여 과태료 부과처분을 받은 날과 그 처분 후 다시 같은 위반행위를 하여 적발된 날을 기준으로 한다.

③ ②에 따라 가중된 부과처분을 하는 경우 가중처분의 적용 차수는 그 위반행위 전 부과처분 차수(②에 따른 기간 내에 과태료 부과처분이 둘 이상 있었던 경우에는 높은 차수를 말한다)의 다음 차수로 한다.

2. 개별기준

(단위 : 만 원)

위반행위	근거 법조문	과태료금액		
		1차 위반	2차 위반	3차 이상 위반
특정소방대상물의 특성을 고려하여 소방시설을 화재안전기준에 따라 설치 또는 유지·관리하는 사항(법 제9조 제1항 전단)을 위반한 경우 (1) (2) 및 (3)의 규정을 제외하고 소방시설을 최근 1년 이내에 2회 이상 화재안전기준에 따라 관리·유지하지 않은 경우 (2) 소방시설을 다음에 해당하는 고장상태 등으로 방치한 경우 (가) 소화펌프를 고장상태로 방치한 경우 (나) 수신반, 동력(감시)제어반 또는 소방시설용 비상전원을 차단하거나, 고장난 상태로 방치하거나, 임의로 조작하여 자동으로 작동이 되지 않도록 한 경우 (다) 소방시설이 작동하는 경우 소화배관을 통하여 소화수가 방수되지 않는 상태 또는 소화약제가 방출되지 않는 상태로 장치한 경우 (3) 소방시설을 설치하지 않은 경우	법 제53조 제1항 제1호	100 200 300		
피난시설, 방화구획 또는 방화시설을 폐쇄·훼손·변경하는 등의 행위를 한 경우	법 제53조 제1항 제2호	100	200	300
특정소방대상물의 공사 현장에 설치하는 임시소방시설을 설치·유지·관리하지 않은 경우	법 제53조 제1항 제3호	300		
대통령령으로 정하는 방염대상물품은 방염성능기준 이상의 것으로 설치하여야 한다는 규정(법 제12조 제1항)을 위반한 경우	법 제53조 제2항 제1호	200		

소방안전관리자의 선임신고, 등록사항의 변경신고, 지위승계신고 등의 신고를 하지 않거나 거짓으로 신고한 경우
  (1) 지연신고기간이 1개월 미만인 경우
  (2) 지연신고기간이 1개월 이상 3개월 미만인 경우
  (3) 지연신고기간이 3개월 이상이거나 신고를 하지 않은 경우
  (4) 거짓으로 신고한 경우
	법 제53조 제2항 제3호		30
			50
			
			100
			
			200	

특정소방대상물의 관계인이 그 특정소방대상물에 대하여 소방안전관리 업무를 수행하지 않은 경우	법 제53조 제2항 제5호	50	100	200
특정소방대상물의 관계인 또는 소방안전관리대상물의 소방안전관리자가 소방안전관리 업무를 하지 않은 경우	법 제53조 제2항 제6호	50	100	200
소방안전관리대상물의 관계인이 소방안전관리자에 대한 지도와 감독을 하지 않은 경우	법 제53조 제2항 제7호		200	
소방안전관리대상물의 관계인이 피난유도 안내정보를 근무자 또는 거주자에게 정기적으로 제공하지 아니한 경우	법 제53조 제2항 제7호의2	50	100	200
특정소방대상물의 관계인이 그 장소에 상시 근무하거나 거주하는 사람에게 소방훈련 및 교육을 하지 아니한 경우	법 제53조 제2항 제8호	50	100	200
대통령령으로 정하는 공공기관의 장이 소관 기관에 대하여 소방안전관리 업무를 하지 않은 경우	법 제53조 제2항 제9호	50	100	200

특정소방대상물의 관계인 등이 소방시설 등의 자체 점검결과를 보고하지 않거나 거짓으로 보고한 경우
  (1) 지연보고기간이 1개월 미만인 경우
  (2) 지연보고기간이 1개월 이상 3개월 미만인 경우
  (3) 지연보고기간이 3개월 이상 또는 보고하지 않은 경우
  (4) 거짓으로 보고한 경우
	법 제53조 제2항 제10호		30
			50
			
			100
			
			200	

관리업자가 법 제33조 제2항을 위반하여 지위승계, 행정처분 또는 휴업·폐업의 사실을 특정소방대상물의 관계인에게 알리지 않거나 거짓으로 알린 경우	법 제53조 제2항 제11호		200	
관리업자가 기술인력의 참여 없이 자체점검을 실시한 경우	법 제53조 제2항 제12호		200	
관리업자가 법 제33조의2(점검능력 평가 및 공시 등) 제2항에 따른 서류를 거짓으로 제출한 경우	법 제53조 제2항 제12호의2		200	

소방안전관리자 및 소방안전관리보조자가 법 제41조(소방안전관리자 등에 대한 교육) 제1항 제1호 또는 제2호를 위반하여 실무 교육을 받지 않은 경우	법 제53조 제3항	50		
법 제46조(감독) 제1항에 따른 명령을 위반하여 보고 또는 자료제출을 하지 않거나 거짓으로 보고 또는 자료제출을 한 경우 또는 정당한 사유 없이 관계공무원의 출입 또는 조사·검사를 거부·방해 또는 기피한 경우	법 제53조 제2항 제13호	50	100	200

V. 소방시설 등의 자체점검의 구분과 그 대상, 점검자의 자격, 점검 방법·횟수 및 시기〈시행규칙 별표 1〉

1. 소방시설 등에 대한 자체점검은 다음 각 목과 같이 구분한다.
   가. 작동기능점검 : 소방시설 등을 인위적으로 조작하여 정상적으로 작동하는지를 점검하는 것
   나. 종합정밀점검 : 소방시설 등의 작동기능점검을 포함하여 소방시설 등의 설비별 주요 구성 부품의 구조기준이 법 제9조 제1항에 따라 소방청장이 정하여 고시하는 화재안전기준 및 「건축법」 등 관련 법령에서 정하는 기준에 적합한지 여부를 점검하는 것을 말한다.
2. 작동기능점검은 다음의 구분에 따라 실시한다.
   가. 작동기능점검은 시행령 제5조에 따른 특정소방대상물을 대상으로 한다. 다만, 다음의 어느 하나에 해당하는 특정소방대상물은 제외한다.
      1) 위험물 제조소 등과 시행령 별표 5에 따라 소화기구만을 설치하는 특정소방대상물
      2) 시행령 제22조 제1항 제1호에 해당하는 특정소방대상물
   나. 작동기능점검은 해당 특정소방대상물의 관계인·소방안전관리자 또는 소방시설관리업자(소방시설관리사를 포함하여 등록된 기술인력을 말한다)가 점검할 수 있다. 이 경우 소방시설관리업자 또는 소방안전관리자로 선임된 소방시설관리사 및 소방기술사가 점검하는 경우에는 별표 2에 따른 점검인력 배치기준을 따라야 한다.
   다. 작동기능점검은 별표 2의2에 따른 점검 장비를 이용하여 점검할 수 있다.
   라. 작동기능점검은 연 1회 이상 실시한다.
   마. 작동기능점검의 점검시기는 다음과 같다.
      1) 제3호 가목에 따른 종합정밀점검대상 : 종합정밀점검을 받은 달부터 6개월이 되는 달에 실시한다.
      2) 시행규칙 제19조 제1항에 따라 작동기능점검 결과를 보고하여야 하는 대상[1]에 해당하는 경우는 제외한다]
         가) 건축물의 사용승인일(건축물의 경우에는 건축물관리대장 또는 건물 등기사항증명서에 기재되어 있는 날, 시설물의 경우에는 「시설물의 안전 및 유지관리에 관한 특별법」 제55조 제1항에 따른 시설물통합정보관리체계에 저장·관리되고 있는 날을 말하며, 건축물관리대장, 건물 등기사항증명서 및 시설물통합정보관리체계를 통해 확인되지 않는 경우에는 소방시설완공검사증명서에 기재된 날을 말한다. 이하 이 표에서 같다)이 속하는 달의 말일까지 실시한다.

나) 신규로 건축물의 사용승인을 받은 건축물은 그 다음 해(건축물이 아닌 경우에는 그 특정소방대상물을 이용 또는 사용하기 시작한 해의 다음 해를 말한다. 이하 이 표에서 같다)부터 실시하되, 소방시설완공검사증명서를 받은 후 1년이 경과한 후에 사용승인을 받은 경우에는 사용승인을 받은 그 해부터 실시한다. 다만, 그 해의 작동기능점검은 가)에도 불구하고 사용승인일부터 3개월 이내에 실시할 수 있다.

3) 그 밖의 점검대상 : 연중 실시한다.

3. 종합정밀점검은 다음의 구분에 따라 실시한다.

가. 종합정밀점검은 다음의 어느 하나에 해당하는 특정소방대상물을 대상으로 한다.

1) 스프링클러설비가 설치된 특정소방대상물

2) 물분무등소화설비[호스릴(Hose Reel) 방식의 물분무등소화설비만을 설치한 경우는 제외한다]가 설치된 연면적 5,000㎡ 이상인 특정소방대상물(위험물제조소 등은 제외한다)

3) 「다중이용업소의 안전관리에 관한 특별법 시행령」 제2조 제1호 나목, 같은 조 제2호(비디오물소극장업은 제외한다) · 제6호 · 제7호 · 제7호의2 및 제7호의5의 다중이용업의 영업장이 설치된 특정소방대상물로서 연면적이 2,000㎡ 이상인 것

4) 제연설비가 설치된 터널

5) 「공공기관의 소방안전관리에 관한 규정」 제2조에 따른 공공기관 중 연면적(터널 · 지하구의 경우 그 길이와 평균폭을 곱하여 계산된 값을 말한다)이 1,000㎡ 이상인 것으로서 옥내소화전설비 또는 자동화재탐지설비가 설치된 것. 다만, 「소방기본법」 제2조 제5호에 따른 소방대가 근무하는 공공기관은 제외한다.

나. 종합정밀점검은 소방시설관리업자 또는 소방안전관리자로 선임된 소방시설관리사 및 소방기술사가 실시할 수 있다. 이 경우 별표 2에 따른 점검인력 배치기준을 따라야 한다.

다. 종합정밀점검은 별표 2의2에 따른 점검 장비를 이용하여 점검하여야 한다.

라. 종합정밀점검의 점검횟수는 다음과 같다.

1) 연 1회 이상(시행령 제22조 제1항 제1호에 해당하는 특정소방대상물의 경우에는 반기에 1회 이상) 실시한다.

2) 1)에도 불구하고 소방본부장 또는 소방서장은 소방청장이 소방안전관리가 우수하다고 인정한 특정소방대상물에 대해서는 3년의 범위에서 소방청장이 고시하거나 정한 기간 동안 종합정밀점검을 면제할 수 있다. 다만, 면제기간 중 화재가 발생한 경우는 제외한다.

마. 종합정밀점검의 점검시기는 다음 기준에 의한다.

1) 건축물의 사용승인일이 속하는 달에 실시한다. 다만, 「공공기관의 안전관리에 관한 규정」 제2조 제2호 또는 제5호에 따른 학교의 경우에는 해당 건축물의 사용승인일이 1월에서 6월 사이에 있는 경우에는 6월 30일까지 실시할 수 있다.

2) 1)에도 불구하고 신규로 건축물의 사용승인을 받은 건축물은 그 다음 해부터 실시하되, 건축물의 사용승인일이 속하는 달의 말일까지 실시한다. 다만, 소방시설완공검사증명서를 받은 후 1년이 경과한 이후에 사용승인을 받은 경우에는 사용승인을 받은 그 해부터 실시하되, 그 해의 종합정밀점검은 사용승인일부터 3개월 이내에 실시할 수 있다.

3) 건축물 사용승인일 이후 제3호 가목 3)에 해당하게 된 때에는 그 다음 해부터 실시한다.

4) 하나의 대지경계선 안에 2개 이상의 점검 대상 건축물이 있는 경우에는 그 건축물 중 사용승인일이 가장 빠른 건축물의 사용승인일을 기준으로 점검할 수 있다.

4. 제1호에도 불구하고 「공공기관의 소방안전관리에 관한 규정」 제2조에 따른 공공기관의 장(이하 "기관장"이라 한다)은 공공기관에 설치된 소방시설등의 유지·관리상태를 맨눈 또는 신체감각을 이용하여 점검하는 외관점검을 월 1회 이상 실시(작동기능점검 또는 종합정밀점검을 실시한 달에는 실시하지 않을 수 있다)하고, 그 점검결과를 2년간 자체 보관하여야 한다. 이 경우 외관점검의 점검자는 해당 특정소방대상물의 관계인, 소방안전관리자 또는 소방시설관리업자(소방시설관리사를 포함하여 등록된 기술인력을 말한다)로 하여야 한다.

5. 제1호 및 제4호에도 불구하고 기관장은 해당 공공기관의 전기시설물 및 가스시설에 대하여 다음 각 목의 구분에 따른 점검 또는 검사를 받아야 한다.

가. 전기시설물의 경우 : 「전기사업법」 제63조에 따른 사용전검사, 같은 법 제65조에 따른 정기검사 및 같은 법 제66조에 따른 일반용전기설비의 점검

나. 가스시설의 경우 : 「도시가스사업법」 제17조에 따른 검사, 「고압가스 안전관리법」 제16조의2 및 제20조 제4항에 따른 검사 또는 「액화석유가스의 안전관리 및 사업법」 제37조 및 제44조 제2항·제4항에 따른 검사

VI. 소방시설등의 자체점검 시 점검인력 배치기준⟨시행규칙 별표 2⟩

1. 소방시설관리업자가 점검하는 경우에는 소방시설관리사 1명과 시행령 별표 9 제2호에 따른 보조 기술인력(이하 "보조인력"이라 한다) 2명을 점검인력 1단위로 하되, 점검인력 1단위에 2명(같은 건축물을 점검할 때에는 4명) 이내의 보조인력을 추가할 수 있다. 다만, 제26조의2 제2호에 따른 작동기능점검(이하 "소규모점검"이라 한다)의 경우에는 보조인력 1명을 점검인력 1단위로 한다.

1의2. 소방안전관리자로 선임된 소방시설관리사 및 소방기술사가 점검하는 경우에는 소방시설관리사 또는 소방기술사 중 1명과 보조인력 2명을 점검인력 1단위로 하되, 점검인력 1단위에 4명 이내의 보조인력을 추가할 수 있다. 다만, 보조인력은 해당 특정소방대상물의 관계인 또는 소방안전관리보조자로 할 수 있으며, 소규모점검의 경우에는 보조인력 1명을 점검인력 1단위로 한다.

2. 점검인력 1단위가 하루 동안 점검할 수 있는 특정소방대상물의 연면적(이하 "점검한도면적"이라 한다)은 다음 각 목과 같다.

가. 종합정밀점검 : 10,000㎡

나. 작동기능점검 : 12,000㎡(소규모점검의 경우에는 3,500㎡)

3. 점검인력 1단위에 보조인력을 1명씩 추가할 때마다 종합정밀점검의 경우에는 3,000㎡, 작동기능점검의 경우에는 3,500㎡씩을 점검한도 면적에 더한다.

4. 소방시설관리업자 또는 소방안전관리자로 선임된 소방시설관리사 및 소방기술사가 하루 동안 점검한 면적은 실제 점검면적(지하구는 그 길이에 폭의 길이 1.8m를 곱하여 계산된 값을 말하며, 터널은 3차로 이하인 경우에는 그 길이에 폭의 길이 3.5m를 곱하고, 4차로 이상인 경우에는 그 길이에 폭의 길이 7m를 곱한 값을 말한다. 다만, 한쪽 측벽에 소방시설이 설치된 4차로 이상인 터널의 경우는 그 길이와 폭의 길이 3.5m를 곱한 값을 말한다. 이하 같다)에 다음 각 목의 기준을 적용하여 계산한 면적(이하 "점검면적"이라 한다)으로 하되, 점검면적은 점검한도 면적을 초과하여서는 아니 된다.

가. 실제 점검면적에 다음의 가감계수를 곱한다.

구분	대상용도	가감계수
1류	노유자시설, 숙박시설, 위락시설, 의료시설(정신보건의료기관), 수련시설, 복합건축물(1류에 속하는 시설이 있는 경우)	1.2
2류	문화 및 집회시설, 종교시설, 의료시설(정신보건시설 제외), 교정 및 군사시설(군사시설 제외), 지하가, 복합건축물(1류에 속하는 시설이 있는 경우 제외), 발전시설, 판매시설	1.1
3류	근린생활시설, 운동시설, 업무시설, 방송통신시설, 운수시설	1.0
4류	공장, 위험물 저장 및 처리시설, 창고시설	0.9
5류	공동주택(아파트 제외), 교육연구시설, 항공기 및 자동차 관련 시설, 동물 및 식물 관련 시설, 분뇨 및 쓰레기 처리시설, 군사시설, 묘지 관련 시설, 관광휴게시설, 장례식장, 지하구, 문화재	0.8

나. 점검한 특정소방대상물이 다음의 어느 하나에 해당할 때에는 다음에 따라 계산된 값을 가목에 따라 계산된 값에서 **뺀다**.
 1) 시행령 별표 5 제1호 라목에 따라 스프링클러설비가 설치되지 않은 경우 : 가목에 따라 계산된 값에 0.1을 곱한 값
 2) 시행령 별표 5 제1호 바목에 따라 물분무등소화설비가 설치되지 않은 경우 : 가목에 따라 계산된 값에 0.15를 곱한 값
 3) 시행령 별표 5 제5호 가목에 따라 제연설비가 설치되지 않은 경우 : 가목에 따라 계산된 값에 0.1을 곱한 값
다. 2개 이상의 특정소방대상물을 하루에 점검하는 경우에는 나중에 점검하는 특정소방대상물에 대하여 특정소방대상물 간의 최단 주행거리 5km마다 나목에 따라 계산된 값(나목에 따라 계산된 값이 없을 때에는 가목에 따라 계산된 값을 말한다)에 0.02를 곱한 값을 더한다.

5. 제2호부터 제4호까지의 규정에도 불구하고 아파트(공용시설, 부대시설 또는 복리시설은 포함하고, 아파트가 포함된 복합건축물의 아파트 외의 부분은 제외한다. 이하 이 표에서 같다)를 점검할 때에는 다음 각 목의 기준에 따른다.
가. 점검인력 1단위가 하루 동안 점검할 수 있는 아파트의 세대수(이하 "점검한도 세대수"라 한다)는 다음과 같다.
 1) 종합정밀점검 : 300세대
 2) 작동기능점검 : 350세대(소규모점검의 경우에는 90세대)
나. 점검인력 1단위에 보조인력을 1명씩 추가할 때마다 종합정밀점검의 경우에는 70세대, 작동기능점검의 경우에는 90세대씩을 점검한도 세대수에 더한다.
다. 소방시설관리업자 또는 소방안전관리자로 선임된 소방시설관리사 및 소방기술사가 하루 동안 점검한 세대수는 실제 점검 세대수에 다음의 기준을 적용하여 계산한 세대수(이하 "점검세대수"라 한다)로 하되, 점검세대수는 점검한도 세대수를 초과하여서는 아니 된다.
 1) 점검한 아파트가 다음의 어느 하나에 해당할 때에는 다음에 따라 계산된 값을 실제 점검 세대수에서 **뺀다**.
 ㈎ 시행령 별표 5 제1호 라목에 따라 스프링클러설비가 설치되지 않은 경우 : 실제 점검 세대수에 0.1을 곱한 값

(나) 시행령 별표 5 제1호 바목에 따라 물분무등소화설비가 설치되지 않은 경우 : 실제 점검 세대수에 0.15를 곱한 값

(다) 영 별표 5 제5호 가목에 따라 제연설비가 설치되지 않은 경우: 실제 점검 세대수에 0.1을 곱한 값

2) 2개 이상의 아파트를 하루에 점검하는 경우에는 나중에 점검하는 아파트에 대하여 아파트 간의 최단 주행거리 5km마다 1)에 따라 계산된 값(1)에 따라 계산된 값이 없을 때에는 실제 점검 세대수를 말한다)에 0.02를 곱한 값을 더한다.

6. 아파트와 아파트 외 용도의 건축물을 하루에 점검할 때에는 종합정밀점검의 경우 제5호에 따라 계산된 값에 33.3, 작동기능점검의 경우 제5호에 따라 계산된 값에 34.3(소규모점검의 경우에는 38.9)을 곱한 값을 점검면적으로 보고 제2호 및 제3호를 적용한다.

7. 종합정밀점검과 작동기능점검을 하루에 점검하는 경우에는 작동기능점검의 점검면적 또는 점검세대수에 0.8을 곱한 값을 종합정밀점검 점검면적 또는 점검세대수로 본다.

8. 제3호부터 제7호까지의 규정에 따라 계산된 값은 소수점 이하 둘째 자리에서 반올림한다.

Ⅶ. 소방시설별 점검 장비〈시행규칙 별표 2의2〉

소방시설	장비	규격
공통시설	방수압력측정계, 절연저항계(절연저항측정기), 전류전압측정계	
소화기구	저울	
옥내소화전설비 옥외소화전설비	소화전밸브압력계	
스프링클러설비 포소화설비	헤드결합렌치	
이산화탄소소화설비 분말소화설비 할론소화설비 할로겐화합물 및 불활성기체 (다른 원소와 화학 반응을 일으키기 어려운 기체) 소화설비	검량계, 기동관누설시험기, 그 밖에 소화약제의 저장량을 측정할 수 있는 점검기구	
자동화재탐지설비 시각경보기	열감지기시험기, 연(煙)감지기시험기, 공기주입시험기, 감지기시험기연결폴대, 음량계	
누전경보기	누전계	누전전류 측정용
무선통신보조설비	무선기	통화시험용
제연설비	풍속풍압계, 폐쇄력측정기, 차압계(압력차 측정기)	
통로유도등 비상조명등	조도계	최소눈금이 0.1럭스 이하인 것

비고 : 종합정밀점검의 경우에는 위 점검 장비를 사용하여야 하며, 작동기능점검의 경우에는 점검 장비를 사용하지 않을 수 있다.

VIII. 과징금의 부과기준〈시행규칙 별표4〉

1. 일반기준

① 영업정지 1개월은 30일로 계산한다.

② 과징금 산정은 영업정지기간(일)에 '과징금 금액 산정기준'의 영업정지 1일에 해당하는 금액을 곱한 금액으로 한다.

③ 위반행위가 둘 이상 발생한 경우 과징금 부과에 의한 영업정지기간(일) 산정은 '과징금을 부과할 수 있는 위반행위의 종별 개별기준'에 따른 각각의 영업정지 처분기간을 합산한 기간으로 한다.

④ 영업정지에 해당하는 위반사항으로서 위반행위의 동기·내용·횟수 또는 그 결과를 고려하여 그 처분기준의 2분의 1까지 감경한 경우 과징금 부과에 의한 영업정지기간(일) 산정은 감경한 영업정지기간으로 한다.

⑤ 연간 매출액은 해당 업체에 대한 처분일이 속한 연도의 전년도의 1년간 위반사항이 적발된 업종의 각 매출금액을 기준으로 한다. 다만, 신규사업·휴업 등으로 인하여 1년간의 위반사항이 적발된 업종의 각 매출금액을 산출할 수 없거나 1년간의 위반사항이 적발된 업종의 각 매출금액을 기준으로 하는 것이 불합리하다고 인정되는 경우에는 분기별·월별 또는 일별 매출금액을 기준으로 산출 또는 조정한다.

⑥ ①부터 ⑤까지의 규정에도 불구하고 과징금 산정금액이 3천만 원을 초과하는 경우 3천만 원으로 한다.

2. 개별기준

① 과징금을 부과할 수 있는 위반행위의 종별

• 소방시설관리업

위반사항	근거 법조문	행정처분기준		
		1차	2차	3차
법 제25조(소방시설등의 자체점검 등) 제1항에 따른 점검을 하지 않거나 거짓으로 한 경우	법 제34조 제1항 제2호		영업정지 3개월	
법 제29조(소방시설관리업의 등록 등) 제2항에 따른 등록기준에 미달하게 된 경우	법 제34조 제1항 제3호		영업정지 3개월	

② 과징금 금액 산정기준

등급	연간매출액(단위 : 백만 원)	영업정지 1일에 해당되는 금액(단위 : 원)
1	10 이하	25,000
2	10 초과 ~ 30 이하	30,000
3	30 초과 ~ 50 이하	35,000
4	50 초과 ~ 100 이하	45,000
5	100 초과 ~ 150 이하	50,000
6	150 초과 ~ 200 이하	55,000
7	200 초과 ~ 250 이하	65,000
8	250 초과 ~ 300 이하	80,000
9	300 초과 ~ 350 이하	95,000
10	350 초과 ~ 400 이하	110,000

11	400 초과 ~ 450 이하	125,000
12	450 초과 ~ 500 이하	140,000
13	500 초과 ~ 750 이하	160,000
14	750 초과 ~ 1,000 이하	180,000
15	1,000 초과 ~ 2,500 이하	210,000
16	2,500 초과 ~ 5,000 이하	240,000
17	5,000 초과 ~ 7,500 이하	270,000
18	7,500 초과 ~ 10,000 이하	300,000
19	10,000 초과	330,000

IX. 행정처분기준〈시행규칙 별표8〉

1. 일반기준

① 위반행위가 동시에 둘 이상 발생한 때에는 그 중 중한 처분기준(중한 처분기준이 동일한 경우에는 그 중 하나의 처분기준을 말한다. 이하 같다)에 의하되, 둘 이상의 처분기준이 동일한 영업정지이거나 사용정지인 경우에는 중한 처분의 2분의 1까지 가중하여 처분할 수 있다.

② 영업정지 또는 사용정지 처분기간 중 영업정지 또는 사용정지에 해당하는 위반사항이 있는 경우에는 종전의 처분기간 만료일의 다음 날부터 새로운 위반사항에 의한 영업정지 또는 사용정지의 행정처분을 한다.

③ 위반행위의 차수에 따른 행정처분의 가중된 처분기준은 최근 1년간 같은 위반행위로 행정처분을 받은 경우에 적용한다. 이 경우 기간의 계산은 위반행위에 대하여 행정처분을 받은 날과 그 처분 후 다시 같은 위반행위를 하여 적발된 날을 기준으로 한다.

④ ③에 따라 가중된 행정처분을 하는 경우 가중처분의 적용 차수는 그 위반행위 전 행정처분 차수(③에 따른 기간 내에 행정처분이 둘 이상 있었던 경우에는 높은 차수를 말한다)의 다음 차수로 한다.

⑤ 영업정지 등에 해당하는 위반사항으로서 위반행위의 동기·내용·횟수·사유 또는 그 결과를 고려하여 다음의 어느 하나에 해당하는 경우에는 그 처분을 가중하거나 감경할 수 있다. 이 경우 그 처분이 영업정지 또는 자격정지일 때에는 그 처분기준의 2분의 1의 범위에서 가중하거나 감경할 수 있고, 등록취소 또는 자격취소일 때에는 등록취소 또는 자격취소 전 차수의 행정처분이 영업정지 또는 자격정지이면 그 처분기준의 2배 이상의 영업정지 또는 자격정지로 감경(법 제19조 제1항 제1호·제3호, 법 제28조 제1호·제4호·제5호·제7호 및 법 제34조 제1항 제1호·제4호·제7호를 위반하여 등록취소 또는 자격취소된 경우는 제외한다)할 수 있다.

㉠ 가중 사유
　가) 위반행위가 사소한 부주의나 오류가 아닌 고의나 중대한 과실에 의한 것으로 인정되는 경우
　나) 위반의 내용·정도가 중대하여 관계인에게 미치는 피해가 크다고 인정되는 경우

㉡ 감경 사유
　가) 위반행위가 사소한 부주의나 오류 등 과실에 의한 것으로 인정되는 경우
　나) 위반의 내용·정도가 경미하여 관계인에게 미치는 피해가 적다고 인정되는 경우

다) 위반행위를 처음으로 한 경우로서, 5년 이상 방염처리업, 소방시설관리업 등을 모범적으로 해 온 사실이 인정되는 경우

라) 그 밖에 다음의 경미한 위반사항에 해당되는 경우
- 스프링클러설비 헤드가 살수(撒水)반경에 미치지 못하는 경우
- 자동화재탐지설비 감지기 2개 이하가 설치되지 않은 경우
- 유도등(誘導燈)이 일시적으로 점등(點燈)되지 않는 경우
- 유도표지(誘導標識)가 정해진 위치에 붙어 있지 않은 경우

2. 개별기준

① 소방시설관리사에 대한 행정처분기준

위반사항	근거 법조문	행정처분기준		
		1차	2차	3차
거짓, 그 밖의 부정한 방법으로 시험에 합격한 경우	법 제28조 제1호	자격취소		
법 제20조 제6항에 따른 소방안전관리 업무를 하지 않거나 거짓으로 한 경우	법 제28조 제2호	경고 (시정명령)	자격정지 6월	자격취소
법 제25조에 따른 점검을 하지 않거나 거짓으로 한 경우	법 제28조 제3호	경고 (시정명령)	자격정지 6월	자격취소
법 제26조 제6항을 위반하여 소방시설관리증을 다른 자에게 빌려준 경우	법 제28조 제4호	자격취소		
법 제26조 제7항을 위반하여 동시에 둘 이상의 업체에 취업한 경우	법 제28조 제5호	자격취소		
법 제26조 제8항을 위반하여 성실하게 자체점검업무를 수행하지 아니한 경우	법 제28조 제6호	경고	자격정지 6월	자격취소
법 제27조 각 호의 어느 하나의 결격사유에 해당하게 된 경우	법 제28조 제7호	자격취소		

- 법 제20조(특정소방대상물의 소방안전관리)
- 법 제25조(소방시설등의 자체점검 등)
- 법 제26조(소방시설관리사)
- 법 제27조(관리사의 결격사유)

② 소방시설관리업에 대한 행정처분기준

위반사항	근거 법조문	행정처분기준		
		1차	2차	3차
거짓, 그 밖의 부정한 방법으로 등록을 한 경우	법 제34조 제1항 제1호	등록취소		
법 제25조 제1항에 따른 점검을 하지 않거나 거짓으로 한 경우	법 제34조 제1항 제2호	경고 (시정명령)	영업정지 3개월	등록취소
법 제29조 제2항에 따른 등록기준에 미달하게 된 경우. 다만, 기술인력이 퇴직하거나 해임되어 30일 이내에 재선임하여 신고하는 경우는 제외한다.	법 제34조 제1항 제3호	경고 (시정명령)	영업정지 3개월	등록취소
법 제30조 각 호의 어느 하나의 등록의 결격사유에 해당하게 된 경우	법 제34조 제1항 제4호	등록취소		
법 제33조 제1항을 위반하여 다른 자에게 등록증 또는 등록수첩을 빌려준 경우	법 제34조 제1항 제7호	등록취소		

• 법 제25조(소방시설등의 자체점검 등)
• 법 제29조(소방시설관리업의 등록 등)
• 법 제30조(등록의 결격사유)
• 법 제33조(관리업의 운영)

1 「화재예방, 소방시설 설치 · 유지 및 안전관리에 관한 법률」의 목적으로 타당한 것은?

① 국민의 소득증대

② 공공의 안전과 복리증진

③ 목표에 대한 정확한 인식

④ 소방활동을 위한 정보의 제공

 TIPS!

「화재예방, 소방시설 설치 · 유지 및 안전관리에 관한 법률」은 화재, 재난 · 재해, 그 밖의 위급한 상황으로부터 국민의 생명 ·
신체 및 재산을 보호하기 위하여 화재의 예방 및 안전관리에 관한 국가와 지방자치단체의 책무와 소방시설 등의 설치 · 유지 및
소방대상물의 안전관리에 관하여 필요한 사항을 정함으로써 공공의 안전과 복리증진에 이바지함을 목적으로 한다〈법 제1조〉.

2 「화재예방, 소방시설 설치 · 유지 및 안전관리에 관한 법률」에 사용되는 용어에 대한 설명으로 옳지 않은 것은?

① 소방시설 등 – 소화설비, 경보설비, 그 밖에 소화활동설비로서 대통령령으로 정하는 것을 말한다.

② 특정소방대상물 – 소화설비 · 경보설비 · 피난설비 · 소화용수설비, 그 밖에 소방 관련 시설로서 대통령령으로 정하는
것을 말한다.

③ 소방용품이란 소방시설 등을 구성하거나 소방용으로 사용하는 제품 또는 기기로서 대통령령으로 정하는 것을 말한다.

④ 피난층 – 곧바로 지상으로 갈 수 있는 출입구가 있는 층을 말한다.

TIPS!

특정소방대상물은 소방시설을 설치하여야 하는 소방대상물로서 대통령령으로 정하는 것을 말한다〈법 제2조〉.

Answer 1.② 2.②

3 다음 중 소방시설로 볼 수 없는 것은?

① 경보설비

② 피난구조설비

③ 소화용수설비

④ 복리시설

 TIPS!

소방시설이란 소화설비·경보설비·피난구조설비·소화용수설비, 그 밖에 소화활동설비로서 대통령령으로 정하는 것을 말한다〈법 제2조〉.

4 다음 중 소방특별조사를 실시하여야 하는 경우가 아닌 것은?

① 관계인이 소방시설 등, 방화시설, 피난시설 등에 대한 자체점검 등이 불성실하거나 불완전하다고 인정되는 경우

② 소방기본법에 따른 화재경계지구에 대한 소방특별조사 등 다른 법률에서 소방특별조사를 실시하도록 한 경우

③ 국가적 행사 등 주요 행사가 개최되는 장소 및 그 주변의 관계 지역에 대하여 소방안전관리 실태를 점검할 필요가 있는 경우

④ 화재가 발생하였거나 발생할 우려가 거의 없는 곳에 대한 점검이 필요한 경우

TIPS!

소방특별조사를 실시하는 경우〈법 제4조 제2항〉

㉠ 관계인이 이 법 또는 다른 법령에 따라 실시하는 소방시설 등, 방화시설, 피난시설 등에 대한 자체점검 등이 불성실하거나 불완전하다고 인정되는 경우

㉡ 소방기본법에 따른 화재경계지구에 대한 소방특별조사 등 다른 법률에서 소방특별조사를 실시하도록 한 경우

㉢ 국가적 행사 등 주요 행사가 개최되는 장소 및 그 주변의 관계 지역에 대하여 소방안전관리 실태를 점검할 필요가 있는 경우

㉣ 화재가 자주 발생하였거나 발생할 우려가 뚜렷한 곳에 대한 점검이 필요한 경우

㉤ 재난예측정보, 기상예보 등을 분석한 결과 소방대상물에 화재, 재난·재해의 발생 위험이 높다고 판단되는 경우

㉥ ㉠에서 ㉤까지에서 규정한 경우 외에 화재, 재난·재해, 그 밖의 긴급한 상황이 발생할 경우 인명 또는 재산 피해의 우려가 현저하다고 판단되는 경우

Answer 3.④ 4.④

5 소방특별조사에 대한 설명으로 옳지 않은 것은?

① 소방본부장은 필요할 경우 소방기술사, 소방시설관리사 등을 소방특별조사에 참여하게 할 수 있다.

② 소방청장은 소방특별조사를 하려면 7일 전에 관계인에게 조사대상, 조사기간 및 사유를 서면으로 알려야 한다.

③ 소방특별조사는 관계인의 승낙 없이 해가 뜨기 전이나 해가 진 뒤에도 할 수 있다.

④ 소방특별조사 업무를 수행하는 관계 공무원 및 관계 전문가는 그 권한 또는 자격을 표시하는 증표를 지니고 이를 관계인에게 내보여야 한다.

TIPS!

③ 소방특별조사는 관계인의 승낙 없이 해가 뜨기 전이나 해가 진 뒤에 할 수 없다. 다만, 화재, 재난·재해가 발생할 우려가 뚜렷하여 긴급하게 조사할 필요가 있는 경우나 소방특별조사의 실시를 사전에 통지하면 조사목적을 달성할 수 없다고 인정되는 경우에는 그러하지 아니하다〈법 제4조의3 제2항〉.

6 다음 중 소화용으로 사용되는 제품으로 볼 수 있는 것은?

① 누전경보기

② 공기호흡기

③ 송수구

④ 방염액

TIPS!

소화용으로 사용되는 제품 또는 기기로는 소화약제와 방염제를 들 수 있다〈시행령 별표3〉.

7 건축물의 신축·증축·개축 또는 대수선의 이유로 허가를 할 경우 행정기관은 누구의 동의를 얻어야 하는가?

① 시공지 또는 소재지를 관할하는 경찰서장

② 시공지 또는 소재지를 관할하는 구청장

③ 시공지 또는 소재지를 관할하는 소방본부장

④ 시공지 또는 소재지를 관할하는 시·도지사

TIPS!

건축물 등의 신축·증축·개축·재축·이전·용도변경 또는 대수선의 허가·협의 및 사용승인의 권한이 있는 행정기관은 건축허가 등을 할 때 미리 그 건축물 등의 시공지 또는 소재지를 관할하는 소방본부장이나 소방서장의 동의를 받아야 한다〈법 제7조 제1항〉.

Answer 5.③ 6.④ 7.③

8 주택에 설치하는 소방시설에 대한 내용으로 옳지 않은 것은?

① 단독주택의 경우 소화기 및 단독경보형감지기를 설치하여야 한다.
② 주택에 설치하는 소방시설의 설치기준에 관하여는 조례로 정한다.
③ 기숙사의 경우 소화기 및 단독경보형감지기를 설치하여야 한다.
④ 국가는 소화기와 단독경보형감지기의 설치 및 국민의 자율적인 안전관리를 촉진하기 위해 필요한 시책을 마련하여야 한다.

 TIPS!

소화기 및 단독경보형감지기를 설치하여야 하는 주택은 건축법의 단독주택, 공동주택(아파트 및 기숙사 제외)이다〈법 제8조 제1항〉.

9 다음 중 소방시설을 설치하지 않아도 되는 경우가 아닌 것은?

① 화재 위험도가 낮은 특정소방대상물
② 화재안전기준을 적용하기가 용이한 특정소방대상물
③ 화재안전기준을 다르게 적용하여야 하는 특수한 용도 또는 구조를 가진 특정소방대상물
④ 자체소방대가 설치된 특정소방대상물

TIPS!

화재 위험도가 낮은 특정소방대상물, 화재안전기준을 적용하기가 어려운 특정소방대상물, 화재안전기준을 다르게 적용하여야 하는 특수한 용도 또는 구조를 가진 특정소방대상물, 위험물안전관리법에 따른 자체소방대가 설치된 특정소방대상물 등에는 소방시설을 설치하지 아니할 수 있다〈법 제11조 제4항〉.

10 다음 중 방염대상물품이 아닌 것은?

① 카펫   ② 블라인드
③ 종이벽지   ④ 영화관 스크린

TIPS!

방염대상물품의 종류〈시행령 제20조 제1항 제1호〉
㉠ 창문에 설치하는 커튼류(블라인드 포함)
㉡ 카펫, 두께가 2밀리미터 미만인 벽지류(종이벽지는 제외)
㉢ 전시용 합판 또는 섬유판, 무대용 합판 또는 섬유판
㉣ 암막·무대막(영화 및 비디오물의 진흥에 관한 법률에 따른 영화상영관에 설치하는 스크린과 다중이용업소의 안전관리에 관한 특별법 시행령에 따른 가상체험 체육시설업에 설치하는 스크린을 포함)
㉤ 섬유류 또는 합성수지류 등을 원료로 하여 제작된 소파·의자(다중이용업소의 안전관리에 관한 특별법 시행령에 따른 단란주점영업, 유흥주점영업 및 노래연습장업의 영업장에 설치하는 것만 해당함)

Answer 8.③ 9.② 10.③

11 다음 중 방염성능검사를 실시하는 자는?

① 방화관리자
② 소방청장
③ 소방본부장
④ 소방기술사

 TIPS!

특정소방대상물에서 사용하는 방염대상물품은 소방청장(대통령령으로 정하는 방염대상물품의 경우에는 시·도지사)이 실시하는 방염성능검사를 받은 것이어야 한다〈법 제13조 제1항〉.

12 다음 중 특정소방대상물의 소방안전관리에 관한 설명으로 옳지 않은 것은?

① 특정소방대상물의 관계인은 그 특정소방대상물에 대하여 소방안전관리 업무를 수행하여야 한다.
② 대통령령으로 정하는 특정소방대상물의 관계인은 소방안전관리 업무를 수행하기 위하여 대통령령으로 정하는 자를 기획재정부령으로 정하는 바에 따라 소방안전관리자 및 소방안전관리보조자로 선임하여야 한다.
③ 대통령령으로 정하는 소방안전관리대상물의 관계인은 소방시설관리업의 등록을 한 자로 하여금 소방안전관리 업무 중 대통령령으로 정하는 업무를 대행하게 할 수 있다.
④ 소방안전관리대상물의 관계인이 소방안전관리자를 선임한 경우에는 행정안전부령으로 정하는 바에 따라 선임한 날부터 14일 이내에 소방본부장이나 소방서장에게 신고해야 한다.

TIPS!

② 대통령령으로 정하는 특정소방대상물의 관계인은 소방안전관리 업무를 수행하기 위하여 대통령령으로 정하는 자를 행정안전부령으로 정하는 바에 따라 소방안전관리자 및 소방안전관리보조자로 선임하여야 한다〈법 제20조 제2항〉.

13 다음 중 침대가 없는 숙박시설의 수용인원 산정방법으로 옳은 것은?

① 해당 특정소방물의 종사자의 수에 침대의 수를 곱한 수
② 해당 특정소방대상물의 종사자의 수에 숙박시설의 바닥면적의 합계를 $3m^2$로 나누어 얻은 수를 합한 수
③ 해당 용도로 사용하는 바닥면적의 합계를 $1.9m^2$로 나누어 얻은 수
④ 해당 용도로 사용하는 바닥면적의 합계를 $3m^2$로 나누어 얻은 수

TIPS!

② 침대가 없는 숙박시설의 수용인원은 해당 특정소방대상물 종사자 수에 숙박시설 바닥면적의 합계를 $3m^2$으로 나누어 얻은 수를 합한 수로 한다〈시행령 별표4〉.

Answer 11.② 12.② 13.②

14 다음 중 소화설비에 해당되지 않는 것은?

① 고체 에어로졸 자동소화장치

② 캐비닛형 자동소화장치

③ 분말 소화설비

④ 연소 방지설비

 TIPS!

소방시설은 소화설비, 경보설비, 피난구조설비, 소화용수설비, 소화활동설비로 나누어진다.
연소방지시설은 소화활동설비에 해당한다.

15 다음 중 공동 소방안전관리자를 선임하여야 하는 특정소방대상물에 해당하지 않는 것은?

① 15층 건축물

② 지하가

③ 도매시장

④ 4층 상가

 TIPS!

공동 소방안전관리자를 선임하여야 하는 특정소방대상물의 종류〈법 제21조 및 시행령 제25조〉

㉠ 고층 건축물(지하층을 제외한 층수가 11층 이상인 건축물만 해당)

㉡ 지하가(지하의 인공구조물 안에 설치된 상점 및 사무실, 그 밖에 이와 비슷한 시설이 연속하여 지하도에 접하여 설치된 것과 그 지하도를 합한 것을 말한다)

㉢ 복합건축물로서 연면적이 5천제곱미터 이상인 것 또는 층수가 5층 이상인 것

㉣ 판매시설 중 도매시장과 소매시장

㉤ 특정소방대상물 중 소방본부장 또는 소방서장이 지정하는 것

16 특정소방대상물의 근무자 및 거주자에 대한 소방훈련과 교육의 실시 횟수는?

① 월 1회 이상

② 연 1회 이상

③ 연 2회 이상

④ 연 4회 이상

 TIPS!

특정소방대상물의 관계인은 소방훈련과 교육을 연 1회 이상 실시하여야 한다. 다만, 소방서장이 화재예방을 위하여 필요하다고 인정하여 2회의 범위 안에서 추가로 실시할 것을 요청하는 경우에는 소방훈련과 교육을 실시하여야 한다〈시행규칙 제15조 제1항〉.

Answer 14.④ 15.④ 16.②

17 화재예방, 소방시설설치·유지 및 안전관리에 관한 법률에서 규정하는 소화활동 설비가 아닌 것은?

① 무선통신보조설비　　　　　　　　② 제연설비
③ 연소방지설비　　　　　　　　　　④ 비상경보설비

18 특정소방대상물의 관계인에 대한 소방안전교육을 실시하고자 할 경우 통보기일은?

① 교육 10일 전까지 교육대상자에게 통보한다.
② 교육 10일 전까지 교육대상기관에 통보한다.
③ 교육 30일 전까지 교육대상자에게 통보한다.
④ 교육 30일 전까지 교육대상기관에 통보한다.

19 공공기관의 소방안전관리에 관한 규정을 적용할 수 없는 곳은?

① 국가　　　　　　　　　　　　　　② 사립학교
③ 지방자치단체　　　　　　　　　　④ 국립학교

Answer 17.④ 18.① 19.②

20 특정소방대상물의 관계인 등이 소방시설을 점검한 경우에 누구에게 보고하여야 하는가?

① 시 · 도지사

② 소방청장

③ 소방본부장

④ 소방안전관리자

 TIPS!

특정소방대상물의 관계인 등이 점검을 한 경우에는 그 점검 결과를 행정안전부령으로 정하는 바에 따라 소방본부장이나 소방서
장에게 보고하여야 한다〈법 제25조 제2항〉.

21 소방시설을 설치해야 하는 특정소방대상물에 해당되지 않는 것은?

① 근린생활시설

② 복합건축물

③ 지하가

④ 단독주택

TIPS!

특정소방대상물 : 공동주택, 근린생활시설, 문화 및 집회시설, 종교시설, 판매시설, 운수시설, 의료시설, 교육연구시설, 노유자시
설, 수련시설, 운동시설, 업무시설, 숙박시설, 위락시설, 공장, 창고시설, 위험물 저장 및 처리시설, 항공기 및 자동차 관련 시
설, 동물 및 식물 관련 시설, 자원순환 관련 시설, 교정 및 군사시설, 방송통신시설, 발전시설, 묘지 관련 시설, 관광 휴게시설,
장례시설, 지하가, 지하구, 문화재, 복합건축물.
※ 단독주택은 해당되지 않는다.

22 다음 중 특정소방대상물의 분류에 대하여 옳은 것은?

① 항공기 및 자동차 관련 시설 – 항공기 격납고, 폐차장, 자동차 검사장

② 의료시설 – 치과병원, 유스호스텔, 종합병원, 요양병원, 마약진료소

③ 관광 휴게시설 – 관망탑, 촬영소, 야외음악당, 유원지 또는 관광지에 부수되는 건축물

④ 묘지관련 시설 – 화장장, 봉안당(종교집회장 안에 설치된 봉안당 포함)

Answer 20.③ 21.④ 22.①

㉠ 의료시설
- 병원 : 종합병원, 병원, 치과병원, 한방병원, 요양병원
- 격리병원 : 전염병원, 마약진료소, 그 밖에 이와 비슷한 것
- 정신의료기관
- 「장애인복지법」에 따른 장애인 의료재활시설

㉡ 관광 휴게시설
- 야외음악당
- 야외극장
- 어린이회관
- 관망탑
- 휴게소
- 공원 · 유원지 또는 관광지에 부수되는 건축물

㉢ 묘지 관련 시설
- 화장시설
- 봉안당(종교집회장 안의 봉안당은 제외한다)
- 묘지와 자연장지에 부수되는 건축물
- 동물화장시설, 동물건조장(乾燥葬) 시설 및 동물 전용의 납골시설

23 다음 중 소방시설관리사의 자격정지 사유에 해당하는 것은?

① 거짓이나 부정한 방법으로 합격한 경우
② 소방시설관리사증을 다른 자에게 빌려준 경우
③ 소방안전관리업무 및 점검을 하지 아니하거나 거짓으로 한 경우
④ 동시에 둘 이상의 업체에 취업한 경우

자격의 취소 · 정지〈법 제28조〉 … 소방청장은 관리사가 다음에 해당하는 때에는 행정안전부령으로 정하는 바에 따라 그 자격을 취소하거나 2년 이내의 기간을 정하여 그 자격의 정지를 명할 수 있다.
㉠ 거짓, 그 밖의 부정한 방법으로 시험에 합격한 경우 – 자격취소
㉡ 소방안전관리 업무를 하지 아니하거나 거짓으로 한 경우 – 자격정지
㉢ 점검을 하지 아니하거나 거짓으로 한 경우 – 자격정지
㉣ 소방시설관리사증을 다른 자에게 빌려준 경우 – 자격취소
㉤ 동시에 둘 이상의 업체에 취업한 경우 – 자격취소
㉥ 성실하게 자체점검 업무를 수행하지 아니한 경우 – 자격정지
㉦ 결격사유에 해당하게 된 경우 – 자격취소

Answer 23.③

24 다음 중 소방시설관리업의 등록은 누구에게 하는가?

① 시장 · 군수 · 구청장

② 시 · 도지사

③ 소방서장

④ 소방본부장

 TIPS!

소방안전관리 업무의 대행 또는 소방시설 등의 점검 및 유지 · 관리의 업을 하려는 자는 시 · 도지사에게 소방시설관리업의 등록을 하여야 한다〈법 제29조 제1항〉.

25 소방용품의 형식승인에 관한 내용 중 잘못된 것은?

① 소방용품을 수입하려는 자는 소방본부장의 형식승인을 얻어야 한다.

② 소방용품의 형식승인을 받으려는 자는 행정안전부령으로 정하는 기준에 따라 소방청장의 심사를 받아야 한다.

③ 소방청장은 규정을 위반한 소방용품에 대해서는 제조자 · 수입자 · 판매자 또는 시공자에게 수거 · 폐기 또는 교체 등 행정안전부령으로 정하는 필요한 조치를 명할 수 있다.

④ 형식승인을 받은 자는 그 소방용품에 대하여 소방청장이 실시하는 제품검사를 받아야 한다.

TIPS!

대통령령이 정하는 소방용품을 제조하거나 수입하려는 자는 소방청장의 형식승인을 받아야 한다. 다만, 연구개발 목적으로 제조하거나 수입하는 소방용품은 그러하지 아니하다〈법 제36조 제1항〉.

Answer 24.② 25.①

26 소방시설관리업의 등록을 할 수 없는 사유에 해당하지 않는 것은?

① 피성년후견인
② 관리업의 등록이 취소된 날부터 1년이 된 경우
③ 금고 이상의 형의 집행유예를 선고받고 그 유예기간 중에 있는 경우
④ 금고 이상의 실형을 선고받고 그 집행이 면제된 날부터 3년이 된 경우

> **TIPS!**
>
> 등록의 결격사유〈법 제30조〉
> ㉠ 피성년후견인
> ㉡ 이 법, 소방기본법, 소방시설공사업법 및 위험물안전관리법에 따른 금고 이상의 실형을 선고받고 그 집행이 끝나거나(집행이
>   끝난 것으로 보는 경우 포함) 집행이 면제된 날부터 2년이 지나지 아니한 사람
> ㉢ 이 법, 소방기본법, 소방시설공사업법 또는 위험물안전관리법에 따른 금고 이상의 형의 집행유예를 선고받고 그 유예기간
>   중에 있는 사람
> ㉣ 관리업의 등록이 취소된 날부터 2년이 지나지 아니한 자
> ㉤ 임원 중 ㉠에서 ㉣까지의 어느 하나에 해당하는 사람이 있는 법인

27 소방시설관리업자의 지위승계에 대한 내용으로 옳지 않은 것은?

① 관리업자가 사망한 경우 그 상속인은 관리업자의 지위를 승계한다.
② 관리업자가 그 영업을 양도한 경우 그 양수인이 관리업자의 지위를 승계한다.
③ 법인인 관리업자가 합병한 경우 합병 후 존속하는 법인이 관리업자의 지위를 승계한다.
④ 관리업의 등록이 취소된 날부터 2년이 경과되면 인수한 자가 지위를 승계한다.

> **TIPS!**
>
> 소방시설관리업자의 지위승계〈법 제32조〉
> ① 다음 각 호의 어느 하나에 해당하는 자는 관리업자의 지위를 승계한다.
>   ㉠ 관리업자가 사망한 경우 그 상속인
>   ㉡ 관리업자가 그 영업을 양도한 경우 그 양수인
>   ㉢ 법인인 관리업자가 합병한 경우 합병 후 존속하는 법인이나 합병으로 설립되는 법인
> ② 「민사집행법」에 따른 경매, 「채무자 회생 및 파산에 관한 법률」에 따른 환가, 「국세징수법」, 「관세법」 또는 「지방세징수법」
>   에 따른 압류재산의 매각과 그 밖에 이에 준하는 절차에 따라 관리업의 시설 및 장비의 전부를 인수한 자는 그 관리업자의
>   지위를 승계한다.
> ③ ①이나 ②에 따라 관리업자의 지위를 승계한 자는 행정안전부령으로 정하는 바에 따라 시·도지사에게 신고하여야 한다.
> ④ ①이나 ②에 따른 지위승계에 관하여는 제30조(등록의 결격사유)를 준용한다. 다만, 상속인이 제30조(등록의 결격사유)에 해
>   당하는 경우에는 상속받은 날부터 3개월 동안은 그러하지 아니하다.

Answer 26.④ 27.④

28 둘 이상의 특정소방대상물이 복도 또는 통로로 연결된 경우 하나의 소방대상물로 보지 않는 것은?

① 방화셔터 또는 갑종 방화문이 설치되지 않은 피트로 연결된 경우
② 연결통로 또는 지하구와 소방대상물의 양쪽에 화재 시 자동으로 방수되는 방식의 드렌처 설비 또는 개방형 스프링 클러 헤드가 설치된 경우
③ 컨베이어로 연결되거나 플랜트설비의 배관 등으로 연결되어 있는 경우
④ 지하보도, 지하상가, 지하가로 연결된 경우

> **TIPS!**
> 둘 이상의 특정소방대상물이 다음에 해당되는 구조의 복도 또는 통로(이하 이 표에서 "연결통로"라 한다)로 연결된 경우에는 이를 하나의 소방대상물로 본다〈시행령 제5조 관련 별표2〉.
> ㉠ 내화구조로 된 연결통로가 다음의 어느 하나에 해당되는 경우
> • 벽이 없는 구조로서 그 길이가 6m 이하인 경우
> • 벽이 있는 구조로서 그 길이가 10m 이하인 경우. 다만, 벽 높이가 바닥에서 천장까지의 높이의 2분의 1 이상인 경우에는 벽이 있는 구조로 보고, 벽 높이가 바닥에서 천장까지의 높이의 2분의 1 미만인 경우에는 벽이 없는 구조로 본다.
> ㉡ 내화구조가 아닌 연결통로로 연결된 경우
> ㉢ 컨베이어로 연결되거나 플랜트설비의 배관 등으로 연결되어 있는 경우
> ㉣ 지하보도, 지하상가, 지하가로 연결된 경우
> ㉤ 방화셔터 또는 갑종 방화문이 설치되지 않은 피트로 연결된 경우
> ㉥ 지하구로 연결된 경우

29 다음 중 제품검사 전문기관의 지정을 취소하여야 하는 사유는?

① 거짓, 그 밖의 부정한 방법으로 지정을 받은 경우
② 정당한 사유 없이 1년 이상 계속하여 제품검사 또는 실무교육 등 지정받은 업무를 수행하지 아니한 경우
③ 제품검사 전문기관의 요건을 갖추지 못하거나 조건을 위반한 경우
④ 감독 결과 이 법이나 다른 법령을 위반하여 전문기관으로서의 업무를 수행하는 것이 부적당하다고 인정되는 경우

> **TIPS!**
> 전문기관의 지정취소 등〈법 제43조〉… 소방청장은 전문기관이 다음의 어느 하나에 해당할 때에는 그 지정을 취소하거나 6개월 이내의 기간을 정하여 그 업무의 정지를 명할 수 있다. 다만, ㉠에 해당할 때에는 그 지정을 취소하여야 한다.
> ㉠ 거짓, 그 밖의 부정한 방법으로 지정을 받은 경우
> ㉡ 정당한 사유 없이 1년 이상 계속하여 제품검사 또는 실무교육 등 지정받은 업무를 수행하지 아니한 경우
> ㉢ 제품검사 전문기관의 요건을 갖추지 못하거나 조건을 위반한 때
> ㉣ 감독 결과 이 법이나 다른 법령을 위반하여 전문기관으로서의 업무를 수행하는 것이 부적당하다고 인정되는 경우

Answer 28.② 29.①

30 다음 중 5년 이하의 징역 또는 5천만 원 이하의 벌금에 해당하는 것은?

① 소방용품의 형식승인을 받지 아니하고 소방용품을 제조하거나 수입한 자

② 소방시설에 폐쇄 또는 차단 등의 행위를 한 자

③ 제품검사를 받지 아니한 자

④ 방염업 또는 관리업의 등록을 하지 않고 영업을 한 자

 TIPS!

특정소방대상물에 설치하는 소방시설의 유지·관리 등의 조문을 위반하여 소방시설에 폐쇄·차단 등의 행위를 한 자는 5년 이하의 징역 또는 5천만 원 이하의 벌금에 처한다〈법 제48조〉.

31 소방청장의 형식승인을 받아야 하는 소방용품이 아닌 것은?

① 자동소화장치

② 누전경보기 및 가스누설경보기

③ 음향장치(경종 제외)

④ 공기호흡기(충전기를 포함한다)

TIPS!

법 제36조(형식승인대상 소방용품) 제1항 … 대통령령으로 정하는 소방용품을 제조하거나 수입하려는 자는 소방청장의 형식승인을 받아야 한다. 다만, 연구개발 목적으로 제조하거나 수입하는 소방용품은 그러하지 아니하다.

※ 시행령 제37조 및 별표3 참조

ㄱ 소화설비를 구성하는 제품 또는 기기
  • 소화기구(소화약제 외의 것을 이용한 간이 소화용구는 제외한다)
  • 자동소화장치(상업용 주방자동소화장치는 제외)
  • 소화설비를 구성하는 소화전, 관창(菅槍), 소방호스, 스프링클러헤드, 기동용 수압개폐장치, 유수제어밸브 및 가스관선택밸브

ㄴ 경보설비를 구성하는 제품 또는 기기
  • 누전경보기 및 가스누설경보기
  • 경보설비를 구성하는 발신기, 수신기, 중계기, 감지기 및 음향장치(경종만 해당한다)

ㄷ 피난구조설비를 구성하는 제품 또는 기기
  • 피난사다리, 구조대, 완강기(간이 완강기 및 지지대를 포함한다)
  • 공기호흡기(충전기를 포함한다)
  • 피난구 유도등, 통로 유도등, 객석 유도등 및 예비 전원이 내장된 비상조명등

ㄹ 소화용으로 사용하는 제품 또는 기기
  • 소화약제(별표1 제1호 나목 2)와 3)의 자동소화장치와 같은 호 마목 3)부터 8)까지의 소화설비용만 해당한다)
    * 별표1 제1호 나목 2) 상업용 주방자동소화장치, 3) 캐비닛형 자동소화장치
    * 별표1 제1호 마목 3) 포소화설비, 4) 이산화탄소소화설비, 5) 할론소화설비, 6) 할로겐화합물 및 불활성기체 소화설비, 7) 분말소화설비, 8) 강화액소화설비
  • 방염제(방염액·방염도료 및 방염성물질을 말한다)

Answer 30.② 31.③

32 다음 중 성능위주설계를 해야 할 특정소방대상물의 범위로 볼 수 없는 것은?

① 연면적 20만㎡ 이상인 아파트

② 건축물의 높이가 100m 이상인 특정소방대상물

③ 연면적 3만㎡ 이상인 철도

④ 하나의 건축물에 영화상영관이 10개 이상인 특정소방대상물

 TIPS!

성능위주설계에서 아파트는 특정소방대상물의 범주에서 제외된다〈시행령 제15조의3〉.

33 자동화재탐지설비를 설치하여야 하는 특정소방대상물이 아닌 것은?

① 근린생활시설로서 연면적 600m^2 이상인 것

② 교육연구시설로서 연면적 2,000m^2 이상인 것

③ 지하구

④ 50인 이상의 근로자가 작업하는 옥내작업장

TIPS!

자동화재탐지설비를 설치하여야 하는 특정소방대상물〈시행령 별표5〉
㉠ 근린생활시설(목욕장 제외) · 의료시설(정신의료기관 및 요양병원 제외), 숙박시설, 위락시설, 장례식장 및 복합건축물로서 연면적 600m^2 이상인 것
㉡ 공동주택, 근린생활시설 중 목욕장, 문화 및 집회시설, 종교시설, 판매시설, 운수시설, 운동시설, 업무시설, 공장, 창고시설, 위험물 저장 및 처리 시설, 항공기 및 자동차 관련 시설, 교정 및 군사시설 중 국방 · 군사시설, 방송통신시설, 발전시설, 관광 휴게시설, 지하가(터널은 제외)로서 연면적 1천m^2 이상인 것
㉢ 교육연구시설(교육시설 내에 있는 기숙사 및 합숙소를 포함), 수련시설(수련시설 내에 있는 기숙사 및 합숙소를 포함하며, 숙박시설이 있는 수련시설은 제외), 동물 및 식물 관련 시설(기둥과 지붕만으로 구성되어 외부와 기류가 통하는 장소는 제외), 분뇨 및 쓰레기 처리시설, 교정 및 군사시설(국방 · 군사시설은 제외) 또는 묘지 관련 시설로서 연면적 2,000m^2 이상인 것
㉣ 지하구
㉤ 지하가 중 터널로서 길이가 1,000m 이상인 것
㉥ 노유자 생활시설
㉦ ㉥에 해당하지 않는 노유자시설로서 연면적 400m^2 이상인 노유자시설 및 숙박시설이 있는 수련시설로서 수용인원 100명 이상인 것
㉧ ㉡에 해당하지 않는 공장 및 창고시설로서 「소방기본법 시행령」 별표2에서 정하는 수량의 500배 이상의 특수가연물을 저장 · 취급하는 것
㉨ 의료시설 중 정신의료기관 또는 요양병원으로서 다음의 하나에 해당하는 시설
 • 요양병원(정신병원과 의료재활시설은 제외한다)
 • 정신의료기관 또는 의료재활시설로 사용되는 바닥면적의 합계가 300m^2 이상인 시설
 • 정신의료기관 또는 의료재활시설로 사용되는 바닥면적의 합계가 300m^2 미만이고, 창살(철재 · 플라스틱 또는 목재 등으로 사람의 탈출 등을 막기 위하여 설치한 것을 말하며, 화재 시 자동으로 열리는 구조로 되어 있는 창살은 제외한다)이 설치된 시설
㉩ 판매시설 중 전통시장

Answer 32.① 33.④

34 다음 중 1년 이하의 징역 또는 1천만 원 이하의 벌금의 벌칙에 해당하지 않는 자는?

① 소방시설관리사증을 다른 자에게 빌려주거나 동시에 둘 이상의 업체에 취업한 사람
② 영업정지처분을 받고 그 영업정지기간 중에 관리업의 업무를 한 자
③ 형식승인의 변경승인을 받지 아니한 자
④ 정당한 사유 없이 소방특별조사를 거부 또는 기피한 자

> **TIPS!**
>
> ④ 300만 원 이하의 벌금에 처한다〈법 제50조〉.
>
> ※ 1년 이하의 징역 또는 1천만 원 이하의 벌금〈법 제49조〉
> ㉠ 소방특별조사 시 관계공무원 또는 관계전문가의 의무규정을 위반하여 관계인의 정당한 업무를 방해한 자, 조사 · 검사 업무를 수행하면서 알게 된 비밀을 제공 또는 누설하거나 목적 외의 용도로 사용한 자
> ㉡ 소방시설 관리업의 등록증이나 등록수첩을 다른 자에게 빌려준 자
> ㉢ 소방시설관리업의 영업정지처분을 받고 그 영업정지기간 중에 관리업의 업무를 한 자
> ㉣ 소방시설 등에 대한 자체점검을 하지 아니하거나 관리업자 등으로 하여금 정기적으로 점검하게 하지 아니한 자
> ㉤ 소방시설관리사증을 다른 자에게 빌려주거나 동시에 둘 이상의 업체에 취업한 사람
> ㉥ 소용품 형식승인 제품검사에 합격하지 아니한 제품에 합격표시를 하거나 합격표시를 위조 또는 변조하여 사용한 자
> ㉦ 형식승인의 변경승인을 받지 아니한 자
> ㉧ 제품검사에 합격하지 아니한 소방용품에 성능인증을 받았다는 표시 또는 제품검사에 합격하였다는 표시를 하거나 성능인증을 받았다는 표시 또는 제품검사에 합격하였다는 표시를 위조 또는 변조하여 사용한 자
> ㉨ 성능인증의 변경인증을 받지 아니한 자
> ㉩ 우수품질인증을 받지 아니한 제품에 우수품질인증 표시를 하거나 우수품질인증 표시를 위조하거나 변조하여 사용한 자

35 다음 중 소방특별조사에 대한 설명으로 옳지 않은 것은?

① 소방특별조사는 소방시설 등의 방화 · 피난 등에 대한 자체점검 등이 불성실 · 불완전하다고 인정되는 경우에 실시한다.
② 관할구역의 소방대상물이나 관계지역에 대하여 시간에 구애 없이 소방특별조사를 할 수 있다.
③ 화재, 재난 · 재해 발생 우려가 뚜렷하여 긴급하게 필요가 있는 경우나 소방특별조사의 실시를 사전에 통지하면 조사목적을 달성할 수 없을 경우에는 소방특별조사 실시에 대해 서면으로 알리지 않아도 된다.
④ 소방청장, 소방본부장 또는 소방서장은 필요한 때 소방대상물이나 관계지역, 관계인에 대하여 공무원으로 하여금 소방특별조사를 하게 할 수 있다.

> **TIPS!**
>
> **법 제4조의3**(소방특별조사의 방법 · 절차 등) **제1항** … 소방청장, 소방본부장 또는 소방서장은 소방특별조사를 하려면 7일 전에 관계인에게 조사대상, 조사기간 및 조사사유 등을 서면으로 알려야 한다. 다만, 다음의 경우에는 그러하지 아니하다.
> ㉠ 화재, 재난 · 재해가 발생할 우려가 뚜렷하여 긴급하게 조사할 필요가 있는 경우
> ㉡ 소방특별조사의 실시를 사전에 통지하면 조사목적을 달성할 수 없다고 인정되는 경우

Answer 34.④ 35.②

36 다음 중 바닥면적이 150m² 이상인 지하층 또는 무창층의 작업현장에 설치하여야 하는 임시소방시설은?

① 소화기

② 간이소화장치

③ 비상방송설비

④ 간이피난유도선

TIPS!

임시소방시설을 설치하여야 하는 공사의 종류와 규모〈시행령 별표5의2〉

㉠ 소화기 : 건축허가 등을 할 때 소방본부장 또는 소방서장의 동의를 받아야 하는 특정소방대상물의 건축·대수선·용도변경 또는 설치 등을 위한 공사 중 제15조의5 제1항 각 호에 따른 작업*을 하는 현장(이하 "작업현장"이라 한다)에 설치한다.

　* 시행령 제15조의5 제1항

　　1. 인화성·가연성·폭발성 물질을 취급하거나 가연성 가스를 발생시키는 작업

　　2. 용접·용단 등 불꽃을 발생시키거나 화기(火氣)를 취급하는 작업

　　3. 전열기구, 가열전선 등 열을 발생시키는 기구를 취급하는 작업

　　4. 소방청장이 정하여 고시하는 폭발성 부유분진을 발생시킬 수 있는 작업

　　5. 그 밖에 제1호부터 제4호까지와 비슷한 작업으로 소방청장이 정하여 고시하는 작업

㉡ 간이소화장치 : 다음의 어느 하나에 해당하는 공사의 작업현장에 설치한다.

　• 연면적 3천㎡ 이상

　• 지하층, 무창층 또는 4층 이상의 층. 이 경우 해당 층의 바닥면적이 600㎡ 이상인 경우만 해당한다.

㉢ 비상경보장치 : 다음의 어느 하나에 해당하는 공사의 작업현장에 설치한다.

　• 연면적 400㎡ 이상

　• 지하층 또는 무창층. 이 경우 해당 층의 바닥면적이 150㎡ 이상인 경우만 해당한다.

㉣ 간이피난유도선 : 바닥면적이 150㎡ 이상인 지하층 또는 무창층의 작업현장에 설치한다.

37 다음 중 주거용 주방자동소화장치를 설치하여야 하는 특정소방대상물에 해당하는 것은?

① 수용인원이 100명 이상인 문화 및 집회시설

② 터널

③ 아파트

④ 수용인원이 500명 이상인 판매시설

TIPS!

자동소화장치를 설치하여야 하는 특정소방대상물〈시행령 별표5〉

㉠ 주거용 주방자동소화장치를 설치하여야 하는 것 : 아파트 등 및 30층 이상 오피스텔의 모든 층

㉡ 캐비닛형 자동소화장치, 가스자동소화장치, 분말자동소화장치 또는 고체에어로졸자동소화장치를 설치하여야 하는 것 : 화재안전기준에서 정하는 장소

Answer 36.④ 37.③

38 다음 중 비상경보설비를 설치하여야 할 특정소방대상물은?

① 지하층의 층수가 3층 이상인 건물

② 노유자 생활시설

③ 50명 이상의 근로자가 작업하는 옥내 작업장

④ 지하층을 제외한 층수가 11층 이상인 건물

> **● TIPS!**
>
> 비상경보설비를 설치하여야 할 특정소방대상물(지하구, 모래·석재 등 불연재료 창고 및 위험물 저장·처리 시설 중 가스시설은 제외)〈시행령 별표5〉
> ㉠ 연면적 400m²(지하 중 터널 또는 사람이 거주하지 않거나 벽이 없는 축사 등 동·식물 관련시설은 제외) 이상이거나 지하층 또는 무창층의 바닥면적이 150m²(공연장의 경우 100m²) 이상인 것
> ㉡ 지하가 중 터널로서 길이가 500m 이상인 것
> ㉢ 50명 이상의 근로자가 작업하는 옥내 작업장

39 다음 중 공기호흡기를 설치하여야 하는 특정소방대상물이 아닌 것은?

① 수용인원 100명 이상인 영화상영관

② 대규모 점포

③ 지하역사

④ 종교시설

> **● TIPS!**
>
> 공기호흡기를 설치하여야 하는 특정소방대상물〈시행령 별표5〉
> ㉠ 수용인원 100명 이상인 문화 및 집회시설 중 영화상영관
> ㉡ 판매시설 중 대규모점포
> ㉢ 운수시설 중 지하역사
> ㉣ 지하가 중 지하상가
> ㉤ 제1호 바목(물분무등소화설비를 설치하여야 하는 특정소방대상물. 위험물 저장 및 처리시설 중 가스시설 또는 지하구는 제외) 및 화재안전기준에 따라 이산화탄소소화설비를 설치하여야 하는 특정소방대상물

Answer 38.③ 39.④

40 다음 중 피난구조설비에 해당하지 않는 것은?

① 구조대   ② 비상조명등
③ 시각경보기   ④ 완강기

> **TIPS!**
>
> ③ 시각경보기는 경보설비에 해당한다.
>
> ※ **피난구조설비**〈시행령 별표1〉 … 화재가 발생할 경우 피난하기 위하여 사용하는 기구 또는 설비
>   ㉠ **피난기구**: 피난사다리, 구조대, 완강기, 그 밖에 소방청장이 정하여 고시하는 화재안전기준으로 정하는 것
>   ㉡ **인명구조기구**: 방열복, 방화복(안전모, 보호장갑 및 안전화를 포함), 공기호흡기, 인공소생기
>   ㉢ **유도등**: 피난유도선, 피난구유도등, 통로유도등, 객석유도등, 유도표지
>   ㉣ 비상조명등 및 휴대용비상조명등

41 다음 중 소방시설을 설치하지 아니할 수 있는 특정소방대상물과 소방시설의 연결이 바르지 못한 것은?

① 수영장 – 자동화재탐지설비
② 음료수 공장 작업장 – 스프링클러설비
③ 기계조립공장 – 옥외소화전
④ 목재공장 – 연결살수설비

> **TIPS!**
>
> 목재공장의 경우 소방시설을 설치하지 아니할 수 있는 특정소방대상물에 해당하지 않는다〈시행령 별표7〉.

42 시·도지사는 소방시설관리업등록증 또는 등록수첩의 재교부신청서를 제출받은 때에는 며칠 이내에 재교부해야 하는가?

① 1일   ② 2일
③ 3일   ④ 4일

> **TIPS!**
>
> 시·도지사는 재교부신청서를 제출받은 때에는 3일 이내에 소방시설관리업등록증 또는 등록수첩을 재교부하여야 한다〈시행규칙 제23조 제3항〉.

Answer 40.③ 41.④ 42.③

43 특정소방대상물 중 연면적에 상관없이 반드시 건축허가 등의 동의를 받아야 하는 시설은?

① 오피스텔   ② 항공기 격납고
③ 지하층   ④ 학교시설

 TIPS!

연면적에 상관없이 건축허가 동의를 받아야 하는 시설: 항공기 격납고, 방송용 송·수신탑, 항공관제탑, 관망탑, 특정소방대상물 중 위험물 저장 및 처리 시설과 지하구〈시행령 제12조 참조〉

※ 오피스텔은 건축허가 동의 대상이 아니다. 지하층은 연면적 150m² 이상, 학교시설은 연면적 100m² 이상일 경우 건축허가 동의 대상이 된다.

44 다음 중 건축허가 등의 동의대상물의 범위에 해당하지 않는 것은?

① 항공기 격납고
② 차고·주차장으로 사용되는 바닥 면적이 150m² 이상인 층이 있는 건축물
③ 노유자 시설 200m² 이상
④ 지하층 있고 바닥 면적이 150m² 이상인 층이 있는 건축물

TIPS!

차고·주차장으로 사용되는 바닥 면적이 200m² 이상인 경우〈시행령 제12조〉

45 다음 중 소방시설별 점검 장비의 연결이 옳지 않은 것은?

① 통로유도등 – 누전계
② 옥내소화전설비 – 소화전밸브압력계
③ 스프링클러설비 – 헤드결합렌치
④ 무선통신보조설비 – 무선기

TIPS!

① 통로유도등을 정비하기 위해 사용되는 장비는 조도계이다〈시행규칙 별표2의2〉.

Answer   43.②   44.②   45.①

46 행정처분기준에 대한 설명으로 옳지 않은 것은?

① 위반행위가 동시에 둘 이상 발생한 때에는 그 중 중한 처분기준에 의하되, 둘 이상의 처분기준이 동일한 영업정지이거나 사용정지인 경우에는 중한 처분의 2분의 1까지 가중하여 처분할 수 있다.

② 영업정지 또는 사용정지 처분기간 중 영업정지 또는 사용정지에 해당하는 위반사항이 있는 경우에는 종전의 처분기간 만료일의 다음 날부터 새로운 위반사항에 의한 영업정지 또는 사용정지의 행정처분을 한다.

③ 위반행위가 사소한 부주의나 오류가 아닌 고의나 중대한 과실에 의한 것으로 인정되는 경우에는 처분이 감경된다.

④ 위반행위의 차수에 따른 행정처분의 가중된 처분기준은 최근 1년간 같은 위반행위로 행정처분을 받은 경우에 적용한다.

TIPS!

행정처분기준 가중사유〈시행규칙 별표8〉
㉠ 위반행위가 사소한 부주의나 오류가 아닌 고의나 중대한 과실에 의한 것으로 인정되는 경우
㉡ 위반의 내용·정도가 중대하여 관계인에게 미치는 피해가 크다고 인정되는 경우

47 다음 중 건축허가 등의 동의 요구 시 첨부서류 중 설계도서에 해당하는 서류가 아닌 것은?

① 건축물의 단면도 및 주단면 상세도(내장재료를 명시한 것에 한한다.)

② 소방시설의 층별 평면도 및 층별 계통도(시설별 계산서를 포함한다.)

③ 소방시설 설치계획표

④ 창호도

TIPS!

시행규칙 제4조 제2항 제2호
다음의 설계도서를 첨부한다. 다만, 설계도서는 「소방시설공사업법 시행령」에 따른 소방시설공사 착공신고대상에 해당되는 경우에 한한다.
㉠ 건축물의 단면도 및 주단면 상세도(내장재료를 명시한 것에 한한다)
㉡ 소방시설(기계·전기 분야의 시설을 말한다)의 층별 평면도 및 층별 계통도(시설별 계산서를 포함)
㉢ 창호도

Answer 46.③ 47.③

48 다음 중 빈 칸에 알맞은 단어를 고르시오.

> 특정소방대상물의 (   )은 대통령령으로 정하는 소방시설을 소방청장이 정하여 고시하는 (   )에 따라 설치 또는 유지·관리하여야 한다.

① 관계인 – 화재안전기준
② 관계인 – 소방시설업
③ 소방안전관리자 – 화재안전기준
④ 소방안전관리자 – 소방시설업

TIPS!
법 제9조(특정소방대상물에 설치하는 소방시설의 유지·관리 등)
특정소방대상물의 <u>관계인</u>은 대통령령으로 정하는 소방시설을 소방청장이 정하여 고시하는 <u>화재안전기준</u>에 따라 설치 또는 유지·관리하여야 한다.

49 소방시설 등의 종합정밀점검에 대한 설명으로 옳지 않은 것은?

① 제연설비가 설치된 터널은 종합정밀점검 대상이다.
② 건축물의 사용승인일이 속하는 달에 실시한다.
③ 신규로 건축물의 사용승인을 받은 건축물은 그 다음 해부터 실시하되, 건축물의 사용승인일이 속하는 달의 말일까지 실시한다.
④ 소방본부장 또는 소방서장은 소방청장이 소방안전관리가 우수하다고 인정한 특정소방대상물에 대해서는 2년의 범위에서 소방청장이 고시하거나 정한 기간 동안 종합정밀점검을 면제할 수 있다.

TIPS!
소방본부장 또는 소방서장은 소방청장이 소방안전관리가 우수하다고 인정한 특정소방대상물에 대해서는 3년의 범위에서 소방청장이 고시하거나 정한 기간 동안 종합정밀점검을 면제할 수 있다. 다만, 면제기간 중 화재가 발생한 경우는 제외한다〈시행규칙 별표1〉.

Answer 48.① 49.④

50 다음 중 제연설비를 설치하여야 하는 특정소방대상물이 아닌 것은?

① 문화 및 집회시설로서 무대부의 바닥면적이 200m² 이상인 것
② 무창층에 설치된 판매시설로서 해당 용도로 사용되는 바닥면적의 합계가 1천m² 이상인 층
③ 운수시설 중 공항시설로서 지하층의 바닥면적이 200m² 이상인 것
④ 지하가로서 연면적 1천m² 이상인 것

> **TIPS!**
>
> **제연설비를 설치하여야 하는 특정소방대상물**〈시행령 별표5〉
> ㉠ 문화 및 집회시설, 종교시설, 운동시설로서 무대부의 바닥면적이 200m² 이상 또는 문화 및 집회시설 중 영화상영관으로서 수용인원이 100명 이상인 것
> ㉡ 지하층이나 무창층에 설치된 근린생활시설, 판매시설, 운수시설, 숙박시설, 위락시설, 의료시설, 노유자시설 또는 창고시설(물류터미널만 해당)로서 해당 용도로 사용되는 바닥면적의 합계가 1천m² 이상인 층
> ㉢ 운수시설 중 시외버스정류장, 철도 및 도시철도 시설, 공항시설 및 항만시설의 대기실 또는 휴게시설로서 지하층 또는 무창층의 바닥면적이 1천m² 이상인 것
> ㉣ 지하가(터널은 제외)로서 연면적 1천m² 이상인 것
> ㉤ 지하가 중 예상 교통량, 경사도 등 터널의 특성을 고려하여 행정안전부령으로 정하는 터널
> ㉥ 특정소방대상물(갓복도형 아파트 제외)에 부설된 특별피난계단, 비상용 승강기의 승강장 또는 피난용 승강기의 승강장

51 성능위주의 설계를 해야 하는 특정소방대상물의 범위 중 바르지 않은 것은?

① 연면적 20만 제곱미터 이상인 특정소방대상물. 단, 아파트는 제외
② 건축물의 높이가 100미터 이상이거나 지하층을 제외한 층수가 30층 이상인 특정소방대상물
③ 연면적 3만 제곱미터 이상인 철도 및 도시철도 시설
④ 하나의 건축물에 영화상영관이 10개 이상인 특정소방대상물

> **TIPS!**
>
> **시행령 제15조의3(성능위주설계를 하여야 하는 특정소방대상물의 범위)**
> ㉠ 연면적 20만 제곱미터 이상인 특정소방대상물. 다만, 공동주택 중 주택으로 쓰이는 층수가 5층 이상인 주택(이하 이 조에서 "아파트 등"이라 한다)은 제외한다.
> ㉡ 다음의 어느 하나에 해당하는 특정소방대상물. 다만, 아파트 등은 제외한다.
> • 건축물의 높이가 100미터 이상인 특정소방대상물
> • 지하층을 포함한 층수가 30층 이상인 특정소방대상물
> ㉢ 연면적 3만 제곱미터 이상인 특정소방대상물로서 다음의 어느 하나에 해당하는 특정소방대상물
> • 철도 및 도시철도 시설
> • 공항시설
> ㉣ 하나의 건축물에 「영화 및 비디오물의 진흥에 관한 법률」에 따른 영화상영관이 10개 이상인 특정소방대상물

Answer 50.③ 51.②

52 화재예방, 소방시설 설치·유지 및 안전관리에 관한 법률 시행령 별표4 중 다중 이용업소 수용인원 산정방법으로 옳지 않은 것은?

① 강의실·휴게실 용도로 쓰이는 특정소방대상물 : 해당 용도로 사용하는 바닥면적의 합계를 1.9㎡로 나누어 얻은 수

② 강당, 문화 및 집회시설, 운동시설, 종교시설 : 해당 용도로 사용하는 바닥면적의 합계를 4.6㎡로 나누어 얻은 수

③ 바닥면적을 산정할 때에는 복도, 계단 및 화장실의 바닥면적을 포함하지 않는다. 계산 결과 소수점 이하의 수는 반올림한다.

④ 침대가 없는 숙박시설은 해당 특정소방대상물의 바닥면적의 합계를 3㎡로 나누어 얻은 수

 TIPS!

침대가 없는 숙박시설의 경우 '해당 특정 소방대상물의 종사자 수'에 '숙박시설 바닥면적의 합계를 3㎡로 나누어 얻은 수를 합한 수로 구한다(시행령 별표4 수용인원의 산정 방법 참조).

53 인명구조의 소방시설 적용기준으로 바른 것은?

① 지하층을 포함하는 층수가 7층 이상인 관광호텔 및 5층 이상인 병원

② 지하층을 제외하는 층수가 7층 이상인 병원 및 5층 이상인 관광호텔

③ 지하층을 제외하는 층수가 7층 이상인 관광호텔 및 5층 이상인 병원

④ 지하층을 포함하는 층수가 7층 이상인 병원 및 5층 이상인 관광호텔

TIPS!

인명구조 기구를 설치하여야 하는 특정소방대상물은 다음과 같다〈시행령 별표5 참조〉.
㉠ 방열복 또는 방화복(안전모, 보호장갑 및 안전화 포함), 인공소생기 및 공기호흡기를 설치하여야 하는 특정소방대상물 : 지하층을 포함하는 층수가 7층 이상인 관광호텔
㉡ 방열복 또는 방화복(안전모, 보호장갑 및 안전화 포함) 및 공기호흡기를 설치하여야 하는 특정소방대상물 : 지하층을 포함하는 층수가 5층 이상인 병원
㉢ 공기호흡기를 설치하여야 하는 특정소방대상물은 다음의 어느 하나와 같다.
  • 수용인원 100명 이상인 문화 및 집회시설 중 영화상영관
  • 판매시설 중 대규모 점포
  • 운수시설 중 지하역사
  • 지하가 중 지하상가
  • 제1호 바목(물분무소화설비를 설치하여야 하는 특정소방대상물. 위험물 저장 및 처리시설 중 가스시설 또는 지하구는 제외) 및 화재안전기준에 따라 이산화탄소 소화설비(호스릴 이산화탄소 소화설비는 제외)를 설치하여야 하는 특정소방대상물

Answer 52.④ 53.①

54 연면적 1,000m² 이상 지하가(터널은 제외)에 설치해야 할 소방시설 중 제외되는 시설은?

① 무선통신보조설비
② 제연설비
③ 연소방지설비
④ 스프링클러설비

 TIPS!

시행령 제12조(건축허가 등의 동의대상물의 범위 등)에 따른 특정소방대상물의 관계인이 특정소방대상물의 규모 · 용도 및 수용
인원 등을 고려하여 갖추어야 하는 소방시설의 종류 상세기준에 따라 연면적 1,000m² 이상의 지하가(터널 제외)에 설치해야
하는 시설은 ㉠ 제연설비, ㉡ 스프링클러설비, ㉢ 무선통신보조설비, ㉣ 자동 화재탐지기설비이다.

55 다음 중 정상적인 작동을 위한 소방시설을 설치하는 내진설계기준으로 옳지 않은 것은?

① 옥내소화전설비
② 포소화설비
③ 물분무소화설비
④ 비상방송설비

TIPS!

내진설계를 해야 하는 소방시설이란 소방시설 중 옥내 소화전설비, 스프링클러 설비, 물분무 등 소화설비를 말한다〈시행령 제
15조의2〉.

※ 물분무등 소화설비
• 물 분무 소화설비
• 미분무 소화설비
• 포 소화설비
• 이산화탄소 소화설비
• 할론소화설비
• 할로겐화합물 및 불활성기체 소화설비
• 분말 소화설비
• 강화액 소화실비
• 고체에어로졸 소화설비

56 다음 중 성능위주설계를 해야 하는 특정소방대상물의 범위가 아닌 것은?

① 연면적 20만m² 이상인 특정소방대상물 신축
② 영화상영관이 10개 이상인 특정소방대상물 신축(비상설 상영장 제외)
③ 연면적 2만 5천m² 특정소방대상물로서 철도 및 도시철도 및 공항시설 신축
④ 건축물의 높이가 100m 이상인 특정소방대상물 신축

💡 TIPS!

시행령 제15조의3(성능위주설계를 하여야 하는 특정소방대상물의 범위)
㉠ 연면적 20만 제곱미터 이상인 특정소방대상물. 다만, 공동주택 중 주택으로 쓰이는 층수가 5층 이상인 주택(이하 이 조에서 "아파트 등"이라 한다)은 제외한다.
㉡ 다음의 어느 하나에 해당하는 특정소방대상물. 다만, 아파트 등은 제외한다.
  • 건축물의 높이가 100미터 이상인 특정소방대상물
  • 지하층을 포함한 층수가 30층 이상인 특정소방대상물
㉢ 연면적 3만 제곱미터 이상인 특정소방대상물로서 다음의 어느 하나에 해당하는 특정소방대상물
  • 철도 및 도시철도 시설
  • 공항시설
㉣ 하나의 건축물에 「영화 및 비디오물의 진흥에 관한 법률」에 따른 영화상영관이 10개 이상인 특정소방대상물

57 다음 중 중앙소방심의 위원회의 업무가 아닌 것은?

① 화재안전기준에 관한 사항
② 소방시설의 설계 및 공사감리의 방법에 관한 사항
③ 소방시설공사의 하자가 있는지의 판단에 관한 사항
④ 소방시설의 구조 및 원리 등에서 공법이 특수한 설계 및 시공에 관한 사항

💡 TIPS!

법 제11조의2(소방기술심의위원회) 제1항 소방청에 둔 중앙소방기술심의위원회의 심의 사항
㉠ 화재안전기준에 관한 사항
㉡ 소방시설의 구조 및 원리 등에서 공법이 특수한 설계 및 시공에 관한 사항
㉢ 소방시설의 설계 및 공사감리의 방법에 관한 사항
㉣ 소방시설공사의 하자를 판단하는 기준에 관한 사항
㉤ 그 밖에 소방기술 등에 관하여 대통령령으로 정하는 사항 [시행령 제18조의2]
  • 연면적 10만 제곱미터 이상의 특정소방대상물에 설치된 소방시설의 설계·시공·감리의 하자 유무에 관한 사항
  • 새로운 소방시설과 소방용품 등의 도입 여부에 관한 사항
  • 그 밖에 소방기술과 관련하여 소방청장이 심의에 부치는 사항

Answer 56.③ 57.③

58 다음 중 각종 신고일의 내용으로서 옳지 않은 것은?

① 소방안전관리자 선임신고는 60일 이내에 하여야 한다.
② 소방시설업 지위승계 신고는 30일 이내에 하여야 한다.
③ 소방시설공사업 착공신고의 변경신고는 30일 이내에 하여야 한다.
④ 공사업자는 소방시설의 하자보수를 3일 이내에 하여야 한다.

TIPS!

소방안전관리대상물의 관계인이 소방안전관리자를 선임한 경우에는 행정안전부령으로 정하는 바에 따라 선임한 날부터 14일 이내에 소방본부장이나 소방서장에게 신고하고 하여야 한다〈법 제20조 제4항〉.

59 특정소방대상물의 근무자, 거주자에 대한 소방훈련에 관한 설명으로 옳지 않은 것은?

① 상시 근무하거나 거주하는 인원이 10명 이하인 특별소방대상물은 소방훈련에서 제외된다.
② 소방안전관리대상물의 관계인은 소방훈련·교육훈련 실시 결과를 기록부에 기재하고 2년간 보관하여야 한다.
③ 소방훈련 및 교육은 원칙적으로 연 2회 이상 실시한다.
④ 소방기관과 합동으로 소방훈련을 실시하게 할 수 있는 대상은 특급 및 1급 소방안전관리대상물이다.

TIPS!

시행규칙 제15조 제1항
특정소방대상물의 관계인은 소방훈련과 교육을 연 1회 이상 실시하여야 한다. 다만, 소방서장이 화재예방을 위하여 필요하다고 인정하여 2회의 범위 안에서 추가로 실시할 것을 요청하는 경우에는 소방훈련과 교육을 실시하여야 한다.

60 다음 중 청문대상으로 옳지 않은 것은?

① 소방용품의 형식승인 취소
② 소방시설관리업의 등록취소 및 영업정지
③ 소방용품에 대한 우수품질인증 취소
④ 소방용품에 대한 성능인증 중지

TIPS!

법 제44조(청문)
소방청장 또는 시·도지사는 다음에 해당하는 처분을 하려면 청문을 하여야 한다.
㉠ 관리사 자격의 취소 및 정지
㉡ 관리업의 등록취소 및 영업정지
㉢ 소용품의 형식승인 취소 및 제품검사 중지
㉣ 성능인증의 취소
㉤ 우수품질인증의 취소
㉥ 전문기관의 지정취소 및 업무정지

Answer 58.① 59.③ 60.④

PART

03

최근기출문제분석

2021. 4. 3. 소방공무원 채용

1 「소방기본법」상 소방업무의 응원에 대한 내용으로 옳지 않은 것은?

① 소방업무의 응원을 위하여 파견된 소방대원은 응원을 요청한 소방본부장 또는 소방서장의 지휘에 따라야 한다.

② 소방업무의 응원 요청을 받은 소방본부장 또는 소방서장은 정당한 사유 없이 그 요청을 거절하여서는 아니된다.

③ 소방본부장이나 소방서장은 소방활동을 할 때에 긴급한 경우에는 이웃한 소방본부장 또는 소방서장에게 소방업무의 응원(應援)을 요청할 수 있다.

④ 소방청장은 소방업무의 응원을 요청하는 경우를 대비하여 출동 대상지역 및 규모와 필요한 경비의 부담 등에 관하여 필요한 사항을 행정안전부령으로 정하는 바에 따라 시·도지사와 협의하여 미리 규약(規約)으로 정하여야 한다.

> 🔊 **Point**
>
> ④ 시·도지사는 「소방기본법」 제11조 제1항에 따라 소방업무의 응원을 요청하는 경우를 대비하여 출동 대상지역 및 규모와 필요한 경비의 부담 등에 관하여 필요한 사항을 행정안전부령으로 정하는 바에 따라 이웃하는 시·도지사와 협의하여 미리 규약(規約)으로 정하여야 한다〈「소방기본법」 제11조(소방업무의 응원) 제4항〉.
> ① 「소방기본법」 제11조(소방업무의 응원) 제3항
> ② 「소방기본법」 제11조(소방업무의 응원) 제2항
> ③ 「소방기본법」 제11조(소방업무의 응원) 제1항

2 「소방기본법 시행령」상 화재경계지구에 대한 내용으로 옳지 않은 것은?

① 시·도지사는 소방특별조사의 결과 등을 대통령령으로 정하는 화재경계지구 관리대장에 작성하고 관리하여야한다.

② 소방본부장 또는 소방서장은 화재경계지구 안의 관계인에 대하여 소방상 필요한 훈련 및 교육을 연 1회 이상 실시할 수 있다.

③ 소방본부장 또는 소방서장은 화재경계지구 안의 소방대상물의 위치·구조 및 설비 등에 대한 소방특별조사를 연 1회 이상 실시하여야 한다.

④ 소방본부장 또는 소방서장은 소방상 필요한 훈련 및 교육을 실시하고자 하는 때에는 화재경계지구 안의 관계인에게 훈련 또는 교육 10일 전까지 그 사실을 통보하여야 한다.

🅐nswer.   1.④ 2.①

① 시·도지사는 「소방기본법」 제13조 제6항에 따라 다음 각 호의 사항을 <u>행정안전부령</u>으로 정하는 화재경계지구 관리대장에 작성하고 관리하여야 한다〈「소방기본법 시행령」 제4조(화재경계지구의 관리) 제5항〉.

1. 화재경계지구의 지정 현황
2. 소방특별조사의 결과
3. 소방설비의 설치 명령 현황
4. 소방교육의 실시 현황
5. 소방훈련의 실시 현황
6. 그 밖에 화재예방 및 경계에 필요한 사항

② 소방기본법 시행령」 제4조(화재경계지구의 관리) 제3항
③ 소방기본법 시행령」 제4조(화재경계지구의 관리) 제2항
④ 소방기본법 시행령」 제4조(화재경계지구의 관리) 제4항

3 「소방기본법 시행령」상 손실보상에 대한 내용으로 옳지 않은 것은?

① 손실보상심의위원회 위원의 임기는 2년으로 하며, 한차례만 연임할 수 있다.

② 손실보상심의위원회는 위원장 1명을 포함하여 7명 이상 9명 이하의 위원으로 구성한다.

③ 소방청장 등은 보상금을 지급하기로 결정한 경우에는 특별한 사유가 없으면 통지한 날부터 30일 이내에 보상금을 지급하여야 한다.

④ 소방청장 등은 손실보상심의위원회의 심사·의결을 거쳐 특별한 사유가 없으면 보상금 지급 청구서를 받은 날부터 60일 이내에 보상금 지급 여부 및 보상금액을 결정하여야 한다.

② 보상위원회는 위원장 1명을 포함하여 <u>5명 이상 7명 이하</u>의 위원으로 구성한다〈「소방기본법 시행령」 제13조(손실보상심의위원회의 설치 및 구성) 제2항〉.
① 「소방기본법 시행령」 제13조(손실보상심의위원회의 설치 및 구성) 제4항
③ 「소방기본법 시행령」 제12조(손실보상의 지급절차 및 방법) 제4항
④ 「소방기본법 시행령」 제12조(손실보상의 지급절차 및 방법) 제2항

Answer 3.②

4 「소방기본법 시행령」상 특수가연물의 품명과 수량으로 옳지 않은 것은?

① 넝마 및 종이부스러기 : 400킬로그램 이상

② 가연성고체류 : 3,000킬로그램 이상

③ 석탄·목탄류 : 10,000킬로그램 이상

④ 가연성액체류 : 2세제곱미터 이상

📢Point

특수가연물〈「소방기본법 시행령」 [별표 2]〉

품명		수량
면화류		200킬로그램 이상
나무껍질 및 대팻밥		400킬로그램 이상
넝마 및 종이부스러기		1,000킬로그램 이상
사류(絲類)		1,000킬로그램 이상
볏짚류		1,000킬로그램 이상
가연성고체류		3,000킬로그램 이상
석탄·목탄류		10,000킬로그램 이상
가연성액체류		2세제곱미터 이상
목재가공품 및 나무부스러기		10세제곱미터 이상
합성수지류	발포시킨 것	20세제곱미터 이상
	그 밖의 것	3,000킬로그램 이상

5 「소방기본법 시행령」상 소방자동차 전용구역에 대한 내용으로 옳은 것은?

① 「건축법 시행령」상의 모든 아파트는 소방자동차 전용구역 설치 대상이다.

② 「주차장법」 제19조에 따른 부설주차장의 주차구획 내에 주차하는 것은 전용구역 방해행위에 해당한다.

③ 전용구역 노면표지 도료의 색채는 황색을 기본으로 하되, 문자(P, 소방차 전용)는 백색으로 표시한다.

④ 소방자동차 전용구역 설치 대상인 공동주택의 건축주는 각 동별 전면과 후면에 소방자동차 전용구역을 각 1개소 이상 예외 없이 설치하여야 한다.

📢Point

③ 「소방기본법 시행령」 [별표 2의5] 비고 2

① 「소방기본법」 제21조의2 제1항에서 "대통령령으로 정하는 공동주택"이란 다음 각 호의 주택을 말한다〈「소방기본법 시행령」 제7조의12(소방자동차 전용구역 설치 대상)〉.

   1. 「건축법 시행령」 별표 1 제2호 가목의 아파트 중 세대수가 100세대 이상인 아파트

   2. 「건축법 시행령」 별표 1 제2호 라목의 기숙사 중 3층 이상의 기숙사

② 「소방기본법」 제21조의2 제2항에 따른 방해행위의 기준은 다음 각 호와 같다〈「소방기본법 시행령」 제7조의14(전용구역 방해행위의 기준).

Answer, 4.① 5.③

1. 전용구역에 물건 등을 쌓거나 주차하는 행위
2. 전용구역의 앞면, 뒷면 또는 양 측면에 물건 등을 쌓거나 주차하는 행위. 다만, 「주차장법」 제19조에 따른 부설주차장의 주차구획 내에 주차하는 경우는 제외한다.
3. 전용구역 진입로에 물건 등을 쌓거나 주차하여 전용구역으로의 진입을 가로막는 행위
4. 전용구역 노면표지를 지우거나 훼손하는 행위
5. 그 밖의 방법으로 소방자동차가 전용구역에 주차하는 것을 방해하거나 전용구역으로 진입하는 것을 방해하는 행위

④ 「소방기본법 시행령」 제7조의12에 따른 공동주택의 건축주는 소방자동차가 접근하기 쉽고 소방활동이 원활하게 수행될 수 있도록 각 동별 전면 또는 후면에 소방자동차 전용구역을 1개소 이상 설치하여야 한다. 다만, 하나의 전용구역에서 여러 동에 접근하여 소방활동이 가능한 경우로서 소방청장이 정하는 경우에는 각 동별로 설치하지 아니할 수 있다〈「소방기본법 시행령」 제7조의13(소방자동차 전용구역의 설치 기준·방법) 제1항〉.

6 「소방기본법」상 소방활동 종사 명령에 따라 소방활동에 종사한 사람은 시·도지사로부터 소방활동 비용을 지급받을 수 있다. 소방활동 비용을 지급받을 수 있는 사람으로 옳은 것은?

① 과실로 화재를 발생시킨 사람
② 화재 현장에서 물건을 가져간 사람
③ 소방대상물에 화재가 발생한 경우 그 관계인
④ 화재 현장에서 불이 번지지 아니하도록 하는 일을 명령받은 사람

📢(Point)

소방활동 종사 명령〈「소방기본법」 제24조〉

① 소방본부장, 소방서장 또는 소방대장은 화재, 재난·재해, 그 밖의 위급한 상황이 발생한 현장에서 소방활동을 위하여 필요할 때에는 그 관할구역에 사는 사람 또는 그 현장에 있는 사람으로 하여금 사람을 구출하는 일 또는 불을 끄거나 불이 번지지 아니하도록 하는 일을 하게 할 수 있다. 이 경우 소방본부장, 소방서장 또는 소방대장은 소방활동에 필요한 보호장구를 지급하는 등 안전을 위한 조치를 하여야 한다.
② 삭제 〈2017. 12. 26.〉
③ 제1항에 따른 명령에 따라 소방활동에 종사한 사람은 시·도지사로부터 소방활동의 비용을 지급받을 수 있다. 다만, 다음 각 호의 어느 하나에 해당하는 사람의 경우에는 그러하지 아니하다.
1. 소방대상물에 화재, 재난·재해, 그 밖의 위급한 상황이 발생한 경우 그 관계인
2. 고의 또는 과실로 화재 또는 구조·구급 활동이 필요한 상황을 발생시킨 사람
3. 화재 또는 구조·구급 현장에서 물건을 가져간 사람

Ⓐnswer, 6.④

7 「소방기본법 시행령」상 보일러 등의 위치·구조 및 관리와 화재예방을 위하여 불의 사용에 있어서 지켜야 하는 사항으로 옳은 것은?

① 전기시설에서 전류가 통하는 전선에는 누전차단기를 설치하여야 한다.

② 「공연법」제2조 제4호의 규정에 의한 공연장에서 이동식난로는 절대 사용하여서는 아니된다.

③ 보일러를 실내에 설치하는 경우에는 콘크리트바닥 또는 금속 외의 난연재료로 된 바닥 위에 설치하여야 한다.

④ 수소가스를 넣는 기구에서 수소가스를 넣을 때에는 기구 안에 수소가스 또는 공기를 제거한 후 감압기를 사용하여야 한다.

🔊 **Point**

「소방기본법 시행령」[별표 1]에 따르면 보일러 등의 위치·구조 및 관리와 화재예방을 위하여 불의 사용에 있어서 지켜야 하는 사항은 다음과 같다.

④ 수소가스를 넣거나 **빼는** 때에는 다음 각목의 사항을 지켜야 한다.

　가. 통풍이 잘 되는 옥외의 장소에서 할 것

　나. 조작자 외의 사람이 접근하지 아니하도록 할 것

　다. 전기시설이 부착된 경우에는 전원을 차단하고 할 것

　라. 마찰 또는 충격을 주는 행위를 하지 말 것

　마. <u>수소가스를 넣을 때에는 기구 안에 수소가스 또는 공기를 제거한 후 감압기를 사용할 것</u>

① 전류가 통하는 전선에는 <u>과전류차단기</u>를 설치하여야 한다.

② 이동식난로는 다음 각목의 장소에서 사용하여서는 아니된다. <u>다만, 난로가 쓰러지지 아니하도록 받침대를 두어 고정시키거나 쓰러지는 경우 즉시 소화되고 연료의 누출을 차단할 수 있는 장치가 부착된 경우에는 그러하지 아니하다.</u>

　가. 「다중이용업소의 안전관리에 관한 특별법」제2조 제1항 제1호에 따른 다중이용업의 영업소

　나. 「학원의 설립·운영 및 과외교습에 관한 법률」제2조 제1호의 규정에 의한 학원

　다. 「학원의 설립·운영 및 과외교습에 관한 법률 시행령」제2조 제1항 제4호의 규정에 의한 독서실

　라. 「공중위생관리법」제2조 제1항 제2호·제3호 및 제6호의 규정에 의한 숙박업·목욕장업·세탁업의 영업장

　마. 「의료법」제3조 제2항의 규정에 의한 종합병원·병원·치과병원·한방병원·요양병원·의원·치과의원·한의원 및 조산원

　바. 「식품위생법 시행령」제21조 제8호에 따른 휴게음식점영업, 일반음식점영업, 단란주점영업, 유흥주점영업 및 제과점영업의 영업장

　사. 「영화 및 비디오물의 진흥에 관한 법률」제2조 제10호에 따른 영화상영관

　아. 「공연법」제2조 제4호의 규정에 의한 공연장

　자. 「박물관 및 미술관 진흥법」제2조 제1호 및 제2호의 규정에 의한 박물관 및 미술관

　차. 「유통산업발전법」제2조 제6호의 규정에 의한 상점가

　카. 「건축법」제20조에 따른 가설건축물

　타. 역·터미널

③ 보일러를 실내에 설치하는 경우에는 콘크리트바닥 또는 금속 외의 <u>불연재료</u>로 된 바닥 위에 설치하여야 한다.

8 「소방기본법」상 소방기관의 설치에 대한 내용으로 옳지 않은 것은?

① 시·도에서 소방업무를 수행하기 위하여 시·도지사 직속으로 소방본부를 둔다.
② 시·도의 소방업무를 수행하는 소방기관의 설치에 필요한 사항은 행정안전부령으로 정한다.
③ 소방업무를 수행하는 소방본부장 또는 소방서장은 그 소재지를 관할하는 시·도지사의 지휘와 감독을 받는다.
④ 소방청장은 화재 예방 및 대형 재난 등 필요한 경우 시·도 소방본부장 및 소방서장을 지휘·감독할 수 있다.

Point
② 시·도의 화재 예방·경계·진압 및 조사, 소방안전교육·홍보와 화재, 재난·재해, 그 밖의 위급한 상황에서의 구조·구급 등의 업무를 수행하는 소방기관의 설치에 필요한 사항은 <u>대통령령</u>으로 정한다〈「소방기본법」 제3조(소방기관의 설치 등) 제1항〉.
① 「소방기본법」 제3조(소방기관의 설치 등) 제4항
③ 「소방기본법」 제3조(소방기관의 설치 등) 제2항
④ 「소방기본법」 제3조(소방기관의 설치 등) 제3항

9 「소방기본법」상 소방 관련 시설 등의 설립 또는 설치에 관한 법적 근거로 옳은 것은?

① 소방체험관 : 대통령령
② 119종합상황실 : 대통령령
③ 소방박물관 : 행정안전부령
④ 비상소화장치 : 시·도 조례

Point
①③ 「소방기본법」 제5조 제1항에 따른 <u>소방박물관의 설립과 운영에 필요한 사항은 행정안전부령으로 정하고</u>, <u>소방체험관의 설립과 운영에 필요한 사항은 행정안전부령으로 정하는 기준에 따라 시·도의 조례로 정한다</u>〈「소방기본법」 제5조(소방박물관 등의 설립과 운영) 제2항〉.
② 「소방기본법」 제4조 제1항에 따른 <u>119종합상황실의 설치·운영에 필요한 사항은 행정안전부령으로 정한다</u>〈「소방기본법」 제4조(119종합상황실의 설치와 운영) 제2항〉.
④ 「소방기본법」 제10조 제1항에 따른 소방용수시설과 제2항에 따른 <u>비상소화장치의 설치기준은 행정안전부령으로 정한다</u>〈「소방기본법」 제10조(소방용수시설의 설치 및 관리 등) 제3항〉.

Answer, 8.② 9.③

10 「소방기본법」 및 같은 법 시행령상 소방장비 등에 대한 국고보조의 내용으로 옳지 않은 것은?

① 보조 대상사업의 범위와 기준보조율은 대통령령으로 정한다.

② 소방활동장비 및 설비의 종류와 규격은 행정안전부령으로 정한다.

③ 국가는 소방장비의 구입 등 시·도의 소방업무에 필요한 경비의 전부를 보조한다.

④ 국고보조 대상사업에 해당하는 소방활동장비로는 소방자동차, 소방헬리콥터 및 소방정 등이 있다.

> 🔊 **Point**
>
> ③ 국가는 소방장비의 구입 등 시·도의 소방업무에 필요한 <u>경비의 일부를 보조한다</u>〈「소방기본법」 제9조(소방장비 등에 대한 국고보조) 제1항〉.
>
> ① 「소방기본법」 제9조(소방장비 등에 대한 국고보조) 제2항
>
> ② 「소방기본법 시행령」 제2조(국고보조 대상사업의 범위와 기준보조율) 제2항
>
> ④ 「소방기본법」 제9조 제2항에 따른 국고보조 대상사업의 범위는 다음 각 호와 같다〈「소방기본법 시행령」 제2조(국고보조 대상사업의 범위와 기준보조율) 제1항〉.
>
>   1. 다음 각 목의 소방활동장비와 설비의 구입 및 설치
>   가. 소방자동차
>   나. 소방헬리콥터 및 소방정
>   다. 소방전용통신설비 및 전산설비
>   라. 그 밖에 방화복 등 소방활동에 필요한 소방장비
>   2. 소방관서용 청사의 건축(「건축법」 제2조 제1항 제8호에 따른 건축을 말한다)

11 「화재예방, 소방시설 설치·유지 및 안전관리에 관한 법률 시행령」상 피난구조설비 중 공기호흡기를 설치하여야하는 특정소방대상물로 옳지 않은 것은?

① 지하가 중 지하상가

② 운수시설 중 지하역사

③ 판매시설 중 대규모점포

④ 호스릴이산화탄소소화설비를 설치하여야 하는 특정소방대상물

> 🔊 **Point**
>
> 공기호흡기를 설치하여야 하는 특정소방대상물은 다음의 어느 하나와 같다〈「화재예방, 소방시설 설치·유지 및 안전관리에 관한 법률 시행령」 [별표 5] 제3호 나목 3)〉.
>
> 가) 수용인원 100명 이상인 문화 및 집회시설 중 영화상영관
>
> 나) 판매시설 중 대규모점포
>
> 다) 운수시설 중 지하역사
>
> 라) 지하가 중 지하상가
>
> 마) 제1호 바목 및 화재안전기준에 따라 이산화탄소소화설비(<u>호스릴이산화탄소소화설비는 제외한다</u>)를 설치하여야 하는 특정소방대상물

🅐**nswer**, 10.③ 11.④

12 「화재예방, 소방시설 설치·유지 및 안전관리에 관한 법률」상 청문 사유로 옳지 않은 것은?

① 성능인증의 취소
② 전문기관의 지정취소 및 업무정지
③ 소방용품의 형식승인 취소 및 제품검사 중지
④ 소방시설 설계업 및 방염업의 등록취소 및 영업정지

🔊 Point

청문〈「화재예방, 소방시설 설치·유지 및 안전관리에 관한 법률」 제44조〉 … 소방청장 또는 시·도지사는 다음 각 호의 어느 하나에 해당하는 처분을 하려면 청문을 하여야 한다.
1. 제28조에 따른 관리사 자격의 취소 및 정지
2. 제34조 제1항에 따른 관리업의 등록취소 및 영업정지
3. 제38조에 따른 소방용품의 형식승인 취소 및 제품검사 중지
3의2. 제39조의3에 따른 성능인증의 취소
4. 제40조 제5항에 따른 우수품질인증의 취소
5. 제43조에 따른 전문기관의 지정취소 및 업무정지

13 「화재예방, 소방시설 설치·유지 및 안전관리에 관한 법률」상 소방시설관리업의 등록을 반드시 취소하여야 하는 사유로 옳지 않은 것은?

① 자체점검 등을 하지 아니한 경우
② 소방시설관리업자가 피성년후견인인 경우
③ 거짓이나 그 밖의 부정한 방법으로 등록한 경우
④ 다른 자에게 등록증이나 등록수첩을 빌려준 경우

🔊 Point

시·도지사는 관리업자가 다음 각 호의 어느 하나에 해당할 때에는 행정안전부령으로 정하는 바에 따라 그 등록을 취소하거나 6개월 이내의 기간을 정하여 이의 시정이나 그 영업의 정지를 명할 수 있다. 다만, 제1호·제4호 또는 제7호에 해당할 때에는 등록을 취소하여야 한다〈「화재예방, 소방시설 설치·유지 및 안전관리에 관한 법률」 제34조(등록의 취소와 영업정지 등) 제1항〉.
1. 거짓이나 그 밖의 부정한 방법으로 등록을 한 경우
2. 제25조 제1항에 따른 점검을 하지 아니하거나 거짓으로 한 경우
3. 제29조 제2항에 따른 등록기준에 미달하게 된 경우
4. 제30조 각 호의 어느 하나의 등록의 결격사유에 해당하게 된 경우. 다만, 제30조 제5호에 해당하는 법인으로서 결격사유에 해당하게 된 날부터 2개월 이내에 그 임원을 결격사유가 없는 임원으로 바꾸어 선임한 경우는 제외한다.
5. 삭제 〈2014. 1. 7.〉
6. 삭제 〈2014. 1. 7.〉
7. 제33조 제1항을 위반하여 다른 자에게 등록증이나 등록수첩을 빌려준 경우
8. 삭제 〈2014. 1. 7.〉
9. 삭제 〈2014. 1. 7.〉
10. 삭제 〈2014. 1. 7.〉

Answer, 12.④ 13.①

14 「화재예방, 소방시설 설치·유지 및 안전관리에 관한 법률 시행령」상 특정소방대상물 중 근린생활시설로 옳지 않은 것은?

① 같은 건축물에 금융업소로 쓰는 바닥면적의 합계가 200제곱미터인 것
② 같은 건축물에 단란주점으로 쓰는 바닥면적의 합계가 300제곱미터인 것
③ 같은 건축물에 골프연습장으로 쓰는 바닥면적의 합계가 450제곱미터인 것
④ 같은 건축물에 미용원으로 쓰는 바닥면적의 합계가 800제곱미터인 것

📢 **Point**

근린생활시설〈「화재예방, 소방시설 설치·유지 및 안전관리에 관한 법률 시행령」[별표 2] 제2호〉

가. 슈퍼마켓과 일용품(식품, 잡화, 의류, 완구, 서적, 건축자재, 의약품, 의료기기 등) 등의 소매점으로서 같은 건축물(하나의 대지에 두 동 이상의 건축물이 있는 경우에는 이를 같은 건축물로 본다. 이하 같다)에 해당 용도로 쓰는 바닥면적의 합계 가 1천㎡ 미만인 것

나. 휴게음식점, 제과점, 일반음식점, 기원(棋院), 노래연습장 및 단란주점(단란주점은 같은 건축물에 해당 용도로 쓰는 바닥면적의 합계가 150㎡ 미만인 것만 해당한다)

다. 이용원, 미용원, 목욕장 및 세탁소(공장이 부설된 것과 「대기환경보전법」, 「물환경보전법」 또는 「소음·진동관리법」에 따른 배출시설의 설치허가 또는 신고의 대상이 되는 것은 제외한다)

라. 의원, 치과의원, 한의원, 침술원, 접골원(接骨院), 조산원(「모자보건법」 제2조 제11호에 따른 산후조리원을 포함한다) 및 안마원(「의료법」 제82조 제4항에 따른 안마시술소를 포함한다)

마. 탁구장, 테니스장, 체육도장, 체력단련장, 에어로빅장, 볼링장, 당구장, 실내낚시터, 골프연습장, 물놀이형 시설(「관광진흥법」 제33조에 따른 안전성검사의 대상이 되는 물놀이형 시설을 말한다. 이하 같다), 그 밖에 이와 비슷한 것으로서 같은 건축물에 해당 용도로 쓰는 바닥면적의 합계가 500㎡ 미만인 것

바. 공연장(극장, 영화상영관, 연예장, 음악당, 서커스장, 「영화 및 비디오물의 진흥에 관한 법률」 제2조 제16호 가목에 따른 비디오물감상실업의 시설, 같은 호 나목에 따른 비디오물소극장업의 시설, 그 밖에 이와 비슷한 것을 말한다. 이하 같다) 또는 종교집회장[교회, 성당, 사찰, 기도원, 수도원, 수녀원, 제실(祭室), 사당, 그 밖에 이와 비슷한 것을 말한다. 이하 같다]로서 같은 건축물에 해당 용도로 쓰는 바닥면적의 합계가 300㎡ 미만인 것

사. 금융업소, 사무소, 부동산중개사무소, 결혼상담소 등 소개업소, 출판사, 서점, 그 밖에 이와 비슷한 것으로서 같은 건축물에 해당 용도로 쓰는 바닥면적의 합계가 500㎡ 미만인 것

아. 제조업소, 수리점, 그 밖에 이와 비슷한 것으로서 같은 건축물에 해당 용도로 쓰는 바닥면적의 합계가 500㎡ 미만이고, 「대기환경보전법」, 「물환경보전법」 또는 「소음·진동관리법」에 따른 배출시설의 설치허가 또는 신고의 대상이 아닌 것

자. 「게임산업진흥에 관한 법률」 제2조 제6호의2에 따른 청소년게임제공업 및 일반게임제공업의 시설, 같은 조 제7호에 따른 인터넷컴퓨터게임시설제공업의 시설 및 같은 조 제8호에 따른 복합유통게임제공업의 시설로서 같은 건축물에 해당 용도로 쓰는 바닥면적의 합계가 500㎡ 미만인 것

차. 사진관, 표구점, 학원(같은 건축물에 해당 용도로 쓰는 바닥면적의 합계가 500㎡ 미만인 것만 해당하며, 자동차학원 및 무도학원은 제외한다), 독서실, 고시원(「다중이용업소의 안전관리에 관한 특별법」에 따른 다중이용업 중 고시원업의 시설로서 독립된 주거의 형태를 갖추지 않은 것으로서 같은 건축물에 해당 용도로 쓰는 바닥면적의 합계가 500㎡ 미만인 것을 말한다), 장의사, 동물병원, 총포판매사, 그 밖에 이와 비슷한 것

카. 의약품 판매소, 의료기기 판매소 및 자동차영업소로서 같은 건축물에 해당 용도로 쓰는 바닥면적의 합계가 1천㎡ 미만인 것

타. 삭제〈2013.1.9〉

🅐nswer, **14.②**

15 「화재예방, 소방시설 설치·유지 및 안전관리에 관한 법률 시행령」상 성능위주설계를 하여야 하는 특정소방대상물로 옳은 것은? (단, 신축하는 것만 해당한다.)

① 높이 120미터인 아파트

② 연면적 2만 제곱미터인 철도역사

③ 연면적 10만 제곱미터인 특정소방대상물(단, 아파트 등은 제외)

④ 하나의 건축물에 「영화 및 비디오물의 진흥에 관한 법률」 제2조 제10호에 따른 영화상영관이 10개인 특정소방대상물

> 📢 **Point**
>
> **성능위주설계를 하여야 하는 특정소방대상물의 범위**〈「화재예방, 소방시설 설치·유지 및 안전관리에 관한 법률 시행령」 제15조의3〉 … 법 제9조의3 제1항에서 "대통령령으로 정하는 특정소방대상물"이란 다음 각 호의 어느 하나에 해당하는 특정소방대상물(신축하는 것만 해당한다)을 말한다.
>
> 1. 연면적 20만 제곱미터 이상인 특정소방대상물. 다만, 별표 2 제1호에 따른 공동주택 중 주택으로 쓰이는 층수가 5층 이상인 주택(이하 이 조에서 "아파트등"이라 한다)은 제외한다.
> 2. 다음 각 목의 어느 하나에 해당하는 특정소방대상물. 다만, 아파트 등은 제외한다.
>   가. 건축물의 높이가 100미터 이상인 특정소방대상물
>   나. 지하층을 포함한 층수가 30층 이상인 특정소방대상물
> 3. 연면적 3만 제곱미터 이상인 특정소방대상물로서 다음 각 목의 어느 하나에 해당하는 특정소방대상물
>   가. 별표 2 제6호 나목의 철도 및 도시철도 시설
>   나. 별표 2 제6호 다목의 공항시설
> 4. 하나의 건축물에 「영화 및 비디오물의 진흥에 관한 법률」 제2조 제10호에 따른 영화상영관이 10개 이상인 특정소방대상물

16 「화재예방, 소방시설 설치·유지 및 안전관리에 관한 법률 시행령」상 〈보기〉는 둘 이상의 특정소방대상물이 내화구조로 된 연결통로로 연결된 경우 이를 하나의 소방대상물로 보는 기준에 대한 설명이다. ( ) 안에 들어갈 내용으로 옳은 것은?

> 〈보기〉
> • 벽이 없는 구조로서 그 길이가 (가) 이하인 경우
> • 벽이 있는 구조로서 그 길이가 (나) 이하인 경우. 다만, 벽 높이가 바닥에서 천장까지의 높이의 (다) 이상인 경우에는 벽이 있는 구조로 보고, 벽 높이가 바닥에서 천장까지의 높이의 (다) 미만인 경우에는 벽이 없는 구조로 본다.

	㈎	㈏	㈐
①	6m	10m	2분의 1
②	7m	12m	3분의 1
③	8m	10m	2분의 1
④	9m	12m	3분의 1

Ⓐnswer, 15.④ 16.①

둘 이상의 특정소방대상물이 다음 각 목의 어느 하나에 해당되는 구조의 복도 또는 통로(이하 이 표에서 "연결통로"라 한다)로 연결된 경우에는 이를 하나의 소방대상물로 본다〈「화재예방, 소방시설 설치·유지 및 안전관리에 관한 법률 시행령」[별표 2] 비고 2〉.

가. 내화구조로 된 연결통로가 다음의 어느 하나에 해당되는 경우
  1) 벽이 없는 구조로서 그 길이가 <u>6m</u> 이하인 경우
  2) 벽이 있는 구조로서 그 길이가 <u>10m</u> 이하인 경우. 다만, 벽 높이가 바닥에서 천장까지의 높이의 <u>2분의 1</u> 이상인 경우에는 벽이 있는 구조로 보고, 벽 높이가 바닥에서 천장까지의 높이의 <u>2분의 1</u> 미만인 경우에는 벽이 없는 구조로 본다.

17 「화재예방, 소방시설 설치·유지 및 안전관리에 관한 법률 시행령」상 간이스프링클러를 설치하여야 하는 특정소방대상물로 옳지 않은 것은?

① 한의원으로서 입원실이 있는 시설
② 교육연구시설 내에 합숙소로서 연면적 100㎡ 이상인 것
③ 생활형 숙박시설로서 해당 용도로 사용되는 바닥면적의 합계가 300㎡ 이상인 것
④ 건물을 임차하여 「출입국관리법」 제52조 제2항에 따른 보호시설로 사용하는 부분

간이스프링클러설비를 설치하여야 하는 특정소방대상물은 다음의 어느 하나와 같다〈「화재예방, 소방시설 설치·유지 및 안전관리에 관한 법률 시행령」[별표 5] 제1호 마목〉.

1) 근린생활시설 중 다음의 어느 하나에 해당하는 것
   가) 근린생활시설로 사용하는 부분의 바닥면적 합계가 1천㎡ 이상인 것은 모든 층
   나) <u>의원, 치과의원 및 한의원으로서 입원실이 있는 시설</u>
2) <u>교육연구시설 내에 합숙소로서 연면적 100㎡ 이상인 것</u>
3) 의료시설 중 다음의 어느 하나에 해당하는 시설
   가) 종합병원, 병원, 치과병원, 한방병원 및 요양병원(정신병원과 의료재활시설은 제외한다)으로 사용되는 바닥면적의 합계가 600㎡ 미만인 시설
   나) 정신의료기관 또는 의료재활시설로 사용되는 바닥면적의 합계가 300㎡ 이상 600㎡ 미만인 시설
   다) 정신의료기관 또는 의료재활시설로 사용되는 바닥면적의 합계가 300㎡ 미만이고, 창살(철재·플라스틱 또는 목재 등으로 사람의 탈출 등을 막기 위하여 설치한 것을 말하며, 화재 시 자동으로 열리는 구조로 되어 있는 창살은 제외한다)이 설치된 시설
4) 노유자시설로서 다음의 어느 하나에 해당하는 시설
   가) 제12조 제1항 제6호 각 목에 따른 시설(제12조 제1항 제6호 가목 2) 및 같은 호 나목부터 바목까지의 시설 중 단독주택 또는 공동주택에 설치되는 시설은 제외하며, 이하 "노유자 생활시설"이라 한다)
   나) 가)에 해당하지 않는 노유자시설로 해당 시설로 사용하는 바닥면적의 합계가 300㎡ 이상 600㎡ 미만인 시설
   다) 가)에 해당하지 않는 노유자시설로 해당 시설로 사용하는 바닥면적의 합계가 300㎡ 미만이고, 창살(철재·플라스틱 또는 목재 등으로 사람의 탈출 등을 막기 위하여 설치한 것을 말하며, 화재 시 자동으로 열리는 구조로 되어 있는 창살은 제외한다)이 설치된 시설
5) <u>건물을 임차하여 「출입국관리법」 제52조 제2항에 따른 보호시설로 사용하는 부분</u>
6) <u>숙박시설 중 생활형 숙박시설로서 해당 용도로 사용되는 바닥면적의 합계가 600㎡ 이상인 것</u>
7) 복합건축물(별표 2 제30호 나목의 복합건축물만 해당한다)로서 연면적 1천㎡ 이상인 것은 모든 층

Ⓐnswer, 17.③

18 「화재예방, 소방시설 설치·유지 및 안전관리에 관한 법률」상 소방안전 특별관리시설물로 옳지 않은 것은?

① 「위험물안전관리법」 제2조 제1항 제3호의 제조소
② 「전통시장 및 상점가 육성을 위한 특별법」 제2조 제1호의 전통시장으로서 대통령령으로 정하는 전통시장
③ 「영화 및 비디오물의 진흥에 관한 법률」 제2조 제10호의 영화상영관 중 수용인원 1,000명 이상인 영화상영관
④ 「문화재보호법」 제2조 제3항의 지정문화재인 시설(시설이 아닌 지정문화재를 보호하거나 소장하고 있는 시설을 포함한다)

🔈 Point

소방안전 특별관리시설물의 안전관리〈「화재예방, 소방시설 설치·유지 및 안전관리에 관한 법률」 제20조의2 제1항〉… 소방청장은 화재 등 재난이 발생할 경우 사회·경제적으로 피해가 큰 다음 각 호의 시설에 대하여 소방안전 특별관리를 하여야 한다.

1. 「공항시설법」 제2조 제7호의 공항시설
2. 「철도산업발전기본법」 제3조 제2호의 철도시설
3. 「도시철도법」 제2조 제3호의 도시철도시설
4. 「항만법」 제2조 제5호의 항만시설
5. 「문화재보호법」 제2조 제3항의 지정문화재인 시설(시설이 아닌 지정문화재를 보호하거나 소장하고 있는 시설을 포함한다)
6. 「산업기술단지 지원에 관한 특례법」 제2조 제1호의 산업기술단지
7. 「산업입지 및 개발에 관한 법률」 제2조 제8호의 산업단지
8. 「초고층 및 지하연계 복합건축물 재난관리에 관한 특별법」 제2조 제1호 및 제2호의 초고층 건축물 및 지하연계 복합건축물
9. 「영화 및 비디오물의 진흥에 관한 법률」 제2조 제10호의 영화상영관 중 수용인원 1,000명 이상인 영화상영관
10. 전력용 및 통신용 지하구
11. 「한국석유공사법」 제10조 제1항 제3호의 석유비축시설
12. 「한국가스공사법」 제11조 제1항 제2호의 천연가스 인수기지 및 공급망
13. 「전통시장 및 상점가 육성을 위한 특별법」 제2조 제1호의 전통시장으로서 대통령령으로 정하는 전통시장
14. 그 밖에 대통령령으로 정하는 시설물

Ⓐnswer, 18.①

19 「화재예방, 소방시설 설치·유지 및 안전관리에 관한 법률」 및 같은 법 시행령상 특정소방대상물로서 그 관리의 권원 (權原)이 분리되어 있는 것 가운데 소방본부장이나 소방서장이 공동 소방안전관리자를 선임하도록 지정할 수 있는 대상물로 옳지 않은 것은?

① 판매시설 중 전통시장
② 복합건축물로서 연면적이 5천 제곱미터 이상인 것
③ 고층 건축물(지하층을 제외한 층수가 11층 이상인 건축물만 해당)
④ 지하가(지하의 인공구조물 안에 설치된 상점 및 사무실, 그 밖에 이와 비슷한 시설이 연속하여 지하도에 접하여 설치된 것과 그 지하도를 합한 것을 말한다)

📢Point

공동 소방안전관리〈「화재예방, 소방시설 설치·유지 및 안전관리에 관한 법률」 제21조〉 … 다음 각 호의 어느 하나에 해당하는 특정소방대상물로서 그 관리의 권원(權原)이 분리되어 있는 것 가운데 소방본부장이나 소방서장이 지정하는 특정소방대상물의 관계인은 행정안전부령으로 정하는 바에 따라 대통령령으로 정하는 자를 공동 소방안전관리자로 선임하여야 한다.

1. 고층 건축물(지하층을 제외한 층수가 11층 이상인 건축물만 해당한다)
2. 지하가(지하의 인공구조물 안에 설치된 상점 및 사무실, 그 밖에 이와 비슷한 시설이 연속하여 지하도에 접하여 설치된 것과 그 지하도를 합한 것을 말한다)
3. 그 밖에 대통령령으로 정하는 특정소방대상물

※ 공동 소방안전관리자 선임대상 특정소방대상물〈「화재예방, 소방시설 설치·유지 및 안전관리에 관한 법률 시행령」 제25조〉 … 법 제21조 제3호에서 "대통령령으로 정하는 특정소방대상물"이란 다음 각 호의 어느 하나에 해당하는 특정소방대상물을 말한다.

1. 별표 2에 따른 복합건축물로서 연면적이 5천 제곱미터 이상인 것 또는 층수가 5층 이상인 것
2. 별표 2에 따른 판매시설 중 도매시장 및 소매시장
3. 제22조 제1항에 따른 특정소방대상물 중 소방본부장 또는 소방서장이 지정하는 것

Ⓐnswer 19.①

20 「화재예방, 소방시설 설치·유지 및 안전관리에 관한 법률」상 특정소방대상물별로 설치하여야 하는 소방시설의 정비 등에 대한 설명이다. ( ) 안에 들어갈 내용으로 옳은 것은?

- 제9조 제1항에 따라 대통령령으로 소방시설을 정할 때에는 특정소방대상물의 (가) 등을 고려하여야 한다.
- 소방청장은 건축 환경 및 화재위험특성 변화사항을 효과적으로 반영할 수 있도록 소방시설 규정을 (나)이상 정비하여야 한다.

	㉮	㉯
①	규모·용도 및 수용인원	3년에 1회
②	위치·구조 및 수용인원	4년에 1회
③	규모·용도 및 가연물의 종류 및 양	5년에 1회
④	위치·구조 및 가연물의 종류 및 양	10년에 1회

📢 **Point**

- 제9조 제1항에 따라 대통령령으로 소방시설을 정할 때에는 특정소방대상물의 <u>규모·용도 및 수용인원</u> 등을 고려하여야 한다 〈「화재예방, 소방시설 설치·유지 및 안전관리에 관한 법률」 제9조의4(특정소방대상물별로 설치하여야 하는 소방시설의 정비 등) 제1항〉.
- 소방청장은 건축 환경 및 화재위험특성 변화사항을 효과적으로 반영할 수 있도록 제1항에 따른 소방시설 규정을 <u>3년에 1회</u> 이상 정비하여야 한다〈「화재예방, 소방시설 설치·유지 및 안전관리에 관한 법률」 제9조의4(특정소방대상물별로 설치하여야 하는 소방시설의 정비 등) 제2항〉.

Ⓐnswer 20.①

"서원각 교재와 함께하는 STEP"

공무원 학습방법

01 파워특강

공무원 시험을 처음 시작할 때
파워특강으로 핵심이론 파악

02 기출문제 정복하기

기본개념 학습을 했다면
과목별 기출문제 회독하기

03 전과목 총정리

전 과목을 한 권으로 압축한
전과목 총정리로 개념 완성

04 전면돌파 면접

필기합격!
면접 준비는 실제 나온 문제를
기반으로 준비하기

서원각과 함께하는
공무원 합격을 위한
공부법

05 인적성검사 준비하기

중요도가 점점 올라가는
인적성검사, 출제 유형 파악하기

제공도서 : 소방, 교육공무직

● 교재와 함께 병행하는 학습 step3 ●

1 step 회독하기

최소 3번 이상의
회독으로 문항을 분석

2 step 오답노트
 YES
 NO

틀린 문제 알고 가자!

3 step 백지노트

오늘 공부한 내용,
빈 백지에 써보면서 암기

다양한 정보와
이벤트를 확인하세요!

서원각 블로그에서 제공하는 용어를 보면서 알아두면 유용한 시사, 경제, 금융 등 다양한 주제의 용어를 공부해보세요. 또한 블로그를 통해서 진행하는 이벤트를 통해서 다양한 혜택을 받아보세요.

최신상식용어
최신 상식을 사진과 함께 읽어보세요.

시험정보
최근 시험정보를 확인해보세요.

도서이벤트
다양한 교재이벤트에 참여해서 혜택을 받아보세요.

1 상식 톡톡 　**최신 상식용어 제공!**

알아두면 좋은 최신 용어를 학습해보세요. 매주 올라오는 용어를 보면서 다양한 용어 학습!

2 학습자료실 　**학습 PDF 무료제공**

일부 교재에 보다 풍부한 학습자료를 제공합니다. 홈페이지에서 다양한 학습자료를 확인해보세요.

3 도서상담 　**교재 관련 상담게시판**

서원각 교재로 학습하면서 궁금하셨던 점을 물어보세요.

QR코드 찍으시면
서원각 홈페이지(www.g
빠르게 접속할 수 있습니